Die Schwarzen Führer

Hamburg –
Schleswig-Holstein

Die Schwarzen Führer

Hamburg – Schleswig-Holstein

164 sagenhafte Stätten
in 122 Orten
mit 79 Abbildungen und
einer Übersichtskarte

von
Astrid Paulsen
Ulrike Looft-Gaude

Eulen Verlag

Astrid Paulsen, geb. 1965 in Rendsburg. Studium der Volkskunde, Pädagogik und Psychologie in Kiel. Veröffentlichte Magisterarbeit über den Tourismus in der Holsteinischen Schweiz 1867–1914. Tätig als Volkskundlerin am Schleswig-Holsteinischen Freilichtmuseum bei Kiel. Verschiedene Beiträge zu volkskundlichen Themen, u. a. für eine Publikation über die historische ländliche Küche in Norddeutschland.

Ulrike Looft-Gaude, geb. 1949 in Kiel, studierte Kunstgeschichte, Germanistik und Soziologie. Promotion 1985. Seit 1989 als Kulturhistorikerin am Schleswig-Holsteinischen Freilichtmuseum. Neben redaktioneller Tätigkeit verschiedene Veröffentlichungen zu Architektur, Haus- und Landwirtschaft sowie zur ländlichen Küche in Norddeutschland.

Redaktion: Hildegard Gerlach

Gesamtherstellung: F. X. Stückle, 77955 Ettenheim
ISBN: 3-89102-426-6

Vorwort

„Auch in unserem Lande haben die Unterirdischen vorzeiten ihr Wesen getrieben. Raum genug hatten sie auf den weiten Heiden und unter den Sanddünen der Westsee; und nicht der Pflug des Landmanns hat sie von dort vertrieben, wie man aus anderen Gegenden berichtet. Ihre Zeit war eben um; das kleine Volk ist ausgestorben. Das wissen die Leute auch recht gut; wenn sie Geschichten erzählen von den ‚Unnereerschen', so fügen sie wohl hinzu, wie das jetzt alles anders ist, seit der König von Dänemark im ganzen Königreich und in den Herzogtümern die Löcher hat zustopfen lassen, aus denen sie sonst hervorkamen, und allenthalben Wachen hingestellt hat, so daß sie nun wohl unten bleiben müssen. Aber lange ist es noch nicht her, daß unser Land nicht mehr von diesen Wesen bewohnt wird, unsre Landsleute haben wenigstens noch in ihrer treuen Liebe zum Alten auch die alten Geschichten wohl bewahrt, und selbst die Kunst, die Geschichte in Sage zu verflüchtigen, ist bei uns noch kürzlich geübt."

So heißt es in einem Aufruf des Dichters Theodor Storm (1817–1888) und des Historikers Theodor Mommsen (1817–1903) im Jahr 1844, in dem sie öffentlich darum baten, ihnen schleswig-holsteinische Sagen zukommen zu lassen. Storm und Mommsen hatten bereits während ihrer Kieler Studienzeit damit begonnen, schleswig-holsteinische Volksüberlieferungen zusammenzutragen. Sie taten sich mit dem in Marne geborenen Germanisten Karl Viktor Müllenhoff (1818–1884) zusammen, der ebenfalls Sagen sammelte. Zudem beteiligte sich der Sylter Lehrer C. P. Hansen (1803–1879) an dem umfangreichen Projekt. Hansen ist es übrigens zu verdanken, daß Sylt das am dichtesten mit Sagen belegte Gebiet Schleswig-Holsteins ist.

Da Müllenhoff schließlich die gemeinsam zusammengetragenen 1845 veröffentlichten „Sagen, Märchen und Lieder der Herzogtümer Schleswig-Holstein und Lauenburg" herausgab, gilt er heute als bedeutendster Sagensammler des Landes. Ihm zum Gedächtnis wurde 1934 in seiner Heimatstadt sogar ein Denkmal in Form eines Brunnens errichtet.

Von Müllenhoffs Werk, das bis heute Grundlage jeder neueren Sammlung ist, erschienen bislang mehrere Nachdrucke, Bearbeitungen und Auswahlbände. So legte 1921 der Sprachforscher Otto Mensing eine überarbeitete und durch Anmerkungen erweiterte Version vor. Acht Jahre später veröffentlichte der Lehrer und Volkskundler Gustav Friedrich Meyer (1878 bis 1945) die „Schleswig-Holsteiner Sagen“, ebenfalls eine Bearbeitung, die größtenteils auf Müllenhoffs Werk zurückgeht.

Die Geschichte des nördlichsten Bundeslandes ist sehr unübersichtlich: Schon während der Steinzeit war das Gebiet in weiten Teilen besiedelt, wovon heute noch viele erhaltene Grabanlagen zeugen. Seit dem 5./6. Jh. wurde das Land von Norden aus bis an die Schlei durch die Dänen besiedelt, im südlichen und westlichen Holstein lebten spätestens seit dem 8. Jh. die Sachsen, im Osten die Slawen und im Nordwesten die Friesen. Auf der Höhe von *Bad Segeberg* grenzte ab der Zeit um 800 n. Chr. der „Limes Saxoniae“ slawische und sächsische Gebiete gegeneinander ab, während die Dänen nahe der Schlei seit dem 8. Jh. zur Sicherung ihres Gebiets das Danewerk errichteten. Der Ort *Haithabu*, den Dänenkönig Göttrik im 9. Jh. an der Schlei gründete, war bis zu seiner Zerstörung im Jahr 1066 bedeutendster Handelsplatz des Nordens. Im 14. Jh. wurde dann *Lübeck* als Zentrum der Hanse zur wichtigsten Handelsstadt.

Dithmarschen konnte trotz mehrfacher Verstöße der schleswig-holsteinischen Landesherren noch bis 1559 seine Stellung als freie Bauernrepublik behaupten. Aus dieser Selbständigkeit resultierte ein größerer Reichtum und ein besonderer Stolz. Insbesondere die zuvor siegreiche Schlacht bei *Hemmingstedt* im Jahr 1500 über die vereinigten königlichen und herzoglichen Truppen blieb im Bewußtsein erhalten. Auch nachdem die Dithmarscher besiegt worden waren, konnten hier keine großherrschaftlichen Strukturen aufgebaut werden.

Nordfriesland war politisch zwar nicht unabhängig, aber seine Bewohner bewiesen ebenfalls vielfach ihren Freiheitswillen. Trotz dieser Gemeinsamkeit gab es jedoch zwischen Dithmarschern und Friesen keine Einigkeit, vielmehr bestand sogar eine regelrechte Feindschaft.

Der Landesteil *Schleswig* nördlich der Eider, der seit dem Mittelalter zum Königreich Dänemark gehörte, und das südlich davon gelegene Herzogtum Holstein waren in der Vergangenheit nur vorübergehend vereinigt. 1460 wurde ihre Unteilbarkeit im „Ripener Privileg“ festgelegt: Schleswig und Holstein sollten künftig zusammen und ungeteilt bleiben. In der Folgezeit aber zerfiel das Land doch in verschiedene Herrschaftsbereiche. Zu einer politischen Vereinigung kam es nach verschiedenen Auseinandersetzungen im Lauf der Jahrhunderte nach der erfolglosen Schleswig-Holsteinischen Erhebung von 1848 und verschiedenen Kriegen in den Folgejahren erst 1867. Vier Jahre später kam Schleswig-Holstein schließlich zum Deutschen Reich. Bis 1937 gehörte auch *Altona* zum nördlichsten Bundesland, die Freie und Hansestadt Lübeck wurde dagegen erst zu diesem Zeitpunkt angegliedert.

Die bewegte Geschichte Schleswig-Holsteins war Nährboden für zahlreiche *historische Sagen und Legenden* über bedeutende Ereignisse, wie beispielsweise die Überlieferung um die Schlacht bei *Bornhöved* (1227) oder über die Siege der Dithmarscher 1404 in der *Hamme* und 1500 bei *Hemmingstedt.* Auch um einflußreiche Landesherren und historisch belegte Personen ranken sich zahlreiche Sagen, erwähnt seien nur Graf Adolf IV. von Schauenburg (gest. 1261) oder Herzog Hans Adolf (1671–1704) von Holstein-Plön.

Einen großen Raum nehmen die Sagen über die *Christianisierung* ein, die im Jahr 831 von *Hamburg* aus ihren Anfang nahm und im 12./13. Jh. im wesentlichen abgeschlossen war. Von ihnen befassen sich viele mit der Ablehnung des Christentums und seiner neuerrichteten Kirchen durch Zwerge und Riesen als Vertretern des Heidentums. Auch merkwürdige Begebenheiten, die sich in Gotteshäusern ereignet haben sollen, tauchen mehrfach auf.

Die besonderen *geographischen Gegebenheiten* Schleswig-Holsteins zwischen Nord- und Ostsee finden ebenfalls ihren Niederschlag in der Sage. Über seine gesamte Länge ist das Land zwischen den Meeren dreigeteilt: Im Westen findet sich neben den nordfriesischen Inseln, Halligen und dem Wattenmeer die flache tiefliegende *Marsch* mit fruchtbaren schweren Böden. Dieser Bereich war früher ständig den Gefahren der Nordsee, besonders durch Sturmfluten, ausgesetzt. Große Teile gingen im Lauf der Jahrhunderte an das Meer verloren, auch wenn man durch Eindeichung neue Köge hinzugewann. Der Lebenskampf gegen das nasse Element spiegelt sich auch in den sagenhaften Überlieferungen dieser Region wider.

Die *Geest*, ein vergleichsweise trockener und unfruchtbarer Streifen, zieht sich von Nord nach Süd mitten durch Schleswig-Holstein. Die relative Armut ist der Grund dafür, daß von diesem Landstrich eher wenige sagenhafte Überlieferungen erhalten sind. An die Geest schließt sich im Osten das von Förden unterbrochene Hügelland mit fruchtbaren Böden an. Diese

Gegend war einst geprägt von Gutswirtschaft, namentlich die Regionen Angeln und Ostholstein. In den Gutsdistrikten herrschte Leibeigenschaft vor, die erst seit der Mitte des 18. Jh. nach und nach aufgehoben wurde. Daher tauchen in den Überlieferungen dieser Gegenden häufig Sagen von bösen Herrinnen und habgierigen Grundherren auf. Aber auch vielfältige *dämonologische Sagen* finden sich in der schleswig-holsteinischen Volksüberlieferung. Es wird berichtet von Hexen und Teufeln, von Gespenstern, der Wilden Jagd und von anderen unheimlichen Wesen.

Mehrere Orte und Regionen haben ihre eigenen Sagengestalten. So gehört Peter Swyn untrennbar zu *Dithmarschen*, Martje Flohrs zu *Eiderstedt*, Ekke Nekkepenn zu *Sylt* und Till Eulenspiegel zu *Mölln*. Klaus Störtebeker ist dagegen mit *Hamburg* verbunden.

Die Anfänge der Freien und Hansestadt *Hamburg* liegen im 9. Jh.. Damals siedelten sich Handwerker und Kaufleute im Gebiet der Hammaburg an, die vom Frankenkaiser Karl dem Großen auf einer Elbinsel errichtet worden war. Im 12. Jh. hatte sich dieser Handelsplatz derart vergrößert, daß er 1189 von Friedrich Barbarossa einen „Freibrief" für die Zollfreiheit auf der unteren Elbe bis zur Nordsee erhielt. Als Mitglied der Hanse erlebte Hamburg vom 13.–15. Jh. eine wirtschaftliche Blüte. Hamburg konnte eine nahezu autonome Stellung behaupten und wurde 1510 freie Stadt. Die Reformation erfolgte hier 1529, nachdem für Schleswig-Holstein schon seit 1524 Religionsfreiheit bestand. Vom Beginn des 16. Jh. bis zum Ende des 18. Jh. wuchs die Einwohnerzahl Hamburgs von 14 000 auf 100 000. Die Altstadt ist heute kaum noch erhalten, da ein großer Brand im Jahr 1842 und schließlich der Zweite Weltkrieg fast alles zerstörten. Aus diesem Grund sind in der Hansestadt auch nur wenige historische Sagenplätze erhalten.

Die Sagen Schleswig-Holsteins und Hamburgs erzählte man sich vielfach in Platt- bzw. Niederdeutsch, das im ländlichen Bereich noch heute gesprochen wird. An der nordfriesischen Westküste und auf den Inseln wird bewußt die friesische Sprache gepflegt.

Neben historischen und aktuellen Reiseführern, heimatkundlichen Zeitschriften sowie Ortschroniken wurden die bereits erwähnten historischen Sagensammlungen sowie neu überarbeitete Auswahlbände herangezogen. Ein Ortsverzeichnis, eine Übersichtskarte und Symbole der unterschiedlichen Objekte vereinfachen die Suche nach heute noch vorhandenen Sagenorten in Schleswig-Holstein und Hamburg.

Symbole

Burgen,
Schlösser
und Güter

Wachtürme,
Burgruinen,
Leuchttürme

Kirchen und
Klöster

Kapellen

Flurdenkmäler :
Kreuze, Bildstöcke,
Gedenksteine

Naturdenkmäler :
Steine, Felsen, Berge
und Dünen

Hervorragende
Bäume, Wälder

Quellen und
Brunnen

Flüsse, Seen,
Deiche, Meere,
Moore, Brücken

Höhlen und
Grotten

Vor- und frühgesch.
Denkmäler, Hünen-
und Hügelgräber

Häuser, Gasthäuser,
Mühlen, Baudenkmäler,
Marktplätze

Standbilder, Reliefs,
Skulpturen, Gemälde,
Wahrzeichen

Wappen

AHRENSBURG (Kreis Stormarn)

Wasserschloß Ahrensburg

Das weißgetünchte Wasserschloß, das Peter Rantzau im Jahre 1595 erbauen ließ, besteht aus drei miteinander verbundenen Parallelhäusern mit geschweiften Giebeln und vier laternenbekrönten Treppentürmen und ist heute eine der Hauptsehenswürdigkeiten des Landes. Das Gebäude gehörte den Rantzaus, die zu den mächtigsten Adelsfamilien Schleswig-Holsteins zählten, bis ins Jahr 1759. Dann ging der Besitz an den einflußreichen Handelsherren und Finanzmann Heinrich Carl Schimmelmann über.

Der Sage nach war die zweite Frau des Schloßerbauers eine sehr harte Person, die die leibeigenen Bauern unerbittlich unterjocht haben soll. Einmal ließ die „tolle Margreth", wie man die Gräfin wenig schmeichelhaft nannte, angeblich ein Dienstmädchen, über das sie sich geärgert hatte, an einen Ofen binden und ihn so lange heizen, bis er glühte. Während die Magd jämmerlich verbrannte, ging die Herrin zur Kirche. Als sie zurückkam, fand sie den verkohlten Leichnam mit entstelltem Gesicht, das grinsend die Zähne zeigte. Die Gräfin war empört und rief: „Was, Du Aas, Du zeigt mir noch die Zähne?" Wütend gab sie der Toten eine heftige Ohrfeige, so daß sich der Kopf vom Rumpf löste und über den Fußboden rollte. Außerdem ließ Margreth denjenigen Mägden, die nicht gut spinnen konnten, Flachs um die Finger wickeln und diesen dann anzünden. Der Überlieferung nach fürchteten sich die Menschen dermaßen vor der unmenschlichen Margreth, daß sie meinten, sich sogar noch nach ihrem Tod vor ihr schützen zu müssen. Daher umwickelten sie ihren Sarg mit sieben Eisenketten, um ein Wiederkommen zu verhindern. Als das Grabgewölbe unter dem Altar der Schloßkirche viele Jahre später wieder geöffnet wurde, stand der Sargdeckel aus unerklärlichen Gründen dennoch offen, obwohl Ketten und Schlösser unbeschädigt waren.

Solche sozialkritischen Sagen über die Unmenschlichkeit „böser Herrinnen" tauchten früher häufiger auf. Sie spiegeln die Abneigung der unterdrückten Landbevölkerung gegenüber der oftmals wenig humanen Behandlung durch ihre Herrschaft wider. In dieser Geschichte bleibt das Unrecht, das den Mägden widerfährt, nicht ungesühnt: Der leere Sarg deutet darauf hin, daß Margreth wegen ihrer Grausamkeit als ruhelose Tote umgehen muß.

Heute befindet sich im Schloß ein Museum. Es lohnt sich, bei einem Besuch auch die Schloßkirche und die Armenhäuser, die sog. „Gottesbuden", zu besichtigen, die 1594 bis 1596 ebenfalls unter Peter Rantzaus Federführung erbaut wurden. Die sehenswerten Gebäude befinden sich in unmittelbarer Nähe des Schlosses.

ALBERSDORF (Kreis Dithmarschen)

Hünengrab „Brutkamp"
Am südöstlichen Ortsrand des Luftkurortes Albersdorf liegt in einem Linden- und Buchenwäldchen inmitten einer Wohnsiedlung das Hünengrab „Brutkamp", eines der bekanntesten Großsteingräber Schleswig-Holsteins. Das Steingrab aus der Jungsteinzeit besteht aus fünf Tragsteinen und einem Deckstein mit einem Umfang von fast 10 m. Ursprünglich war dieses „Riesenbett", wie alle prähistorischen Gräber, mit einer Erdaufschüttung bedeckt. Nach altem Volksglauben wurden hier einst Brautleute getraut, als es noch keine Kirchen gab. Zudem war der Stein früher angeblich Treffpunkt für Verliebte, die hier ungestört zusammenkommen konnten, solange er noch außerhalb des Ortes lag.

Der Brutkamp

Eine Sage versucht, die Herkunft des mächtigen Grab-Decksteines, der mit 25 Tonnen der schwerste im Lande ist, zu erklären: Der Bau der Albersdorfer Feldsteinkirche im 12./13. Jh. machte einen Riesen aus dem Norden so wütend, daß er einen riesigen Stein aufhob und ihn in Richtung Albersdorfer Kirche

schleuderte. Da er jedoch schielte, verfehlte er sein Ziel, und der Stein landete auf dem Brutkamp.
Riesensagen entspringen häufig dem Bedürfnis der Menschen nach Erklärung für auffallende Naturerscheinungen und Bauwerke. Hier deutet die Sage die Herkunft des mächtigen Grab-Decksteins. Riesen tauchen in Überlieferungen vieler Völker auf. Oftmals wurden sie ebenso wie Zwerge als Ureinwohner einer Gegend angesehen, die vertrieben worden waren. Als Heiden waren Riesen dem Christentum feindlich gesonnen, so daß sie entweder vor dem Geläut neuerbauter Kirchen flüchteten oder Gotteshäuser durch einen Steinwurf zerstören wollten. Die Christianisierung begann im heutigen Schleswig-Holstein im Jahr 831 unter Erzbischof Ansgar und war im wesentlichen im 12./13. Jh. abgeschlossen.
Wie uns die Sage außerdem glauben machen will, hausten in dem Hünengrab, als es noch nicht freigelegt war, zahlreiche Unterirdische. Jeder, der dort vorbeikam, mußte ihnen etwas überlassen, wobei schon eine kleine Schnur oder ein Schuhband ausreichten. Falls jemand sogar ein Geldstück spendete, bekam er ein kleines Brot vor die Füße gelegt. Die Unterirdischen waren früher verbreitete Sagenfiguren, die in ganz Schleswig-Holstein auftauchten. Außer in Hünengräbern sollen sie auch in Höhlen und Hügeln gelebt haben. Der Beschreibung nach hatten Unterirdische kurze, krumme Beine, lange Arme und einen sehr großen Kopf. Trotz ihrer kleinwüchsigen Gestalt – sie maßen nur etwa 30 cm – waren sie erstaunlich kräftig. Meist trugen sie graue, rote oder schwarze Gewänder, rote, spitze Mützen oder breite Hüte sowie goldbeschlagene Holzschuhe.
„Unterirdischer" ist eine andere Bezeichnung für Zwerg, die vornehmlich in Norddeutschland üblich ist. Zwerge sind eine in allen mitteleuropäischen

Zwerge bei der Arbeit

Volksüberlieferungen bekannte Gruppe von Elementargeistern; kleinwüchsige Kollektivwesen, die in Bergen, unter der Erde oder in Grabhügeln unter der Herrschaft eines Königs hausen. Sie üben verschiedene handwerkliche Tätigkeiten, z. B. als Bäcker, Schuster oder Schmied aus und besitzen magische Kräfte.
In Albersdorf und in der näheren Umgebung befinden sich zahlreiche weitere Hünengräber. Deshalb bezeichnet man diese Gegend auch als „klassische Quadratmeile der Archäologie". Erwähnt sei hier beispielsweise das bronzezeitliche Hünengrab, das auf dem 36 m hohen Albersdorfer „Kaiserberg" liegt. Auf dem Hügel steht ein 21 m hoher Aussichtsturm, von dem sich ein schöner Rundblick über die Umgebung bietet.
→ Quern

AMRUM (Kreis Nordfriesland)

Die Insel Amrum, die 20,5 qkm groß ist und einen der schönsten Sandstrände Europas besitzt, wurde im ausgehenden 19. Jh. für den Bädertourismus zugänglich gemacht. Damals gründete der Pastor Friedrich Christoph Graf von Bodelschwingh bei *Norddorf* ein Seebad. Neben diesem Ort gibt es noch vier weitere Dörfer auf Amrum, nämlich *Wittdün* mit seinem Hafen, *Stenodde, Süddorf* und *Nebel.*

Wattenmeer zwischen Amrum und Föhr
Als zwischen Amrum und Föhr noch keine regelmäßige Schiffsverbindung existierte, marschierten deren Bewohner bei Ebbe einfach zu Fuß über eine festgelegte Route durch das Watt, wenn sie auf der jeweiligen Nachbarinsel etwas zu erledigen hatten.
Diesen Weg nahm der Sage nach einst auch ein eitles Amrumer Mädchen, das von ihren Eltern beauftragt worden war, auf Föhr drei Brote und ein paar Schuhe für sich zu kaufen. Als sie auf dem Rückweg an eine Untiefe kam, wollte sie ihr neues Schuhwerk – sie hatte es gleich angezogen – nicht beschmutzen. Daher nahm das Mädchen die Brote und legte sie hintereinander ins Wasser, um sie als Fußsteig zu benutzen. Ein Priester, der gleichzeitig mit ihr an den Priel gelangt war, regte sich über das verschwenderische Verhalten der jungen Frau sehr auf und sagte: „Mein liebes Kind, laß du dich doch bewegen, deine Eltern müssen betteln gehn, und du tust mit den Füßen stehen auf Gottes Brot und Segen." Sobald der Priester dies gesagt hatte, versank das Mädchen im weichen Boden und kam elendlich um.

Hier haben wir es mit der weitverbreiteten Wandersage vom Brotschänden zu tun. Derjenige, der die Gottesgabe mit Füßen tritt, wird zur Strafe entweder in Stein verwandelt, muß umherrirren oder versinkt. Dieses Motiv begründet sich in der heiligen Verehrung des Brotes, das noch heute als Synonym für die tägliche Nahrung verwendet wird. Besonders im „Vaterunser" wird deutlich, daß Brot ein Symbol der Gottesgabe ist.
Der dänische Märchendichter *Hans Christian Andersen* (1805–1875) hat in „Das Mädchen, das auf das Brot trat", eine ethisch vertiefte Version des volkstümlichen Stoffes geschaffen: nach vielen Jahren quälenden Aufenthalts zunächst in der ‚Brauerei' der Sumpffrau; dann in der Hölle, findet Inger durch die Fürbitte guter Menschen und eigene Reue Erlösung.
Heute ist die etwa 7 km lange Strecke zwischen Amrum und Föhr eine klassische Wattwanderroute. Als Unkundiger begibt man sich jedoch in Lebensgefahr, wenn man diese Strecke alleine geht. Vielmehr sollte man sich einer der Wattwanderungen anschließen, die von Naturschutzverbänden sowie anderen Organisationen und erfahrenen Einzelpersonen hauptsächlich während der Sommermonate angeboten werden.

Nebel

Harck Olufs' Grabstein auf dem Friedhof der St. Clemenskirche

Auf dem Friedhof der St. Clemenskirche, die dem Patron der Seefahrer geweiht ist, stehen zahlreiche alte Grabsteine aus Wesersandstein. Die Toten, an welche die Stelen erinnern, waren Amrumer Walfang-Kommandeure, Kapitäne und Schiffer. Eingemeißelte Inschriften auf den Grabsteinen berichten über deren Lebensgeschichten und Schicksale; die Giebelfelder darüber bilden meist alte Schiffe ab. Auf dem Stein für Harck Olufs (1708–1754) sind dagegen eine Krone mit Reichsapfel und Kreuz, Bogen und Köcher sowie Fanfare, Standarte und Säbel erkennbar. Olufs' Lebensgeschichte, die in groben Zügen auf dem Stein nachzulesen ist, klingt fast so phantastisch wie ein Märchen aus Tausendundeiner Nacht, soll sich aber tatsächlich ereignet haben:
Harck Olufs, der seit seinem 12. Lebensjahr zur See fuhr, fiel als 16jähriger Matrose im Jahr 1724 bei den Silly-Inseln in die Hände türkischer Seeräuber und wurde auf dem Sklavenmarkt von Algier verkauft. Schließlich gelangte er in den Besitz eines tunesischen

Herrschers, des Beys von Constantin. Da Olufs jedoch gut behandelt wurde, lebte er sich rasch ein und lernte Arabisch, Türkisch sowie Französisch. Der Bey wurde bald auf Olufs und dessen Sprachkenntnisse aufmerksam. Er machte ihn zu seinem Schatzmeister und gab ihm ein gutes Gehalt, Land, Kamele, zwei Schreiber sowie weitere Vergünstigungen. Schließlich übertrug er Olufs sogar das Kommando über seine 500-köpfige Leibwache. Obwohl es dem gebürtigen Amrumer gutging, hatte er ständig Heimweh. Da er jedoch keine Wahl hatte, fügte er sich dem Schicksal und begleitete seinen Herren sogar auf einer Pilgerfahrt nach Mekka. Nach gut 11 Jahren gab ihm der Bey aus Dankbarkeit für seine treuen Dienste endlich die Freiheit wieder. Sechs Monate später, am 25. April 1736, kehrte er nach Amrum zurück. Dort fiel es Olufs allerdings schwer, sich wieder einzugewöhnen und den engen Verhältnissen seiner Heimat anzupassen, zumal die Einheimischen ihm mißtrauisch begegneten und ihm die Wallfahrt nach Mekka übelnahmen. Ein Jahr nach seiner Heimkehr heiratete er Antje Harcken, aus der Ehe gingen 5 Kinder hervor. Im Jahr 1754 starb Olufs infolge eines Blutsturzes.

Diese abenteuerliche Geschichte, die angeblich in einem inzwischen verschollenen Buch niedergeschrieben und immer weitererzählt wurde, hat auch die Sage aufgegriffen und weiter ausgeschmückt. Demzufolge trug Olufs in der Fremde große Schätze zusammen und brachte diese mit nach Amrum. Als er gestorben war, fand er in seinem Grab keine Ruhe, da er seinen Kindern nichts von dem Versteck des Schatzes erzählt hatte. Deshalb wanderte er jede Nacht im Leichenhemd auf einer Anhöhe zwischen Nebel und seinem Heimatort *Süddorf* umher. Allerdings traute sich niemand, Olufs Geist zu fragen, was ihn denn bedrücke. Schließlich nahm aber ein Amrumer all seinen Mut zusammen und sprach ihn an. Olufs bat ihn, seinen Kindern unbedingt mitzuteilen, daß die meisten Schätze, die er aus dem Orient mitgebracht hätte, unter der Türschwelle seines Hauses in Süddorf vergraben seien. Als seine Nachkommen daraufhin dort nachgruben, fanden sie tatsächlich einen sehr großen Geldschatz, den sie unter sich aufteilten. Von da an hatte der Geist Ruhe, und man sah ihn nie wieder.

AUKRUG (Kreis Rendsburg-Eckernförde)

Boxberg
Der Boxberg ist mit seinen 77,5 m die höchste Erhebung im Aukrug, einem 380 qkm großen Naturpark zwischen *Innien* und *Hohenwestedt*. Sein Name geht nicht, wie man meinen könnte, auf die Verbindung mit Hexen zurück, sondern leitet sich von der niederdeutschen Bezeichnung „Boks" für Buchen ab, sagt also etwas über den ehemals vorhandenen Baumbestand.
An Wochenenden ist die Gegend des Boxbergs beliebtes Ausflugsziel für Spaziergänger. Wer auf seinen „Gipfel" steigt, den man von verschiedenen Seiten aus erwandern kann, findet dort als Markierung der höchsten Stelle einen großen Stein.
Eine aus dem benachbarten Ort Innien erhaltene Sage läßt sich mit einiger Wahrscheinlichkeit an diesem Berg ansiedeln. Sie erzählt von einem jungen Mädchen namens Trina, deren Vater sehr krank geworden war, so daß Mutter und Tochter allein für den Unterhalt sorgen mußten. Eines Tages wurde Trina von ihrer Mutter gebeten, mit Eiern zum Hohenwestedter Markt zu gehen und anschließend von dem Erlös beim Krämer einzukaufen. Der Weg dorthin führte sie am Boxberg vorbei. Das Mädchen hatte sich als Proviant ein Butterbrot mitgenommen, fand aber erst auf dem Rückweg, als sie noch eine Stunde von zu Hause entfernt war, Zeit, es zu essen. Als sie sich dazu an einem Bach niederließ, wurde sie von einem Zwerg angesprochen, der darum bat, etwas vom Brot abzubekommen. Sie gab es ihm mit der Bemerkung, daß sie bald zu Hause sein werde und dort mehr zu essen hätte, worauf der kleine Mann ihr reichlichen Lohn versprach für den Fall, daß sie mit ihm gehen und ihm ein Jahr den Haushalt führen würde. Nach einigem Zögern willigte sie ein, zuvor aber mußte er ihr versprechen, ihre Eltern zu benachrichtigen und ihnen regelmäßig den Lohn zukommen zu lassen. Dann führte er sie zu einem Berg, der sich auf sein Pfeifen öffnete und geleitete sie hinein zu weiteren Zwergen, deren König er war. Trina tat ihre Arbeit bei den kleinen Menschen so gewissenhaft, daß der Zwergenkönig sie nach der verabredeten Zeit bat, noch länger zu bleiben. Trina wollte jedoch zu ihren Eltern zurück und erhielt zum Abschied einen Korb voller Nüsse geschenkt sowie eine Medizin für ihren Vater. Sobald sie zu Hause war, gab sie ihm das Heilmittel, das tatsächlich zu seiner Genesung führte. Nach einiger Zeit konnte der Vater sogar selber wieder für den Unterhalt der Fami-

lie sorgen. Und als Trina am Weihnachtsabend die Nüsse knacken wollte, um sie mit ihren Eltern zu essen, stellte sie fest, daß sich darin Goldstücke befanden. Unterirdische, die Menschen in ihren Dienst nehmen, sind in schleswig-holsteinischen Sagen eher selten; daß sie denen, die ihnen einen Dienst erwiesen haben, Geschenke zukommen lassen, wird dagegen häufiger berichtet. In den meisten Fällen verwandeln sich die Gaben wie hier erst nach einiger Zeit, oft während der Nacht, aus alltäglichem Material in Gold oder Silber.

AUMÜHLE-FRIEDRICHSRUH
(Kreis Herzogtum Lauenburg)

Sachsenwald
Aumühle-Friedrichsruh liegt im Sachsenwald, südlich der Autobahn A 24 und östlich von *Hamburg*. Der Sachsenwald – mit etwa 7000 ha der größte geschlossene Wald Schleswig-Holsteins – ist gewissermaßen der Überrest eines riesigen Urwaldes, der bis ins Mittelalter die natürliche Grenze zwischen den Gebieten der Sachsen und Slawen bildete. 1871 verschenkte Kaiser Wilhelm I. den Wald an Otto von Bismarck, der daraufhin seinen Wohnsitz in *Friedrichsruh* nahm. Daher gibt es in Aumühle mehrere Gedenkstätten für den Reichskanzler und ein Bismarck-Museum. Der Wald befindet sich bis heute im Privatbesitz der Familie Bismarck. Obgleich sich dort bis weit ins 19. Jh. zahlreiche Hirsche, Rehe und Wildschweine tummelten und die herrschaftlichen Schützen kaum gegen das Wild ankamen, war den ansässigen Bauern die Jagd verboten. Dafür machten mehrere Wilderer fette Beute. Der bekannteste unter ihnen war der legendäre „Wildschütz Eidie“, der hier im ersten Drittel des 19. Jh. sein Unwesen trieb und dabei den Förstern und Gendarmen durch seine schlaue und gewitzte Art immer wieder entkam. Über Eidie kursierten früher die abenteuerlichsten Geschichten. So soll sich seine Schießkunst nicht nur in einem Teufelspakt begründet haben, sondern auch darin, daß er seine Gewehrkugeln aus dem Blei von Kirchenfenstern goß. Einmal, berichtet die Sage, wurde Eidie von einem reitenden Landgendarmen aufgespürt und aufgefordert, ihm zum nahegelegenen *Schwarzenbeker* Gefängnis zu folgen. Eidie gehorchte scheinbar und begleitete ihn, allerdings nur bis zur nächsten Wegkreuzung. Dort verabschiedete er sich mit den Worten, sein Weg führe

nun wieder zurück in den Wald. Der Gendarm zielte daraufhin mit seinem Gewehr auf den Wildschützen und forderte ihn auf, weiterzureiten. Jetzt hatte aber auch Eidi seine Waffe angelegt und schlug den Wachtmeister damit in die Flucht. Nachdem der sich etwa 50 m entfernt hatte, hörte er einen Schuß und spürte an seinem linken Fuß einen starken Ruck. „Erschreck dich nicht", rief Eidi lachend, „ich habe dir bloß den linken Stiefelabsatz abgeschossen, um zu wissen, ob ich treffen kann." Einem anderen Wachtmeister feuerte Eidi einmal ein Loch in den Helm, ohne ihn jedoch zu verletzen. Und mit einem weiteren Gendarmen trieb er seine Späße, indem er einen Knopf von dessen Uniformjacke schoß.

Eine andere Sage erzählt, wie es der genarrten Obrigkeit schließlich doch noch gelang, den dreisten Wilderer loszuwerden: Eines Tages schickte man einen Abgesandten zu Eidie, der ihm in schillernden Farben von den zahlreichen Bären und Büffeln Nordamerikas berichtete. Falls Eidie seine Schießkünste dort ausprobieren wolle, lockte der Mann, würde man ihm die Überfahrt bezahlen. Eidie schlug tatsächlich ein und reiste im Jahr 1834 zum Hamburger Hafen. In Amerika soll er sich als Trapper mit Indianern angefreundet haben, aber sonst hat man nie wieder etwas von ihm gehört.

Im Lauenburgischen amüsierte man sich noch viele Jahre über den Wildschützen, und bei den Drehorgelmännern der heimischen Jahrmärkte war lange folgendes Lied beliebt: „Der Wildschütz Eidie war ein Mann/ von seltnem Geist und Gaben,/ doch wandte er sie leider an/ der Obrigkeit zum Schaden."

Wahrscheinlich bekamen die Gendarmen Eidie deshalb so schwer zu fassen, weil er sich der Sympathie seiner Landsleute und somit ihrer Verschwiegenheit sicher sein konnte. Eidie personifizierte die Gestalt des „edlen Räubers", der durch seine Wilderei den bei breiten Volksschichten vorhandenen Wunsch nach ausgleichender Gerechtigkeit befriedigte. Da er das alleinige Jagdprivileg der Grundherren ignorierte, wurde er gewissermaßen zu einem Aufständischen gegen die Obrigkeit.

Kugeln zu erlangen, die immer treffen, ist ein Wunschtraum, der so alt ist wie die Jagd mit dem Gewehr. Solche mit magischen Mitteln unter Mitwirkung des Teufels hergestellten Kugeln nennt man Freikugeln – wer sich ihrer bedient, gilt als Freischütz. Die gesamte dämonologische Literatur des 15./16. Jh. kommt bei Behandlung der Hexen und Zauberer in irgendeiner Weise auf solche Treffschützen zu sprechen. Mit der Fortentwicklung der Schußwaffen gelangte der Freischützglaube während des Dreißigjährigen Krieges zur vollen Entfaltung; auch in der Jagdliteratur des 17. und noch des 18. Jh. ist er bezeugt. Als greifbare Wirklichkeit taucht er in Gerichtsakten der Zeit auf.

B

Bad Bramstedt (Kreis Segeberg)

Rolandfigur

In Bramstedt, das erstmals im Jahr 1274 urkundlich erwähnt wurde, kreuzten sich früher zwei bedeutende Verkehrswege, der „Ochsenweg“, auf dem von Norden nach Süden Vieh zum Verkauf getrieben wurde, und die „Lübsche Trade“, die *Lübeck* mit *Dithmarschen* verband. Daher entwickelte sich der Flecken zu einem bedeutenden Handelszentrum mit einem Marktplatz, dem „Bleek“. Als Symbol der Marktfreiheit und der landesherrlichen Gerichtsbarkeit steht auf dem Bleek seit 1693 der Roland, eine Sandsteinfigur in römischem Kriegerkostüm. Die 2,80 m hohe Statue hält mit seitwärts ausgestreckem Arm ein Richtschwert in die Höhe. Noch bis ins Mittelalter waren die üblichen Marktzeichen erhöhte Strohwische, die jedoch im Laufe der Zeit zunehmend durch Figuren und Standbilder ausgewechselt wurden. Vermutlich ist die Bezeichnung „Roland“ auf den gleichnamigen sagenhaften Neffen des Frankenkaisers Karl der Große (768–814) zurückzuführen, der im Mittelalter „Vorbild eines weisen Gesetzgebers und gestrengen Richters“ gewesen sein soll und dessen Taten später im bekannten französischen Rolandslied festgehalten wurden. Rolande wurden zwischen dem 13. und 18. Jh. auf zahlreichen norddeutschen Marktplätzen aufgestellt. In Schleswig-Holstein befindet sich noch eine Rolandsäule in *Wedel*, während der Roland in *Schleswig* schon längst nicht mehr existiert.
Glaubt man der Sage, drehte sich früher der Roland einmal um, wenn um Mitternacht die Glocke läutete. Noch lange hörte man daher in dem Flecken Bramstedt, der heute ein bekannter Kurort ist, zu später Stunde auf Feiern und Gesellschaften nachstehende scherzhafte Mahnung zum Aufbruch: „Nun ist es zwölf, nun dreht sich der Roland um.“

→ Wedel

Bad Oldesloe (Kreis Stormarn)

Mennokate

Nördlich von Bad Oldesloe steht an der Segeberger Straße nach *Altfresenburg* die kleine „Mennokate“. Das reetgedeckte weiße Gebäude ist das einzige Haus, das von der 1627 zerstörten Mennonitensiedlung *Wüstenfeld* erhalten geblieben ist. Darin wohnte der Überlieferung nach im 16. Jh. der Priester Menno Simons (1492–1561), der Begründer der heute überwiegend in Nordamerika verbreiteten Mennonitensekte. Die mächtige Linde neben dem Haus wurde der Überlieferung nach von Simons selbst gepflanzt. Die aus dem gemäßigten Täufertum hervorgegangene Glaubensgemeinschaft setzte an die Stelle der Kinder- die Erwachsenentaufe und wandte sich gegen Ehescheidung, Eid, staatliche Zwänge in Glaubensdingen und gegen den Kriegsdienst. In Flandern sowie in Nord- und Ostdeutschland wurden die Mennoniten von katholischen und evangelischen Landesherren gleichermaßen verfolgt – sicher mit ein Grund für eine gewisse Diabolisierung dieser Bewegung.
Wie die Sage berichtet, ereigneten sich zu Simons Zeiten in dem kleinen Haus unerklärliche Dinge. So sollen nahe der Kate, in der Simons eine Druckerei für seine Schriften betrieb, in stürmischen Nächten zwischen Mitternacht und ein Uhr Hexen zusammengekommen sein, um die dort wohnenden Drucker in Angst und Schrecken zu versetzen. Sie jagten um das Haus, rüttelten an den Fenstern und hämmerten mit den schweren Eisenplatten der Druckpressen an die Schornsteinwände.
Heute beherbergt das mittlerweile denkmalgeschützte Haus ein Mennoniten-Museum mit einer Menno Simons-Gedenkstätte.

Bad Segeberg (Kreis Segeberg)

Kalkberg

Die Kreisstadt Bad Segeberg liegt zu Füßen eines 91 m hohen Gipsberges, der fälschlicherweise meistens als Kalkberg bezeichnet wird. Der Gips der Anhöhe war früher beliebtes Baumaterial. Daher ist der Berg, der ein Überbleibsel einer voreiszeitlichen Verwerfung ist, von seiner ursprünglichen Höhe von 110 m auf 90 m geschrumpft. Der Name Segeberg geht auf die längst nicht mehr existierende „Sigeburg“ bzw. „Siegesburg“ zurück, die Kaiser Lothar von Supplinburg im Jahre 1134 auf Anregung Vizelins –

des „Apostels der Wenden“ – auf dem Berg errichten ließ. Als einziger Überrest der Burg existiert nur noch ein etwa 40 m tiefer Schacht eines ehemaligen Brunnens. Die Burg stand 41 m darüber, also war der Brunnen mehr als 80 m tief in den Fels eingemeißelt. Seine Erbauer waren – laut unterschiedlicher sagenhafter Geschichten – entweder zwei gefangene Grafen oder zwei Sklaven. Sie hätten ihn in sieben Jahren Tag und Nacht abwechselnd ausgehauen, um sich dadurch die Freiheit zu erkaufen. Außerdem will die Sage uns glauben machen, daß der Brunnen mit dem Segeberger See verbunden ist, da eine Ente, die man einst in den Brunnen hinabließ, kurze Zeit später im See wieder auftauchte. Das Motiv, daß man Tiere, meist Vögel, oftmals mit einem farbigen Band um den Hals versehen, in einen Brunnen oder in einen unterirdischen Gang setzte, um herauszufinden, wo das andere Ende war, taucht häufiger in Sagen auf.

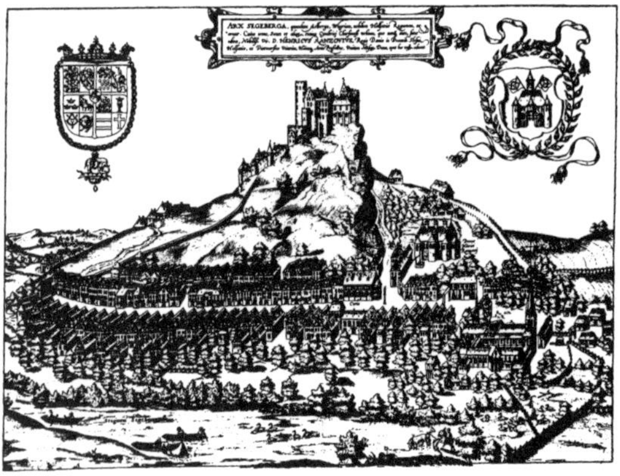

Segeberg, 1588

Auch der Kalkberg selbst hat als markanter Punkt in der ansonsten flachen Ebene die Sagenbildung stark angeregt, denn es gibt gleich mehrere Deutungen über seine Entstehung, bei der jedesmal teuflische Kräfte im Spiel waren. Eine Überlieferung berichtet, daß der Teufel den Berg aus dem Segeberger See, der angeblich ebenso tief wie der Berg hoch ist, herausgetragen hatte. Eine andere Sage führt die Bildung des Berges auf die Zeit der Anfänge der Christianisierung im 9. Jh. zurück. Damals holte der Teufel einen riesigen Stein von einem weit entfernten Gebirge, um die ersten christlichen Kirchen im Land zu zerstören. Als er an Segeberg vorbeikam, ließ er den Felsen fallen, da er zu schwer wurde. So entstand die Anhöhe. Eine ähn-

liche Variante berichtet, daß der Teufel mit einem mächtigen Gestein durch die Lüfte flog, um damit anderswo großen Schaden anzurichten. Als er eben über Segeberg war, sah ihn eine alte Frau, die ihm schnell ihr nacktes Hinterteil zeigte. Daraufhin ließ der Teufel erschrocken seine Bürde los.
Diese Teufelsgeschichten sind ätiologische Erzählungen, die den Kalkberg als auffälligen Punkt in der Landschaft deuten wollen. Dabei hat der Teufel, der in der Regel als Widersacher Gottes bzw. als Gegner der Christianisierung fungiert, viele Züge übertragen bekommen, die man anfänglich den sagengeschichtlich wesentlich älteren Riesen andichtete. Das Zeigen des bloßen Gesäßes war ein verbreiteter Abwehrbrauch, der nicht nur vor dem Teufel und anderen schlechten Geistern schützen sollte, sondern auch vor dem bösen Blick und vor Unwetter.
Heute ist der Kalkberg wegen einer Tropfsteinhöhle in seinem Inneren beliebtes Ausflugsziel. Kinder hatten diese nördlichste Höhle Deutschlands im Jahr 1913 beim Spielen entdeckt. Ebenso lohnend ist der Rundblick vom „Gipfel" der Anhöhe, wobei Treppen eine bequeme „Bergbesteigung" ermöglichen. Während des Aufstiegs kann man außerdem von einem Podest in den oben erwähnten Brunnenschacht hineinsehen. Seit 1952 finden zudem im ehemaligen Steinbruch des Kalkberges alljährlich im Juli und August auf einer großen Freilichtbühne die berühmten „Karl-May-Spiele" statt, die pro Saison von etwa 130 000 Menschen besucht werden.

BARGENSTEDT (Kreis Dithmarschen)

Engelsburg

Etwa 6 km östlich von *Meldorf* liegt bei *Farnewinkel* ein 25 m hoher Hügel namens Engelsburg. Als die Gegend vor langer Zeit noch bewaldet war, versteckten sich dort der Sage nach in einer Höhle grausame Mörder, die die Menschen der Umgebung in Angst und Schrecken versetzten. Eines Tages konnte ein Mädchen, das die Bösewichte gefangen hielten, auf das Versteck der Verbrecher aufmerksam machen. Sie hatte heimlich farbige Wollfäden an den Höhleneingang gehängt. Da man die Männer nicht aus ihrem Hinterhalt hervorlocken konnte, wurden sie zuletzt mit heißem Wasser aus der Höhle getrieben. Einige entkamen, zwei aber wurden gefangen und in Meldorf öffentlich hingerichtet.

BOHNERT (Kosel, Kreis Rendsburg-Eckernförde)

Wallanlage „Königsburg“

Etwa 10 km nordwestlich von *Eckernförde* liegt das kleine Dorf Bohnert. Verläßt man den Ort auf der Kaiserstraße, gelangt man einen Kilometer hinter dem Ortsende zur „Königsburg“, die direkt am Schleiufer liegt. Die Anlage, von der heute noch Überreste von Wällen und Gräben erkennbar sind, wurde im Jahr 1415 von Erik von Pommern errichtet. Die äußere Burgfläche in Form eines unregelmäßigen Fünfecks dehnte sich über eine Fläche von etwa 212 × 150 m aus, die quadratische innere Burg maß an den Seiten 50 m. Da sich dort mittlerweile eine Fortbildungsstätte befindet, kann man die Wallanlage leider nicht direkt vor Ort besichtigen. Allerdings ist das ehemalige Burggelände durch seine erhöhte und baumbestandene Lage auch vom Weg aus gut zu sehen. Außerdem lädt unmittelbar vor der Akademiezufahrt ein wunderschöner Aussichtspunkt mit einer Bank direkt an der Schlei zu einer kleinen Pause ein.

Der Sage nach tauchte früher auf dem Burgplatz hin und wieder eine goldene Wiege auf. Eines Tages erschien die Wiege einem Dienstjungen aus Bohnert, der gerade an der Burg vorbeiging. Sie blendete ihn so sehr, daß seine Augen schmerzten. Hätte er sein Messer auf die Wiege geworfen, wäre sie sein Eigentum geworden. Er traute sich aber nicht und lief ängstlich zu seinem Dienstherren, um ihm von der Erscheinung zu berichten. Als die beiden daraufhin zum Burgplatz kamen, war die Wiege verschwunden. Eine andere Sage berichtet, daß immer bei starkem Gewitter das Poltern und Rumoren der Wiege zu hören gewesen sei.

Da Schätze im Volksglauben einen großen Raum einnehmen, sind sie als Motiv nicht nur in Sagen, sondern auch in Mythen und Märchen weit verbreitet. Zufällige Funde und der Wunsch, durch das Aufspüren eines Schatzes zu Wohlstand zu gelangen, haben den Aberglauben daran bis heute nicht aussterben lassen. Befindet sich so ein Schatz an einem ehemaligen Burgstandort, wird er als verzauberter Burgreichtum interpretiert. Häufig gibt die Überlieferung den Kostbarkeiten je nach Region spezielle Gestalten: Goldene Wiegen sind charakteristisch für Erzählungen des norddeutschen Raums, während beispielsweise süddeutsche Sagen von goldenen Kegelspielen, Spinnrädern oder Pflügen berichten.

BORDESHOLM (Kreis Rendsburg-Eckernförde)

Linde an der Kirche

Die Bordesholmer Kirche, die auf das 14. Jh. zurückgeht, wurde vor allem durch ihren Altar von Hans Brüggemann bekannt, der aber schon lange nicht mehr hier, sondern im *Schleswiger* Dom steht.

Thing-(Ding-)Versammlung, 1555

Im Nordwesten vor der Kirche wächst am alten Dingplatz eine alte mächtige Linde, die auf etwa 400 Jahre geschätzt wird und einen Umfang von nahezu 7 m mißt. Unter ihr tagte der Überlieferung nach bis etwa 1840 das Lindengericht. 32 Schöffen, die aus den Dörfern des Amtsbezirks stammten, urteilten hier über zivile Klagen wie Erbschaftsprobleme, die finanzielle Unterstützung von Witwen, Bürgschaften und Bußgelder. Vorsitzender des Amtsdinggerichts war der Amtmann. Eine Tafel vor dem Baum vom 24. März 1873 trägt die Aufschrift:

Manches sah Dein gewaltiger Dom,
hochrauschende Linde,
Freude hast Du und Leid manches
Geschlechtes geteilt:
Größeres schautest du nicht, als der Holsten
Erhebung, als Deutschland
Wiedergeboren zum Reich. Künde
den Enkeln das Wort!

In Volksglauben und Brauchtum spielt die Linde eine wichtige Rolle. Neben ihrer Funktion als Gerichtslinde wurden hier auch Trauungen vollzogen und Feste gefeiert. Lindenbäume sollen vor Unwetter und Krankheit schützen; unter ihren Wurzeln hausen der Sage nach Elfen, Kobolde und Schlangen. Die Bordesholmer Linde ist das Wahrzeichen des Ortes.

→ Schleswig, Dom

BORNHÖVED (Kreis Segeberg)

Kongsbarg

Etwa 1,5 km außerhalb von Bornhöved liegt in westlicher Richtung der „Kongsbarg", der mitunter auch „Waldemarshügel" genannt wird. Man erreicht ihn, indem man den Ort auf der Feldstraße verläßt. Gleich hinter der Überquerung der Bundesstraße 404/BAB 21 biegt man rechts ab und folgt der Straße, bis schließlich links ein Weg zum Kongsbarg abzweigt (Hinweisschild). Von dort geht man noch etwa fünf Minuten zu dem Hügel, bei dem es sich um einen vorgeschichtlichen Grabhügel handelt. Auf ihm steht ein großer Findling mit eingemeißeltem Schwert und dem Datum 22. 7. 1227. Der Stein erinnert an die dortigen kriegerischen Auseinandersetzungen, in deren Verlauf Graf Adolf IV. von Schauenburg mit seinen Verbündeten den Dänenkönig Waldemar II. schlug und somit die dänische Herrschaft über Holstein beendete. Während der Schlacht hatte der Dänenkönig seinen Standort auf dem Kongsbarg, daher der Name.

Die Schlacht bei Bornhöved im Jahre 1227

Die Sage weiß zu berichten, daß Adolfs Heer während des Gefechts allmählich zurückweichen mußte, weil es von der Sonne geblendet wurde und die Dänen erbitterten Widerstand leisteten. Verzweifelt betete der Schauenburger Graf zur heiligen Maria Magdalena, deren Namenstag (22. Juli) gerade war, sie möge ihm doch helfen. Daraufhin erschien die Heilige in den Wolken, segnete die Soldaten und bedeckte mit ihrem Gewand die Sonne. Als Adolfs Soldaten und deren Verbündete dieses Wunder sahen, faßten sie neuen Mut und gingen mit frischem Kampfgeist ins

Gefecht, so daß sie schließlich doch noch siegten. Als es dämmerte, war das feindliche Heer längst geflohen. Nur König Waldemar irrte hilflos und allein auf dem Schlachtfeld umher, da sein Pferd während des Gefechts erschossen worden war. Nach einiger Zeit begegnete ihm ein schwarzer Ritter mit geschlossenem Helm, den er darum bat, ihn gegen hohe Belohnung nach *Kiel* in Sicherheit zu bringen. Der Mann ließ den König aufsitzen und brachte ihn wortlos zum Kieler Schloßhof. Dort forderte der König den Ritter auf, seinen Helm zu öffnen und seinen Namen zu nennen. Als der Ritter daraufhin sein Visier zurückschlug, erkannte man erstaunt Graf Adolf, der schnell sein Pferd wendete und in das Lager seiner Leute zurückritt.
→ Kiel

BORSFLETH (Kreis Steinburg)

Kirche
Nördlich von *Glückstadt* liegt der kleine Ort Borsfleth. Die Dorfkirche, ein Backsteinbau, wurde nach Kriegsschäden um 1630 herum neu aufgebaut. 1877 erhielt sie einen neugotischen Chor und 1899 einen Westturm mit neuem nördlichen Anbau. Der Sage nach ereignete sich in der Kirche vor langer Zeit eine blutige Tragödie: Nachdem zwei Brüder schon viele Jahre in erbitterter Feindschaft gelebt hatten, konnten Verwandte und Freunde sie nach langem Zureden überzeugen, Frieden zu schließen. Um die Versöhnung zu besiegeln, sollten sie im Borsflether Gotteshaus das heilige Abendmahl empfangen. Während der Zeremonie flammte jedoch plötzlich der alte Haß wieder auf. Daher zogen die beiden gleichzeitig ihre langen Messer und erstachen sich gegenseitig vor den Augen der Kirchengemeinde. Erst viele Jahre später konnte der Blutfleck neben dem Altar endlich entfernt werden. Die Schädel der Brüder wurden in eine Wand der Ostseite eingemauert, wo sich noch lange Verfärbungen gezeigt haben sollen.
Eine andere Variante der Geschichte berichtet, daß einer der Brüder eine Reise des anderen genutzt hätte, um ihm die Verlobte auszuspannen. Als jener nichtsahnend zurückkam, wurde in der Kirche eben die Trauung seiner Braut mit dem Bruder vollzogen. Daraufhin erstachen sie sich gegenseitig.
Das Brüdertum verkörpert im Mythos die engste Schicksalsgemeinschaft. Es ist deshalb höchst tragisch und bedeutet einen Zusammenbruch jeglicher gesellschaftlichen Ordnung, wenn sich Brüder ermor-

den. Gleichwohl ist das Thema der sich gegenseitig vernichtenden Brüder in vielen Sagen zu finden. Als Gründe der Feindschaft geben die Überlieferungen meist Eifersucht, Habgier oder Herrschsucht an. Das Abendmahl, das in der ersten der beiden vorliegenden Sagenversionen die Versöhnung besiegeln sollte, wird von allen christlichen Kirchengemeinden als Sakrament gefeiert. Bei gläubigen Menschen gehörte der Besuch des heiligen Abendmahls noch bis ins 20. Jh. wenigstens einmal jährlich zur guten kirchlichen Sitte. Dazu wählte man besonders hohe Festtage, man nahm das Abendmahl aber auch nach überstandener Krankheit, nach einem Todesfall in der Familie oder vor Antritt einer Reise. In dieser Sage wollte man die Versöhnung der beiden Brüder als wichtiges Ereignis in deren Leben heiligen. Das frevelhafte Verhalten der beiden während der Zeremonie konnte nur mit dem Tod enden.

Bredstedt (Kreis Nordfriesland)

Stollberg

Etwa 2 km nördlich von Bredstedt liegt nahe der Bundesstraße 5 nach *Niebüll* der Stollberg, der mit seinen fast 44 m Höhe mitunter als „Balkon Nordfrieslands" bezeichnet wird. Bei dieser Anhöhe handelt es sich um eine Moräne, also um Sand-und Steinschutt, der von der älteren Eiszeit hierher transportiert wurde. Während der Stollberg noch zur höhergelegenen sandigen Geest gehört, liegt zu seinen Füßen in Richtung Westen die fruchtbare Marsch, der sich nach wenigen Kilometern das Wattenmeer mit seinen Inseln und Halligen anschließt. Die Marschen sind durch Eindeichung von etwa ein Dutzend Kögen zwischen dem 17. und 20. Jh. entstanden, nachdem die schwere Sturmflut des Jahres 1634 noch bis an den Stollberg gewogt war. Auf dem Stollberg steht ein Fernmeldeturm mit einer Aussichtsplattform in 20 m Höhe. An diesem Platz befand sich bis vor einigen Jahren noch ein kleiner Hügel, in dem der Sage nach der goldene Stuhl eines Herrschers gestanden haben soll.
Alljährlich wird auf dem Stollberg am 21. Februar, am Vorabend des Petritages, ein mächtiges Feuer, die „Biike", angezündet. Nachdem das traditionsreiche nordfriesische Biikebrennen in dieser Gegend lange Zeit fast in Vergessenheit geraten war, wurde es hier 1972 vom Bredstedter „Nordfriisk Institut" wiederbelebt. Der Ursprung dieses Brauches wird in der friesischen Volkstumsliteratur unterschiedlich erklärt. Eine

Theorie geht davon aus, daß man mit dem Biikebrennen den Winter und seine bösen Geister austreiben wollte. Vielleicht wurde damit auch der Frühjahrsthing, also das erste Gericht des Jahres, einberufen. Auf jeden Fall ist erwiesen, daß seit dem 17./18. Jh. mit dem Feuer diejenigen Männer verabschiedet wurden, die alljährlich am darauffolgenden Tag ihre Heimat verließen, um monatelang auf Walfang zu gehen. Während heute beim Biikebrennen in erster Linie Tannenbäume des letzten Weihnachtsfestes verbrannt werden, entzündeten die Friesen früher lediglich „Biiken", also Fackeln an langen Stöcken, die sie tanzend mit sich herumtrugen.

Auch eine Sage, bei der es sich wohl um eine mythologisierende Fehldeutung handelt, versucht den Ursprung des Biikebrennens zu erklären: Demzufolge huldigte man mit dem Feuer hauptsächlich dem Germanengott Wotan. Dabei tanzten Männer und Frauen mit brennenden Strohwischen an langen Stöcken um ein Feuer herum und riefen immer wieder „Wotan zehre". Den Pastoren war das heidnische Fest ein Dorn im Auge, ausrotten konnten sie es aber nicht.

Das „Biikebrennen" am 21. Februar findet selbstverständlich nicht nur auf dem Stollberg, sondern an zahlreichen weiteren nordfriesischen Orten des Festlands sowie auf den Inseln und Halligen statt. Auch auf der heute zu Nordfriesland gehörenden Halbinsel *Eiderstedt* feiert man neuerdings dieses Fest, obgleich es dort historisch nicht belegt ist.

BREITENBURG (Kreis Steinburg)

Schloß Breitenburg

Etwa 3 km südostlich von *Itzehoe* liegt auf einem Hügel der Störniederung in einer großen Parkanlage die „Breitenburg", eines der schönsten Schlösser Schleswig-Holsteins. Die von einem Wassergraben umgebene Anlage ist seit ihrer Erbauung im 16. Jh. durch Johann Rantzau und der anschließenden Erweiterung durch dessen Sohn Heinrich fast durchgängig in Familienbesitz. 1627 belagerte Wallenstein während des 30jährigen Krieges das Schloß und ließ es nach der Einnahme fast vollständig zerstören. Nachdem man das Schloß im Jahre 1640 wieder instandgesetzt hatte, zerfiel es später. Schließlich wurde das Gebäude abgerissen und im 19. Jh. stark verändert wieder aufgebaut. Über Wallensteins Belagerung, die fast 14 Tage gedauert haben soll, erzählte man sich früher eine blutrünstige Sage: Als Wallenstein das Schloß endlich

Albrecht von Wallenstein

einnehmen wollte, stellte ein mutiger gegnerischer Oberst Kanonen am Burgeingang auf und tötete zahlreiche Soldaten, die über die Zugbrücke ins Schloß gelangen wollten. Da die Übermacht letztlich doch zu groß wurde, plazierte er eine gefüllte Schießpulvertonne vor das Tor und setzte sich mit einer brennenden Lunte darauf. Als die Feinde erneut näherkamen, sprengte der Oberst sich und alle, die in Reichweite waren, in die Luft. Wallenstein, der zuletzt doch der Stärkere blieb, beobachtete nach Einnahme der Burg mit lautem Gelächter, wie sein Heer die besiegten Männer zusammentrieb und niedermetzelte. Danach befahl er den Frauen der Getöteten, die Leichen zu entfernen und die Breitenburg vom vergossenen Blut zu reinigen. Da sie sich weigerten, wurden sie ebenfalls umgebracht.

Daß Wallenstein während seiner Belagerung die Breitenburg aushungern wollte, berichtet eine andere Sage. Der Plan schlug jedoch zunächst fehl, weil sich die Burgbewohner durch einen geheimen unterirdischen Gang, der nach *Nordoe* führte, mit Lebensmitteln ver-

sorgten. Wallenstein war sehr zornig über den unvorhergesehenen Widerstand und versprach eine hohe Belohnung, falls ihm jemand verrate, woher die Besatzung ihren Proviant bezöge. Daraufhin gab eine Frau das Geheimnis preis und forderte als Dank Brot bis zu ihrem Lebensende. Wallenstein sicherte ihr die Belohnung zu und nahm die Burg siegreich ein. Später ließ er eine Kanone mit Brot laden, die Verräterin davor binden und erschießen, wobei er sagte: „Solche Frau, die ihre Landsleute verrät, hat nichts Besseres verdient. Nun hat sie Brot zeitlebens."
→ Rantzau

Tempel von Nordoe
Man erreicht den „Tempel von Nordoe", indem man *Itzehoe* auf der Elmshorner Straße verläßt und dieser nach Ortsende noch etwa 2,5 km bis zur Gemeinde Breitenburg folgt. Dort biegt man rechts in den Birkenweg in Richtung Itzehoe-*Wellenkamp* ein. Nach etwa 20 m liegt linkerhand – fast unmittelbar neben der Autobahn A 23 – ein kleiner baumbewachsener Hügel mit dem „Tempel von Nordoe". Bei dem Bauwerk handelt es sich um einen 3,5 m hohen Sandstein-Obelisken aus dem Jahr 1578 mit unleserlichen verwitterten Inschriften und einer Sonnenuhr, die allerdings inzwischen erneuert wurde. Heinrich Rantzau, der in der nahegelegenen Breitenburg residierte, ließ ihn errichten. Wer den Obelisken früher erstmals sah, mußte angeblich folgenden Spruch auf seine Richtigkeit überprüfen: „De Tempel to Nordoe is Kremp neger as Itzehoe" (Der Tempel zu Nordoe ist *Krempe* näher als Itzehoe). Ein Blick auf die Landkarte verrät allerdings, daß es sich umgekehrt verhält, da Nordoe wesentlich weiter von Krempe entfernt ist als von Itzehoe.
Der Sage nach gab Heinrich Rantzau den Obelisken aus folgendem Grund in Auftrag: Eines Tages machte er mit dem dänischen König Friedrich II., der bei ihm zu Gast war, einen Ausflug in die Umgebung. Dabei lobte der König besonders den stattlichen Turm der Kremper Kirche. Rantzau prahlte, daß er in einer Nacht eine mindestens ebenso hohe Spitze errichten könnte. Der König ging auf die Wette ein. Am darauffolgenden Morgen führte ihn Rantzau auf den Hügel von Nordoe, wo inzwischen in aller Schnelle der Obelisk aufgestellt worden war. Nachdem man Messungen durchgeführt hatte, mußte der König zugeben, daß sich die Spitze tatsächlich über dem Kremper Turm erhob. Er hatte also die Wette verloren. Ferner berichtet die Überlieferung, daß es einst zwischen dem Hügel

und der Breitenburg einen unterirdischen Gang gab, in dem sich während einer Schloßbelagerung ein Kommandant versteckt hielt. Er wurde dort jedoch vergessen und erst gefunden, als man nach vielen Jahren zufällig den Tunnel wiederentdeckte. Der Kommandant saß – so als lebe er noch – in einer nachdenklichen Stellung mit einer Schreibfeder in der Hand an einem Tisch. Sobald man ihn aber berührte, zerfiel er zu Staub.

BREKENDORF (Kreis Rendsburg-Eckernförde)

Rammsee

Der kleine Rammsee bei Brekendorf ist der Überrest eines Gletschers der letzten Eiszeit, dessen Geschiebe einst die gesamten *Hüttener Berge* bildeten. Man erreicht den idyllischen Waldsee, wenn man in Brekendorf etwa in der Dorfmitte in die Straße „Lehmberg" einbiegt und zum Restaurant „Waldhütte" fährt. Folgt man von dort zu Fuß dem Plattenweg, der in den Wald hineinführt, taucht nach etwa 15 Minuten rechterhand ein kleines hölzernes Wetterschutzhäuschen auf. Etwa 100 m weiter zweigt links ein kleiner Sandweg ab, nach einer weiteren Viertelstunde ist der Rammsee dann erreicht.

Um seine Entstehung rankt sich folgende Sage: Einst machte der Teufel eine Reise durch die Region Schwansen, die zwischen der Schlei und der Eckerförder Bucht liegt. Dort kehrte er bei mehreren Bauern ein und schlug sich bei ihnen den Magen mit Mehlbeuteln, großen gekochten Klößen aus Mehl, Butter, Milch und Eiern, sowie mit gebratenem Speck voll. Danach machte er sich wieder auf den Weg. Als er die Hüttener Berge durchquerte, wurde ihm vom vielen Essen so übel, daß er sich übergeben mußte. Dabei entstand der Rammsee. Und auch die zahlreichen Steine in den Hüttener Bergen sollen auf dieses Ereignis zurückzuführen sein, da es sich bei ihnen um versteinerte Mehlklöße handele. Der Sage nach ist der See unergründlich tief und hat weder Zu- noch Abfluß. Außerdem soll es in ihm keine Fische geben.

Bei dieser Teufelsgeschichte handelt es sich um eine ätiologische Sage, die das Vorhandensein des Waldsees und der zahlreichen Felsbrocken in den Hüttener Bergen erklären will.

Brunsbüttel (Kreis Dithmarschen)

Der Bau des Nord-Ostsee-Kanals, der hier in die Elbe einmündet, hat aus dem ehemals kleinen Ort eine größere Stadt gemacht. Das heutige historische Zentrum ist aber nicht das ursprüngliche, sondern erst 1674–79 etwas weiter landeinwärts vom alten Brunsbüttel entstanden. Die Gewalt des Elbstromes hatte immer wieder zu Deichbrüchen und Landverlusten geführt und einen Rückzug notwendig gemacht.

Deichbruch. Zeitgenössisches Kupfer, 1717

Kirche

Der einschiffige Backsteinbau wurde 1677/78 von dem Stader Baumeister Sommer errichtet. Er war Ersatz für die weiter südlich gelegene Kirche, die mit dem ehemaligen Ort aufgegeben werden mußte. Ihr gesamter Innenausbau fiel 1719 einem Brand, den ein Blitzschlag verursacht hatte, zum Opfer und mußte erneuert werden.

Auch in Sagen hat sich die Schwierigkeit der Brunsbüttler mit den Elbfluten niedergeschlagen. So wird erzählt, daß die Kehdinger, die auf der gegenüberliegenden Seite der Elbe wohnen, eine große Überschwemmung des Brunsbüttler Gebiets ausnutzten, um aus dem Turm der Dorfkirche die Glocke zu stehlen, die wegen ihres besonders schönen Klangs berühmt war. Die Brunsbüttler sollen ihnen damals nachgerufen haben:

> Van nu an schöllen gy sülves verklaren,
> Wer tom hilligen Deenst ju heft erkaren:
> Bet de Kehdinger ehr Lant ünner Water sehn

Un int Kehdinger Lant de Dithmarschen tehn,
Schöllen gy jammern un zagen,
Schöllen gy stähnen un klagen
Na Brunsbüttel!
Na Brunsbüttel!

(Von nun an sollt ihr selbst erkennen,/ Wer euch zum heiligen Dienst erkoren hat:/ Bis die Kehdinger ihr Land unter Wasser sehen/ Und im Kehdinger Land die Dithmarschen stehen,/ Sollt ihr jammern und zagen,/ Sollt ihr stöhnen und klagen/ Nach Brunsbüttel!/ Nach Brunsbüttel.)

Die Kehdinger hängten die Glocke in *Balje* auf. Ihr Läuten hörte man bei Sturm und Unwetter bis nach Brunsbüttel, so daß ihr Klang auch dort als Warnung wahrgenommen wurde. Man rief sich dann zu: „Wahr di, dat Haff kummt; de Baljer Glocken roopt!" (Paß auf, das Meer kommt; die Baljer Glocken rufen!) Als im Februar 1825 eine der schlimmsten Sturmfluten das Land überschwemmte, brachen auch die Deiche der Kehdinger, so daß sie vom Hinterland abgeschnitten waren und von dort nicht mehr auf Hilfe hoffen konnten. Da fuhren die Brunsbüttler mit voll beladenen Schiffen hinüber, um ihnen alles Nötige zu bringen. Damit, so sagt man, soll sich die Prophezeiung erfüllt haben, und seitdem hätte man auch die Glocken nicht mehr gehört.

In seinem Gedicht „Die Helden am Deich" hat *Ludwig Frahm* den in diesem Fall erfolgreichen Kampf der Männer um den Deich auf schleswig-holsteinischer Seite beschrieben:

Die Nacht so finster, kein Stern hat Schein,
Wild grollt in die Elbe die Flut hinein,
Getrieben vom wildesten Nordnordwest,
Zu prüfen, ob Deiche und Schleusen fest.

Der Deichgraf, der alte, geht selbst ums Haus,
Flugs bläst der Sturm die Laterne aus;
Doch sah er noch, und er wurde bleich:
Ein Wellenkamm sprang auf den Meeresdeich.

Frahm beschreibt weiter, daß die Männer des Ortes Sandsäcke holen und vom Deichgrafen ermuntert werden. In den letzten beiden Strophen heißt es dann:

Sie hemmten die Flut noch in letzter Stund',
Die Wogen schrumpften am teuren Grund;
Sie riefen ‚Gott lob' und eilten nach Haus,
Der Deichgraf blies dann die Laterne aus.

Drauf schliefen sie all in den Tag hinein,
Sie aßen den Braten und tranken den Wein.–
Und heut noch sind die Enkel den Vätern gut
Und reden noch oft von der großen Flut.

BURG IN DITHMARSCHEN (Kreis Dithmarschen)

Friedhof / Bökelnburg

Wendet man sich vom Zentrum des Ortes aus nach Nordosten, gelangt man schon nach wenigen Minuten zum Friedhof des Ortes. Auf dessen Platz erhob sich während des Mittelalters eine Burg, die 1144 zerstörte Bökelnburg. Erhalten ist von ihr nur ein Ringwall von etwa 100 m Durchmesser, der auch heute noch die ehemals vorhandenen Ausmaße verdeutlicht. Von hier oben hat man einen guten Ausblick über die Landschaft sowie über Schiffe, die auf dem 1896 erbauten Nord-Ostsee-Kanal fahren.

Graf Rudolf, der die Burg in der ersten Hälfte des 12. Jh. bewohnte und die umliegende Region beherrschte, und seine Frau sollen der Sage nach ein strenges Regiment geführt und von ihren Untertanen auch in Zeiten wirtschaftlicher Not reichliche Abgaben gefordert haben. Nach einer besonders schlechten Ernte hätten die Bauern um Aufschub des zu Martini fälligen Herrenkorns gebeten. Rudolf besuchte daraufhin einen der reicheren und ihm wohlgesonnenen Bauern, um sich selbst ein Bild von der Situation zu machen. Bei einer Jagdgesellschaft zu seinen Ehren fiel ihm dort eine Dienstmagd namens Dortlind auf. Er befahl ihrem Vater, sie zu Martini, dem Ziehtag des Gesindes, auf die Burg zu bringen, damit sie Singen und Saitenspiel lernen sollte. Als die Gräfin von Dortlind erfuhr, ließ sie aus Ärger bekanntgeben, daß zum üblichen Abgabetermin alle Forderungen zu erfüllen wären. Sie forderte sogar, daß die Bauern als Zeichen ihrer Unterwerfung ein Joch um den Hals zu tragen hätten.

Die Bauern waren jedoch nicht in der Lage, die Abgaben aufzubringen und ersannen unter der Leitung von Dortlinds Bräutigam den Plan, die Burg zu erstürmen. Mit Ochsenwagen zogen sie dann am Martinstag vom Dorf zur Burg. Einer der Wagen brach, wie geplant, im Burgtor zusammen, so daß es sich nicht mehr schließen ließ. Auf das Kommando „Nun rührt die Hand – zerschneidet das Band!“ zerschnitten die Dithmarscher die Säcke, in denen sie sich versteckt hatten, sprangen heraus und überwältigten die Burgbewohner. Die Gräfin ertrank bei ihrer Flucht in der Au, der

Graf aber blieb zunächst verschwunden. Erst als seine zahme Elster, die er immer bei sich gehabt hatte, beobachtet wurde, wie sie Äpfel und Brot in ein Mauerloch brachte, entdeckten die Bauern ihn dort. Er flehte um sein Leben und versprach, eine steinerne Kirche zu bauen, wenn sie ihn am Leben ließen. Die Bauern erstachen ihn jedoch und machten die Burg dem Erdboden gleich. Der Bruder des Grafen, ein Domherr Hartwig aus Magdeburg, ließ statt dieser in Burg die St. Petri-Kirche bauen.

Die Sage hat in verschiedenen Überlieferungen einige Abwandlungen erfahren – immer aber steht das Ziel dahinter, der bösen Herrschaft ein Ende zu machen und durch deren Tod eine ausgleichende Gerechtigkeit herzustellen. Die Elster, die den Grafen als Vertraute begleitet hat, tritt meistens als Motiv für Diebstahl und Schwatzhaftigkeit auf. Beides paßt auch in diesem Fall in den Zusammenhang, denn das Verhalten Rudolfs wird nicht mehr als rechtmäßig empfunden; und außerdem verrät schließlich der Vogel, wenn auch nicht durch Sprache, seinen Herrn.

Wie zu mehreren überlieferten schleswig-holsteinischen Geschichten hat *Klaus Groth* (1819–99) auch hierzu ein Gedicht in plattdeutscher Sprache verfaßt, das er „Graf Rudolf vun de Bökelnburg“ betitelt:

> ...
> De Buern wulln Herren sin, dat is se slecht bekam'!
> Nu treckt se her as Ochs un Swin mit Halter un mit Klabn. (2. Str.)
> ...
> Do de'n se wit de Porten op voer Wagen un voer Peer,
> Do keemn se rin, en lange Reeg: de letzte sparr de Doer. (7. Str.),
> ...
> De sparr de Port un reep so lud: De Bur is doch keen Slav!
> Nu röhrt de Hann' un sniet de Bann'un stekt de Bökelngraf!
>
> Do warn se beid as Krid so witt un as de kalkte Wand.
> Do sprung ut jede Wetensack en Kerl, en Mess in Hand.
>
> Un nu Herr Graf man raf in Drav: Wi bringt den Martinssold!
> De Bur is kam in Ked un Klabn, un de betalt sin Schuld. (8.–10. Str.)

(Die Bauern wollen Herren sein, das ist ihnen schlecht bekommen!/ Nun ziehen sie heran wie Ochse und Schwein mit Halfter und mit Joch./ . . ./ Da machten sie weit die Tore auf für Wagen und für Pferde,/ Da kamen sie rein, eine lange Reihe, der letzte sperrte die Tür./ . . ./ Der sperrte die Tür und rief so laut: Der Bauer ist doch kein Sklave!/ Nun rührt die Hand und zerschneidet das Band und ersticht den Bökelngraf!/ Da wurden sie beide wie Kreide so weiß und wie die gekalkte Wand./ Da sprang aus jedem Weizensack ein Kerl, ein Messer in der Hand./ Und jetzt Herr Graf man rasch in Trab: Wir bringen den Martinssold!/ Der Bauer ist gekommen in Ketten und Joch, und er bezahlt seine Schuld.)
→ Heide → Weddingstedt

BUSDORF (Kreis Schleswig-Flensburg)

Skarthestein
Der Runenstein, der am südlichen Ortsanfang auf der westlichen Seite der alten Rendsburger Landstraße steht, wurde um das Jahr 1000 nach Chr. geschnitten und an dieser Stelle aufgestellt. Er ist der einzige Stein dieser Art im Land, der an seinem ursprünglichen Platz blieb. Die farbig abgesetzte Inschrift auf seiner Front bedeutet: „König Sven setzte den Stein für seinen Gefolgsmann Skarthe, der nach Westen gezogen war, aber nun den Tod fand bei Haithabu.“

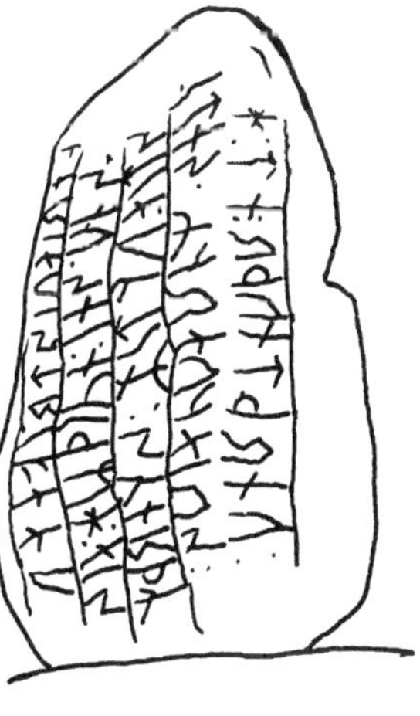

Runenstein

Der Ort *Haithabu*, der nördlich dieses Standortes liegt, wird in Quellen auch Haddeby, Hedeby, Sliestorp oder Sliaswig genannt. Hier bestand zur Wikingerzeit

ein wichtiger mittelalterlicher Handelsplatz. Durch seine günstige geographische Lage zwischen Skandinavien und dem kontinentalen Europa erreichte Haithabu hier im Norden eine Größe wie die Kaufmannssiedlung Köln in Mitteldeutschland. Begründet wurde der Ort als kleines Königreich von einer schwedischen Dynastie Ende des 9. Jh.. Dem folgte ein sächsisches Königshaus, innerhalb dessen es zu verschiedensten Machtkämpfen kam. So führte der auf dem Stein genannte König Sven eine Revolte gegen seinen Vater Harald Blauzahn an, um die Regentschaft übernehmen zu können.
Eine Sage zur Begründung des Haithabuer Königtums berichtet, daß zu jener Zeit nur wenige Menschen in dem Gebiet am Ende der Schlei und am Noor lebten. Eines Tages trieb ein führerloses Schiff die Förde herauf, in dem ein neugeborener Knabe auf einem Strohbündel lag. Neben ihm fand man Waffen und verschiedene Kostbarkeiten im Schiffsrumpf. Die Menschen nahmen das Kind auf, gaben ihm den Namen „Skeaf“ und zogen ihn groß. Weil er so reich mit Gaben ausgestattet gewesen war, als sie ihn fanden und er sich zu einem ausgesprochen schönen Jüngling entwickelte, meinten sie, daß er ihnen von einem Gott geschickt worden war und wählten ihn deshalb zu ihrem König. Skeaf wurde seinem Volk ein guter und beliebter Herrscher und übergab das Amt mit seinem Tod an seinen Sohn Skild, der auch umliegende Gebiete hinzugewann und die Blüte des Reiches begründete.
Diese ätiologische Sage, die die Herkunft des ersten Königshauses der Wikinger erklären soll, erinnert an ähnliche Geschehen aus anderen Kulturbereichen, unter anderem an das Auffinden von Moses, wie es das Alte Testament erzählt. Durch die göttliche Herkunft ihrer ersten Vertreter schaffen sich Herrscherhäuser eine besondere Legitimation. Vermutlich wurde diese Geschichte deshalb auch schon so oder ähnlich in Haithabu erzählt.

BÜSUM (Kreis Dithmarschen)

Das Zentrum des heutigen Nordsee-Heilbades Büsum liegt da, wo sich im Mittelalter der Nordteil einer Insel namens Busen erstreckte. Deren Hauptteil lag weiter westlich, dort, wo heute Nordsee ist. In drei Phasen fiel der größere Teil der Insel dem Meer zum Opfer, erst der südlichste, dann der mittlere und schließlich der nördlichere. Die Hauptkirche in Middeldörp, in

Mitteldorf, soll der Sage nach noch lange Zeit bei niedrigem Wasserstand wie ein Finger aus dem Wasser herausgeragt haben, und die Glocken klangen bis aufs feste Land. *Klaus Groth* hat dies in seinem Gedicht „Ool Büsum" eindringlich beschrieben:

Ool Büsum liggt in't wille Haff,
De Floot de keem un wöhl en Graff.
De Floot de keem un spööl un spööl,
Bet se de Insel ünner wöhl.
Dar bliv keen Steen, dar bliv keen Pahl,
Dat Water spööl dat all hendal.
Da weer keen Beest, dar weer keen Hund,
De liggt nu all in'n deepen Grund.
Un allns, wat dar läv un lach,
Dat deck de See mit deepe Nach.
Mitünner in de hohle Ebb
So süht man vun'e Hüüs de Köpp,
Denn duckt de Torn herut ut Sand,
As weer't en Finger vun en Hand.
Denn hört man sach de Klocken kling'n,
Denn hört man sach den Kanter sing'n,
Denn geiht dat liesen dör de Luft:
‚Begrabt den Leib in seiner Gruft!'

(Alt Büsum liegt im wilden Meer,/ Die Flut kam und wühlte ein Grab./ Die Flut kam und spülte und spülte,/ bis sie die Insel unterwühlte. Da blieb kein Stein, da blieb kein Pfahl,/ Das Wasser spülte alles hinunter./ Da war kein Tier, da war kein Hund,/ Die liegen nun alle in dem tiefen Grund./ Und alles, was da lebte und lachte, Das deckt die See mit tiefer Nacht./ Mitunter in der hohlen Ebbe/ Dann sieht man von den Häusern die Köpfe,/ Dann ragt der Turm heraus aus dem Sand,/ Als wär's ein Finger einer Hand./ Dann hört man sacht die Glocken klingen,/ Dann hört man sachte den Kantor singen,/ Dann geht es leise durch die Luft,/ Begrabt den Leib in seiner Gruft!)
→ Heide → Warwerort

St. Clemens-Kirche
Die Kirche im Zentrum des Ortes wurde 1281 dem Schutzheiligen der Schiffer und Küstenbewohner Clemens geweiht. Damals war sie nur eine kleine Kapelle im Norden der Insel Busen. Nach dem Untergang von Middeldörp, den man zwischen 1434 und 1442 datiert, wurde sie zur Hauptkirche und erhielt ihre heutige Gestalt als einschiffiger Bau mit flach gedecktem Langhaus und gewölbtem 5/8 Chor.

Taufbecken

Nur wenige Jahre später soll der Seeräuber Cord Widderich der Kirche ein im 13. Jh. entstandenes bronzenes Taufbecken, das vor dem Chor seinen Platz hat, geschenkt haben. Es ist das älteste und auch kostbarste Ausstattungsstück der Kirche. Über einem Bodenring bilden vier Trägerfiguren die Stützen des kesselförmigen Beckens. Auf dessen Wandung ist zu den vier Seiten jeweils ein thronender Christus mit Nimbus zwischen den vier Evangelistensymbolen – dem Adler für Johannes, dem Stier für Lukas, dem Engel für Matthäus und dem Löwen für Markus – plastisch ausgearbeitet. Das umlaufende lateinische Spruchband am oberen Rand bedeutet: „Wer mit diesem heiligen Quell getauft wird, wird vom Weltlichen rein gewaschen und als Katholik (= Christ) anerkannt."

Cord Widderich hatte, bevor er nach Büsum kam, auf *Pellworm* gelebt und war von dort seinen seeräuberischen Aktivitäten nachgegangen. Aus der dortigen Kirche soll er das Taufbecken sowie zwei Schreine, von denen einer noch im Chor steht, mitgebracht haben.

Skrupel, solche Geschenke anzunehmen, hatten die Büsumer Pastoren wohl nicht – wird doch behauptet, daß sie in das alte Kirchengebet die Bitte „Gott segne unseren Strand" aufgenommen hatten. Damit war Strandgut, u. a. durch verunglückte Schiffe, gemeint, auf die man reichlich hoffte. Das Recht, dieses Gut zu bergen beziehungsweise von jedem gefundenen Stück ihren gesetzmäßigen Anteil zu erhalten, hatten ehemals die Vogtemannen inne, eines der alten Dithmarscher Geschlechter. Sie verkauften ihr Privileg, als der Büsumer Zweig ausgestorben war, der dortigen Kirche, so daß ihr von allem Strandgut der zehnte Teil zustand.

Gestühlswangen

Die Gestühlswangen der Kirche stammen zum Teil noch aus dem 16. Jh.. Durch eingeschnitzte Wappenschilde, bei späteren auch durch Namen, machten sie kenntlich, welches der Dithmarscher Geschlechter das Recht hatte, auf der betreffenden Bank zu sitzen. Die Geschlechter waren Familien- und Sippenverbände, in denen die Menschen der einzelnen verstreut liegenden Siedlungen sich zusammengeschlossen hatten. Ihre sozialen Organisationsformen und Regeln lassen noch altgermanische Lebensformen erkennen: so wurde beispielsweise Blutrache geübt oder Eideshilfe geleistet. Solange ihre jeweils wichtigsten Vertreter am

Sonntag in der Kirche noch fehlten, durfte der Pastor den Gottesdienst angeblich nicht beginnen. Vermutlich ist dieses Recht öfters ausgenutzt und die Geduld des Predigers und der Gemeinde entsprechend strapaziert worden. So erzählt man von einem, der schließlich begann, ohne das Eintreffen der Isemannen, eines der mächtigsten Geschlechter, deren Name auf einen eisenharten Charakter hinwies, abzuwarten. Diese ließen den Frevel nicht ungesühnt; sie erschlugen den Pastor vor den Stufen des Altars.

→ Pellworm

Büsumer Deich

Westlich der Kirche liegt die Alleestraße, auf der man in Richtung Süden nach wenigen Minuten zum Hafen und zum Deich gelangt. Seit dem erwähnten Abbruch des dahinter liegenden Landes im 15. Jh. beginnt dort die Nordsee. In dem für Dithmarschen schicksalhaften Jahr 1559, das das Ende der Bauernrepublik mit sich brachte, sollen hier Kinder und Frauen die Eiderstedter in die Flucht gejagt haben: Weil alle wehrfähigen Männer des Landes gegen die von Osten anstürmenden Feinde im Einsatz waren und der Deich ungeschützt lag, haben die Schulkinder des Ortes dort unter Anleitung ihres Lehrers, Rektor Simonis, Wache gehalten. Als sich sechs *Tönninger* Kutter mit bewaffneten Männern an Bord dem Hafen näherten, um den ungeschützten Ort zu plündern, ließ der Sage nach der Rektor die Kinder nach Hause laufen, um Geschwister und Mütter zu holen. Alle mußten weiße Tücher um die Köpfe binden, Besen in die Hand nehmen und hinter dem Deich in langsam wiegenden Bewegungen zum Hafen laufen. Die Eiderstedter gewannen auf diese Weise den Eindruck, ein Heer bewaffneter Reiter käme zur Verteidigung, und sie ergriffen schnellstens die Flucht. Eines der Schiffe soll dabei gekentert sein, die anderen hätten den Heimathafen zwar erreicht, aber später viel Spott geerntet, als die Geschichte bekannt wurde. Das Verhältnis zwischen den Dithmarschern und ihren nördlichen Nachbarn ist immer gespannt gewesen; keine der beiden Seiten ließ eine Chance aus, den Gegner zu treffen oder lächerlich zu machen. Insofern ist es gut möglich, daß die Geschichte eigens zu diesem Zweck erfunden wurde.

→ Hemmingstedt

D

●●●

DANNEWERK (Kreis Schleswig-Flensburg)

Wallanlage Danewerk

Das Danewerk ist das größte archäologische Denkmal Nordeuropas. Von den ursprünglich etwa 30 km langen Wällen sind heute noch mehrere Teilstücke erhalten. Der beste Ausgangspunkt für eine Besichtigung der Überreste dieser ehemals gewaltigen Befestigungsanlage ist das Museum „Danevirkegården", das von der dänischen Kulturvereinigung „Sydslevisk Forening" getragen wird. Es liegt in dem kleinen Ort Dannewerk, der etwa 2,5 km von der Abfahrt *Jagel* der Autobahn A7 bei *Schleswig* entfernt ist. In Dannewerk steht das Museum direkt am „Alten Ochsenweg" neben dem historischen Gasthaus „Rothenkrug".

Das Danewerk, das in alten Zeiten die Schleswiger Landenge von *Hollingstedt* in der Eider- und Treeneniederung im Westen bis zur Schlei im Osten durchzog, sperrte das damalige dänische Königsreich gegen Gefahren aus dem Süden ab. Die Anfänge des Danewerks liegen wahrscheinlich in der Zeit um 740. Damals bestand die Anlage lediglich aus einem 7 km langen Erdwall mit einem Holzbollwerk auf der Vorderseite. Im Jahr 808 ließ Dänenkönig Göttrik angesichts der drohenden Invasion durch das Heer Karls des Großen zusätzlich eine lange Feldsteinmauer errichten. Dabei blieb nur auf Höhe des heutigen Ortes Dannewerk ein Durchgang für den Ochsenweg offen, ein Fernhandelsweg, der bereits in vorgeschichtlicher Zeit existierte. Im 9. Jh. entstand dann auch die nahegelegene Siedlung *Haithabu*, die bis ins 11. Jh. wichtigstes Handelszentrum Nordeuropas war und deren Geschichte eng mit der Entwicklung des Danewerks verflochten ist.

Im 12. Jh. schließlich ließ Dänenkönig Waldemar der Große den Hauptwall durch eine fast 4 km lange, in Lehm gebettete Ziegelsteinmauer von 2 m Dicke und 7 m Höhe verstärken (Waldemarsmauer). In den darauffolgenden Jahrhunderten verlor das Bollwerk jedoch zunehmend an Bedeutung und verfiel. Seine Steine wurden für den Bau von Bauernhäusern und des Gottorfer Schlosses in Schleswig genutzt. 1864 befestigten die Dänen das Danewerk abermals, mußten es jedoch schließlich kampflos vor anrückenden preußischen und österreichischen Truppen räumen. Noch im Zweiten Weltkrieg hob man auf der Südseite des Hauptwalls einen etwa 4 km langen Panzergraben aus.

Bevor die Archäologen im 19. Jh. damit begannen, das Danewerk systematisch zu untersuchen, versuchten mehrere Sagen den Bau der Wallanlage zu erklären. Dabei spielte auch die dänische Königin Margareth, die mit dem um 1250 regierenden Dänenkönig Christopher I. verheiratet war, eine entscheidende Rolle. Obgleich historisch nachgewiesen ist, daß zu Margareths Lebzeiten das Danewerk bereits verfiel, taucht sie in der Sage mehrfach als seine Erbauerin auf. Wie verbreitet diese sagenhaften Geschichten waren, zeigt sich daran, daß Teile der Anlage im Volksmund noch bis heute „Margarethenwall" heißen. Demnach erbaute Margareth oder die „Schwarze Greth", wie sie in den Überlieferungen häufig genannt wird, den Wall mit Hilfe des Teufels. Deswegen, aber auch wegen ihres unsittlichen Lebenswandels, fand sie nach ihrem Tod keine Ruhe. Jede Nacht galoppierte ihr Geist auf einem weißen Pferd, das Feuer und Rauch spuckte, in Begleitung zweier weißgekleideter Gestalten kilometerweit über den Wall. Oft erschien sie, grundsätzlich in schwarzem Kleid, auch zur Mittagszeit auf dem Danewerk. Einmal hetzte sie ihre beiden Begleiter auf ein Mädchen, das gerade am Wall Kartoffeln ausscharrte. Die junge Frau ließ daraufhin angstvoll den Kartoffelsack fallen und rannte nach Hause. Als man später den Sack abholen wollte, lagen die Erdäpfel zerstreut und zertreten am Boden, denn Margareth wollte nicht, daß an ihrem Wall gegraben wurde. Noch in der Neujahrsnacht des Jahres 1844 sollen Kinder auf dem Danewerk von der Schwarzen Greth auf ihrem feuer- und rauchspeienden Pferd und von deren Begleitern in die Flucht geschlagen worden sein.

Es verwundert nicht, daß die ungewöhnliche Wallanlage in der Sage auch zu einem Ort zahlreicher verborgener Schätze gemacht wurde: Demnach soll früher an einer Stelle alle sieben Jahre eine reichgedeckte Tafel mit Silbergeschirr erschienen sein. Sie verschwand jedoch, sobald man sie berührte. Ein Kuhhirte beobachtete einmal, wie sich das Danewerk öffnete und ein Gang mit goldenen und silbernen Gegenständen sichtbar wurde. Als er hineingehen wollte, erschien jedoch im Eingang plötzlich ein großes glühendes Wesen auf einem brennenden Stuhl. Der erschrockene Hirte floh und sah, wie sich hinter ihm der Wall schloß. Er merkte sich die Stelle jedoch und kam mit mehreren Männern zurück, um den Schatz zu heben. Während sie gruben, tauchte im Erdreich abermals die unheimliche Gestalt auf, worauf die Männer angsterfüllt die Suche beendeten. Die Stelle, an der gegraben wurde, soll noch lange zu sehen gewesen sein.

Schatzsagen berichten häufig darüber, wie schwierig es ist, an Schätze zu gelangen, weil sie nur zu bestimmten Zeitpunkten auftauchen und sich dann wieder in nichts auflösen, wenn man sie bergen möchte. Zudem werden vergrabene Schätze der Volksüberlieferung nach häufig von Schatzhütern bewacht. Sehr oft ist es der Teufel, der in furchterregendem Aufzug die Hebung vereitelt.
→ Großenbrode

Kograben
Folgt man dem Ochsenweg vom Museum aus nach Süden, gelangt man nach 2 km zu den Überresten eines vorgelagerten Teilstücks des Danewerks, dem schnurgeraden „Kograben" (Kuhgraben). Die Sage schreibt der Schwarzen Greth auch den Bau dieses Grabens zu und erklärt gleichzeitig, wie er zu seinem Namen kam: Als Margareth das Danewerk aufschütten ließ, wurde sie von Feinden angegriffen. Um die Soldaten zu überlisten, stellte sie im äußeren Graben zahlreiche Kühe in einer Reihe auf. Der Trick funktionierte: Die Feinde verschossen ihre gesamte Munition, weil sie die Tiere für behelmte Soldaten hielten. Währenddessen stellte Margareth das Danewerk fertig. In Wirklichkeit ist der Wall jedoch lange vor Margareths Lebzeiten erbaut worden, nämlich zwischen 770 und 970.

Thyraburg
Ebenfalls zum Danewerk gehört die „Thyraburg", die etwa 700 m vom Museum entfernt ist. Man erreicht sie über einen markierten Fußweg, der etwa 50 m nordöstlich des Museums auf der gegenüberliegenden Straßenseite bei einem hölzernen Drehkreuz beginnt. Von der einstigen Anlage aus dem 13. Jh. ist heute nur noch eine mit Fichten und Eichen bewachsene Kuppe zu erkennen. Sie befestigte das Danewerk am Südwestende des inzwischen verlandeten Dannewerk-Sees. Der Sage nach lebte hier einst Königin Thyra, die ebenfalls als Baumeisterin des Danewerks gewirkt haben soll. Sie befahl angeblich, aus allen Teilen des Reiches Leute zu schicken, um innerhalb von drei Jahren den Wall zu bauen. Eine andere Version berichtet, daß Thyra beim Bau des Danewerks Hilfe von Unterirdischen bekam. Diese errichteten in nur einer Nacht das gesamte Danewerk, während die Königin und ihre Leute schliefen.
Eine weitere Sage berichtet, daß Thyra einst mit einem häßlichen Prinzen verlobt war, den sie unbedingt los-

werden wollte. Kurz vor der Hochzeit war die Gelegenheit gekommen. Das Paar unternahm einen Spazierritt über das Danewerk, bei dem die Prinzessin scheinbar unbeabsichtigt ein Tuch fallenließ. Als ihr Verlobter vom Pferd stieg, um es aufzuheben, nahm sie das Schwert, das an seinem Sattel hing, und schlug ihm damit den Kopf ab. Zurück auf der Burg, erzählte Thyra ihren Leuten, sie seien von Unholden überfallen worden, die ihren Verlobten umgebracht hätten. Sie selbst habe glücklicherweise fliehen können.
Auch Königin Thyra existierte tatsächlich. Sie stammte aus England und war mit dem etwa von 900 bis 940 lebenden Dänenkönig Gorm verheiratet. Untersuchungen haben jedoch ergeben, daß die Burg und der dazugehörige Wall vermutlich erst um 1200 errichtet wurden. Daher kommt sie als tatsächliche Erbauerin oder Bewohnerin nicht in Frage.

Tweebargen

Neben dem vorgelagerten Kograben des Danewerks liegen auf einem Feld unübersehbar zwei vorgeschichtliche Grabhügel, die „Tweebargen" heißen. Man erreicht sie, indem man zunächst auf dem Weg links des Kograbens entlangspaziert. Nach wenigen Minuten führt ein Holztreppe über den Wall. Von hier aus sind es über einen Grasweg noch etwa 150 m zu den markanten Grabhügeln, die vor einigen Jahren restauriert worden sind. Sie haben einen Durchmesser von jeweils 35 m und sind 4,20 bzw. 4,40 m hoch. Der Sage nach ist in einem dieser Hügel Dan, der erste (vermutlich fiktive) König der Dänen begraben. In einer Felsenkammer sitzt er, ein gesatteltes Pferd an der Seite, auf seinem Königsstuhl und wird auferstehen, wenn Dänemark eines Tages in Not geraten sollte

– ein traditioneller Sagenstoff, der sich auch an andere populäre Herrscher (u. a. Karl der Große, Friedrich Barbarossa) knüpft. Man denkt sie sich in einem Berg schlafend, und es heißt, daß sie in besonders schwierigen Zeiten ihrem Volk zur Hilfe kommen werden.

DRAGE (Kreis Nordfriesland)

Brasberg

Im Südosten des Ortes gabelt sich die Straße; der nördliche Weg führt zum Galgenberg, auf dem früher die öffentlichen Hinrichtungen stattfanden, der südliche ins Dragermoor. Im Winkel beider Straßen liegt der Brasberg, einer der wenigen Hügel in der Stapelholmer Niederung zwischen Eider und Treene. In ihm sollen der Sage nach Unterirdische gewohnt haben, die gelegentlich auch Kontakt zu den Menschen suchten.

De „Ünnereerschen", auf *Amrum* „Onnerbänkissen", in *Nortorf* auch „Wolterkens" genannt, lebten ähnlich wie die Menschen, nur unter der Erde. Sie waren immer von sehr kleiner Statur und besaßen Geschirr und Becher aus Edelmetallen, die die Begierde der Menschen weckten.

Eines Tages soll ein Mann auf seinem Pferd am Brasberg vorbeigekommen sein, während darin eine Hochzeit gefeiert wurde. Einer der Zwerge trat ihm entgegen und bot ihm einen goldenen Becher voll Wein an. Der Reiter nahm ihn, nippte, goß aber dann dem kleinen Mann und den anderen um ihn Herumstehenden den Wein in die Augen und ritt mit dem Becher eilig davon. Weil es sich um ein besonders schön gearbeitetes Stück handelte, behielt er ihn nicht nur, sondern zeigt ihn auch stets seinen Gästen. Während einer großen Gesellschaft, die in seinem Haus stattfand, stand der Becher wieder auf dem Tisch, als es heftig an die Stubentür klopfte. Der Hausherr und seine Gäste gingen in die Diele, um nachzusehen, fanden aber nichts. Als sie jedoch ins Zimmer zurückkamen, fehlte der Becher, denn die Unterirdischen hatten ihn sich zurückgeholt.

DRELSDORF (Kreis Nordfriesland)

Kirche

Auf einer Anhöhe im Südwesten des Dorfes steht die Kirche, ein romanischer Feldsteinbau aus der Zeit um 1200 mit einem wegen seiner Buntheit bemerkenswerten Innenraum. Er wird sowohl durch die reiche

Ausstattung bestimmt, zu der eine Kanzel aus der Werkstatt Ringerincks von etwa 1600 sowie ein Triumphkreuz aus derselben Zeit gehören, wie auch durch die Bemalung von 1915–1917, der eine ältere zugrunde lag. An der Nordwand des Schiffes befindet sich ein vierteiliges Epitaph der Pastorenfamilie Bonnix von 1656/57, das mehr als 3 m hoch und 5 m breit ist. Es zeigt links die 17jährige Tochter Dorothea, neben ihr den Pastor Georg Bonnix, als nächstes seine Ehefrau Anna und rechts den 10jährigen Sohn Heinrich mit einer weißen Lilie in der Hand. Eine Inschrift im unteren Teil des letzten Bildes lautet: „Aquis incuria servi submersus“ (Durch Unachtsamkeit eines Knechtes im Wasser ertrunken). Die Pastorenfamilie hatte innerhalb weniger Jahre ihre Kinder verloren: die ersten drei starben schon zwischen 1640 und 1645, die Tochter und der Sohn auf dem Bild beide 1656. Die Grabsteine sind noch heute auf dem Kirchhof zu sehen.

Berühmt geworden ist dieses Epitaph durch Theodor Storms 1876 entstandene Novelle „Aquis submersus“, die das Bild in abgewandelter Form allerdings in die *Hattstedter* Kirche verlegt. Erzählt wird in leicht altertümelnder Sprache eine Liebestragödie aus dem 17. Jh., deren Ausgangspunkt zwei zufällige Entdekkungen sind: Der Autor sieht in seiner Schülerzeit das Porträt eines Priesters, der einen toten Knaben mit einer Wasserlilie im Arm hält, die auf den Rahmen gemalten Buchstaben C.P.A.S. bieten die Deutung „culpa patris aquis submersus“ (durch Schuld des Vaters im Wasser versunken) an. Jahre später entdeckt er ein altes Manuskript und das Bild eines Mannes, der den gleichen toten Knaben trägt. Durch die in dieser Erzählung angewandte „Ringtechnik“ – Anfang und Ende treffen im Bild des ertrunkenen Kindes zusammen – gelingt es dem Dichter, Vergangenheit und Gegenwart miteinander zu verbinden. Die vergilbten Blätter enthalten den Bericht des Malers Johannes, der nach seiner künstlerischen Ausbildung in Amsterdam in die holsteinische Heimat zurückkehrt. Er liebt Katharina, die Tochter seines inzwischen verstorbenen adligen Gönners Gerhardus. Ihr Bruder Wulf will sie jedoch standesgemäß mit einem Junker verheiraten; Johannes erhält den Auftrag, das Brautbild zu malen. Als er sich eines Nachts vor Wulfs Bluthunden in Katharinas Kammer retten muß, kommt es zu einer Liebesbegegnung, die Folgen hat. Als Johannes offen um ihre Hand wirbt, schießt Junker Wulf auf ihn und verletzt ihn schwer. Nach seiner Genesung sucht er die

Geliebte vergebens, reist schließlich nach Holland und kehrt erst nach mehreren Jahren zurück.
Zufällig trifft er Katharina wieder, sie hat einen „finsteren Prediger“ geheiratet, um ihrem Kind einen ehrlichen Namen zu geben. Bei dem Wiedersehen vergessen die Liebenden alles um sich herum – der unbeaufsichtigt spielende Knabe ertrinkt in einem Weiher. Zur ewigen Mahnung setzt der Maler in das schon vollendete Bild des Priesters das seines toten Sohnes ein.

ECKERNFÖRDE (Kreis Rendsburg-Eckernförde)

Gefion-Brunnen

Im Eckernförder Kurpark an der Strandpromenade steht ein Brunnen mit einer weiblichen Galionsfigur. Die hölzerne Skulptur, die die nordische Göttin Gefion darstellt, ist allerdings lediglich eine Kopie. Das Original, das in der ersten Hälfte des 19. Jh. das gleichnamige dänische Fregattenschiff Gefion schmückte, befindet sich im Eckernförder Rathaus. Der Gefion-Brunnen erinnert an eine berühmte Seeschlacht, die am 5. April 1849 im Zuge der deutsch-dänischen Auseinandersetzungen in der Eckernförder Bucht stattfand. Tausende von Zuschauern und zahlreiche Kriegsberichterstatter verfolgten damals vom sicheren Ufer aus das dramatische Gefecht.

Ankertau und Kanonenkugel der „Christian VIII.“ im Ratskeller in Eckernförde. Zeichnung von F. Stoltenberg

Außer der „Gefion“, die mit 84 Kanonen ausgestattet war, gehörten zum dänischen Flottenverband das Linienschiff „Christian VIII.“, die mit 26 Kanonen bestückte Korvette „Galathea“ sowie drei weitere Segelschiffe und zwei Dampfschiffe. Auf der Landseite standen den Dänen zwei Strandbatterien mit 92 Soldaten, acht Kanonen und vier mobile Geschütze gegenüber. Im Verlauf des Gefechts gerieten die Schiffe trotz ihrer überlegenen Feuerkraft immer mehr ins Hintertreffen. Nachdem der dänische Kommandant vergebens seinen Rückzug angeboten hatte, gaben die Gefion und die Christian VIII. nach stundenlangem Beschuß schließlich auf. Während die siegreichen Verteidiger die zerstörte Gefion übernahmen, lag die Christian VIII. brennend in der Bucht. Abends explodierte das Schiff mit „gewaltiger Feuersäule und furchtbarem Knall", da das Feuer den Pulverraum erreicht hatte, und ging anschließend unter.

Die Explosion des seinerzeit modernsten Kriegsschiffes der königlich-dänischen Flotte sorgte in ganz Europa für Aufregung. Die zahlreichen historischen Bildreportagen, Lithographien und Bilderbögen, die von diesem Ereignis erhalten geblieben sind, zeugen von der damaligen Hochstimmung der Gewinner. Die heldenhaften Sieger von Eckernförde wurden überall im Land euphorisch gefeiert, und die kleine Stadt war vorübergehend wichtigstes Gesprächsthema. Obgleich oder gerade weil die Schleswig-Holsteiner aus dem Krieg insgesamt als Verlierer hervorgingen, wurden der Sieg der deutschen Verteidiger und der Untergang der Christian VIII. zur Legende. Die Wrackteile, die nach der Explosion des Schiffes an Land trieben, wurden von Trophäenjägern eingesammelt. Geschäftstüchtige Handwerker stellten in der kommenden Zeit aus Planken und Beschlägen Gebrauchsgegenstände und Souvenirs her und verkauften sie zu hohen Preisen. Scheinbar waren die Überreste der Christian VIII. unerschöpflich. Noch heute soll es in vielen Eckernförder Häusern Gegenstände und Möbel aus dem Holz des Schiffes geben.

Neben dem Brunnen im Kurpark und der Gefionfigur im Rathaus erinnern noch weitere Denkmäler an das Seegefecht von 1849. So steht ebenfalls im Kurpark ein Sandstein-Denkmal für „Major Jungmann und seine Kämpfer" der Strandschanzen, und auf dem Mühlenberg-Friedhof befinden sich westlich der Hauptallee ein Massengrab und ein Denkmal für die 103 dänischen Gefallenen der Schlacht. Der Anker der „Christian VIII." hängt an der Außenmauer der Nikolai-Kirche in der Innenstadt. Mehrere „Souvenirs" der Seeschlacht werden zudem im Eckernförder Heimatmuseum, Rathausmarkt 8, ausgestellt.

EINHAUS (Kreis Herzogtum Lauenburg)

Ansveruskreuz

5 km nördlich von *Ratzeburg*, nahe der Bundesstraße von Lübeck nach Lüneburg, steht auf einem Knickwall in Einhaus am Weg nach *Buchholz* das sogenannte „Ansveruskreuz". Es ist 2,80 m hoch und wurde um 1400 aus gotländischem Kalkstein gearbeitet. Über einem breiten Kreuzstamm ist das eigentliche Kreuz von einem Ring umfangen. Die eingeritzte Zeichnung befindet sich auf der dem Weg abgewandten Front und ist nur noch schwer zu erkennen: Sie zeigt oben den ans Kreuz geschlagenen Christus und unten den Stifter, einen betenden Mönch. Von dessen Händen verläuft ein Spruchband zur Seite, auf dem noch zu lesen ist: „ora deum pro me" (Bitte Gott für mich), sowie einige weitere Buchstaben.

Der zu Tode gekommene hl. Ansverus, dem das Kreuz zugewiesen ist, starb im Jahr 1066, also lange, bevor das Mal gestaltet und aufgestellt wurde. Bekannt ist von ihm, daß er als Abt im Benediktinerkloster St. Georgsberg bei Ratzeburg lebte und während des Slavenaufstandes am 15. Juli 1066 gemeinsam mit anderen zu Tode gesteinigt wurde.

Die Legende erzählt über ihn, daß er der Sohn eines reichen, tapferen Ritters und einer frommen, wohltätigen Frau war. Um 1040 soll er in *Haithabu* geboren sein. Gegen den Wunsch seiner Eltern, die wollten, daß er ebenfalls Ritter würde, strebte er schon als Kind danach, die geistliche Laufbahn einzuschlagen. Deshalb verzichtete er als 15jähriger auf sein Erbe, verließ die Heimat und kam nach Ratzeburg. Auf dem Weg dorthin erschien ihm ein Gesicht im Traum, das ihm höchste Ehren voraussagte. Während seiner Zeit als einfacher Mönch im Kloster zog er durch seine Unbeirrbarkeit den Neid der anderen auf sich. Gott aber gab ein Zeichen und warf seine Widersacher durch einen Donnerschlag zu Boden. Als Ansverus darauf vor dem Altar der Heiligen Jungfrau für sie um Verzeihung bat, brach die Heilige einen Stein aus ihrer Krone und drückte ihn dem Mönch in die Stirn. Im Jahr 1066 – Ansverus war inzwischen Abt geworden – zerstörten die heidnischen Wenden sein Kloster. Wie Löwen zerrten sie ihn und seine Mönche heraus, schleppten sie dorthin, wo jetzt das Kreuz steht, und steinigten sie. Ansverus sprach währenddessen den anderen Mut zu und bat die Peiniger darum, als letzter den Märtyrertod sterben zu dürfen. Er wollte seinen Brüdern bis zuletzt seelischen Beistand leisten. Zunächst setzte

man ihn in der Krypta der Klosterkirche bei, etwa 100 Jahre später aber ließ der erste Bischof von Ratzeburg seine Gebeine in die neu errichtete Domkirche überführen, denn auf einer Synode 1147 in Ratzeburg war er heiliggesprochen worden.
Am 15. Juli wird das Fest des Heiligen auch heute wieder regelmäßig begangen, dazu kommen Katholiken von weither nach Einhaus. Ein Hymnus, der bei diesem Anlaß zur Vesper gesungen wird, beginnt mit folgenden Worten:

Singe Holstein, singe Lieder,
nobles Land, es klinge wieder
deiner Ahnen heil'ges Lob!
Denn aus deinem edlen Schoße
glüht hervor die Tugend-Rose,
Sankt Ansver, den Gott erhob...

ENGE-SANDE (Kreis Nordfriesland)

Kirche in Enge

Nördlich von *Bredstedt*, im Osten der Bundesstraße 5 liegt das Dorf Enge. Seine kleine Kirche ist ein aus Backstein errichteter Saalbau, dessen Innenraum flach gedeckt ist und eine bemerkenswerte Deckenmalerei aufweist. Sie soll 1779 entstanden sein und zeigt eine Ansicht des damaligen Ortes mit arbeitenden Bauern. Ist dies schon ungewöhnlich, so muß vor allem die Darstellung eines Unkraut säenden Teufels auffallen. Er ist von menschlicher Gestalt, trägt aber einen Tierkopf, Schwanz und Krallenfüße und verstreut die Unkrautsamen aus vollen Händen.
Über den besonderen Anlaß dieser Malerei ist nichts überliefert; allerdings galt Schaden durch Unkraut für die Menschen, sofern er in besonders starkem Maße auftrat, als ein Werk von Hexen oder vom Teufel. Auch andere negative Geschehen wurden oft auf den Teufel zurückgeführt. So hat sich beispielsweise eine Sage überliefert, die ähnlich in vielen Orten erzählt wurde: Einst gingen Gott und Teufel gemeinsam spazieren. Als sie einem Mann begegneten, grüßte Gott ihn freundlich, der Teufel aber schwieg und behielt die Hände in den Taschen. Auf Gottes Frage, warum er so unhöflich sei, antwortete er, daß der Gruß nicht ihm gegolten habe, ihn grüße niemand freundlich. Gott warf ihm daraufhin vor, diese Einstellung der Menschen komme daher, daß er nur Böses unternehme. Hierauf gab der Teufel zur Antwort, alles Gute würde sowieso auf Gott zurückgeführt, alles Schlechte auf ihn. Er forderte Gott auf, eine Kuh von der Wiese in

den nächsten Graben zu stoßen und mit ihm zu warten, was geschehen würde. Als der Bauer kam und seine Kuh fand, stöhnte er laut: „Wat foern'n Düwel hett mi dat daan?" (Was für ein Teufel hat mir das angetan?). Er lief in den Ort zurück, um Hilfe zu holen. Währenddessen stellte der Teufel das Tier zurück auf die Wiese, und wieder warteten beide auf das, was nun geschehen würde. Der Bauer kam, fand seine Kuh wohlbehalten und rief laut: „Gott sei gedankt!"

EUTIN (Kreis Ostholstein)

Bräutigamseiche im Dodauer Forst
Folgt man der Bundesstraße 76 stadtauswärts in Richtung *Plön*, zweigt etwa 1,5 km hinter Eutin eine kleine Straße unmittelbar hinter einem Obsthof scharf nach rechts zum Dodauer Forst ab. Nach etwa 500 m erreicht man einen kleinen Waldparkplatz, von dem ein etwa 20 m langer Weg (Hinweisschild) zur mächtigen Bräutigamseiche führt, die mehr als 300 Jahre alt ist. Der Überlieferung nach erhielten Brautpaare früher aus dem Wald Holz, das sie zur Zubereitung ihres Hochzeitsessens benötigten. Dafür mußten sie eine junge Eiche pflanzen, damit sich der Forst regenerie-

Zeitgenössische Darstellung einer Hochzeit unter der Bräutigamseiche

ren konnte. Die Setzlinge bekamen ihren Platz alle in der Nähe eines besonders prachtvollen Baums, den niemand fällen mochte und der schließlich den Namen Bräutigamseiche bekam. Man glaubte, daß junge Frauen, die im Mondschein dreimal schweigend um den Baum liefen und dabei an ihren noch unbekannten Zukünftigen dachten, diesen noch im selben Jahr heiraten würden.

Im germanischen Altertum waren Eichen die wohl am meisten verehrten Bäume. Der Grund lag hierfür zum einen in ihrer mächtigen Gestalt und zum anderen darin, daß Eicheln in der Vorzeit ein wichtiges Nahrungsmittel darstellten. Daß Eichen auch im Fruchtbarkeitsglauben eine große Rolle spielten, zeigen Sagen, die mit ihnen Hochzeitspaare oder junge Menschen auf Brautschau in Verbindung bringen.

In Eutin scheint dieser Glaube erst im ausgehenden 19. Jh. aufgrund einer wahren romantischen Begebenheit entstanden zu sein: Demnach soll sich ein Mädchen namens Clara, Tochter des damaligen Försters, unsterblich in einen jungen Mann verliebt haben. Allerdings billigte der Vater Claras Auserwählten nicht, da er sie lieber mit einem Jungförster verheiraten wollte. Das Mädchen traf sich mit ihrem Geliebten jedoch weiterhin heimlich an der Bräutigamseiche. Obendrein hinterlegten sie dort in einem Astloch Liebesbriefe füreinander. Als der Förster erkannte, daß seine Tochter nur mit ihrem Liebsten glücklich werden würde, willigte er schließlich doch in die Trauung ein, die im Jahr 1890 unter der Bräutigamseiche vollzogen wurde.

Vielleicht kam bereits damals die Idee auf, das Astloch als Briefkasten für Mitteilungen einsamer Herzen einzurichten. Jedenfalls hinterlegt der Postbote hier bis heute fast täglich Briefe und Postkarten aus dem In- und Ausland mit der Anschrift „Bräutigamseiche im Dodauer Forst, 23691 Eutin". Ein Briefgeheimnis gibt es nicht. Frauen und Männer, die einen Partner bzw. eine Partnerin suchen, dürfen die Briefe aus dem Astloch herausnehmen, sie lesen und sich das passende Schreiben heraussuchen. Angeblich wurden durch die Bräutigamseiche schon mehr als hundert Ehen vermittelt.

F

FEHMARN (Kreis Ostholstein)

Burg auf Fehmarn

Ruine der Burg Glambeck
Auf der Landzunge zwischen dem Burger Binnensee und der Ostsee liegt die Ruine der Burg Glambeck. Sie wurde im 13. Jh. zum Schutz der Hafenzufahrt errichtet und war bis zur ihrer Zerstörung im Dreißigjährigen Krieg Sitz dänischer und Lübecker Amtsmänner. Die Ruine, die später als Steinbruch diente, wurde erst 1908 wieder vollständig ausgegraben und konserviert. Sie mißt 30 × 54 m, ist bis Sockelhöhe erhalten und von einem Graben umzogen. Allerdings gab nicht diese Strandburg der nahegelegenen Ortschaft Burg ihren Namen, sondern eine völlig verschwundene Burganlage im engeren Stadtbereich.

Ruine der Burg Glambeck auf Fehmarn

Die Sage teilt mit, daß Glambeck vor langer Zeit von Seeräubern belagert wurde. Als die Piraten erkannten, daß sie die Burg nicht einnehmen konnten, weil deren Bewohner sie tapfer verteidigten, stellten sich zwei von ihnen vor die Burgmauer und sangen romantische Liebeslieder. Wie die beiden Männer gehofft hatten, ließ der Gesang die Herzen einiger Mägde auf Glambeck höher schlagen, so daß sie in ihrer Kammer die Fensterluken öffneten, um besser zuhören zu können. Darauf hatten die beiden Piraten nur gewartet. Schnell klemmten sie Speere zwischen die Fensterläden, so daß sie nicht mehr zu schließen waren. Die Frauen flohen entsetzt aus der Kammer, trauten sich aber nicht, den anderen ihren folgenschweren Fehler zu gestehen. Währenddessen stiegen die beiden Seeräuber durch die Fenster in die Burg ein und öffneten unbemerkt eine Seitentür. Auf diese Weise wurde Glambeck schließlich doch von den Piraten eingenommen.

Einer anderen Sage nach gab es unter der Burg einen unterirdischen Gang, durch den die Bewohner bei Gefahr jederzeit flüchten konnten. Der Tunnel verlief unter dem Binnensee bis zu einem Burger Haus neben der Kirche. Ein Junge und ein Mädchen, die einst neugierig in den Gang geklettert waren, blieben dort verschollen. Noch lange hörte man ihr Rufen unter der Erde, und Nahrungsmittel, die mitleidige Leute vor den Gang legten, waren am nächsten Morgen verschwunden. Die Kinder aber, die im Gang festgebannt waren, tauchten nie wieder auf.
Die Geschichte, eine typische Warnsage, hat reale Grundlagen: im Keller des besagten Hauses gab es tatsächlich früher einen Gang, der allerdings irgendwann im ersten Drittel des 20. Jh. zugemauert wurde. Er kann allerdings nicht mit Glambeck zu tun gehabt haben, da er in Richtung Kirche und Pastorat führte.

FLEMHUDE (Kreis Rendsburg-Eckernförde)

Kirche St. Georg und Mauritius – Flemhuder See
Der Flemhuder See wurde abgesenkt, als man einen Ringkanal, der die obere Eider mit dem Nord-Ostsee-Kanal verbindet, anlegte. Davor lag das Dorf direkt am Ufer des ursprünglich sehr viel größeren Sees, der damals noch von der Eider durchströmt wurde. Erstmalige urkundliche Erwähnung fand Flemhude um 1280/90. Da die Feldsteinkirche jedoch vermutlich bereits aus der ersten Hälfte des 13. Jh. stammt, dürfte das Kirchspiel Flemhude schon früher entstanden sein. Der Name bedeutet übersetzt so viel wie „Anlegeplatz der Flamen". Flandrische Kaufleute bereisten Holstein tatsächlich im 13. Jh. Daher können sie Flemhude durchaus zu einem Handelsstützpunkt auf dem Weg zwischen Nord- und Ostsee gemacht haben. Daß die Kirche jedoch als Lagerhaus für flämische Kaufleute diente, gehört in den Bereich der Sage.
Ebenso sagenhaft ist die Geschichte, daß im Flemhuder See eine Glocke liegt, die einst aus der Kirche geraubt worden sein soll. Weil damals Winter war, wollten die Diebe ihre Beute über den zugefrorenen See transportieren. Das Eis brach jedoch, so daß sie mitsamt den Dieben in eisiger Tiefe versank. Noch lange verhakten sich danach Fischernetze in der Glocke, und einmal im Jahr war um Mitternacht im See deutlich ein Läuten zu hören.
Die große Geltung, die Kirchenglocken in Liturgie und Aberglauben zukommt, läßt sich vornehmlich auf das enge Verhältnis der Landbevölkerung zu seinen

Gotteshäusern zurückführen. Im Volksglauben schützen geweihte Glocken das Land vor Unglück und gelten als Abwehrmittel gegen dämonische Kräfte. Die Überlieferung stellt sie als selbständig denkende Wesen dar, die fliegen und ihren Standort wechseln können. Zudem wird ihnen eine große Anhänglichkeit an ihre angestammten Plätze zugeschrieben, so daß sie sich gegen ein Fortschaffen wehren, indem sie beispielsweise in der Erde, oder wie in dieser Sage, im Wasser versinken.

Flensburg

Die Anfänge der nördlichsten Stadt Deutschlands gehen bis ins 11. Jh. zurück, Stadtrecht erhielt Flensburg dann im Jahr 1284. Im 14. Jh. erfuhr die Hafenstadt als Mitglied der Hanse einen gewaltigen Aufschwung und machte zeitweilig sogar der Hansestadt Lübeck den Rang streitig. Im 18. Jh. umfaßte die Flensburger Flotte bei 6000 Einwohnern über 200 Segelschiffe, die aus aller Welt vor allem Rum, Rohrzucker, Kaffee und Edelhölzer in die Heimat brachten. Die Stadt, die als Hafen und Handelszentrum von den Holsten und den Dänen immer wieder erbittert umkämpft wurde, unterstand seit ihrer Gründung insgesamt 400 Jahre lang der dänischen Krone.

Flensburg um 1600, im Hintergrund die Duburg. Zeitgen. Kupfer

Duburg/Straße „Am Schloßwall"
Im Jahr 1411 ließ die dänische Königin Margarethe I. in Flensburg die Duburg errichten. Inzwischen existiert die Burg, die auf dem Marienberg stand, längst nicht mehr, doch erinnert noch der Straßename „Am

Schloßwall“ an sie. Man erreicht ihren ehemaligen Standort, von dem sich ein schöner Blick über Stadt und Hafen bietet, am besten über die „Marientreppe“. Die Sage berichtet, daß auf der Duburg einst ein gottloser Ritter in großer Sünde lebte. Zur Strafe tat sich schließlich die Erde auf, und das Schloß versank in der Tiefe. Nur eine kleine Mauer blieb damals übrig. Allerdings tauchte das Gebäude alljährlich um 12 Uhr in der Neujahrsnacht wieder auf. Für eine Stunde erhoben sich dann alle Könige und Herren, die dort gelebt hatten und ritten mit ihrer Gefolgschaft einmal um die Burg herum, worauf sie wieder in der Tiefe verschwand. Die zahlreichen Schätze, die sich hier befanden, konnte niemand heben, denn sie wurden von 12 weißen Jungfrauen bewacht. Eines Tages vertraute eine von ihnen einem Soldaten an, daß unter dem erhaltenen Mauerstück ein großer Schatz verborgen sei. Wenn er zur nächsten Mitternacht zur Stelle sei und ihre Befehle befolgen würde, dann könnte er den Schatz bergen. Als sich der Soldat zum vereinbarten Zeitpunkt wieder an der Mauer einfand, zeigte ihm das weiße Gespenst den richtigen Ort und sagte dann, daß ihm der Schatz allerdings nur zu Hälfte gehören würde – die andere Hälfte müsse er zu gleichen Teilen an die Kirche und die Armen geben. Da erwachten in dem Soldaten das Böse und die Habgier, und er rief empört aus: „Wie! Soll ich denn nicht das Ganze haben?“ Kaum hatte er die Worte ausgesprochen, verschwand das Gespenst mit einem kläglichen Ton in einer blauen Flamme. Der Soldat aber wurde krank und starb drei Tage später.
Schatzsagen ranken sich meist um Orte, in denen man verschüttete oder verborgene Reichtümer vermutete. Charakteristisch bei solchen Geschichten ist das Mißlingen der Hebung, weil grundlegende Voraussetzungen, wie hier das absolute Stillschweigen, nicht erfüllt werden. Selbst Niesen oder Kichern können das Bergen schon vereiteln. Zudem gelangen in solchen Geschichten gierige Menschen grundsätzlich nicht in Besitz eines Schatzes. Auf die Gefährlichkeit solcher Unternehmungen deuten in der vorliegenden Warnsage die Spukerscheinungen der weißen Frauen sowie der tödliche Ausgang hin.

Der Schwanensee

Im Westen Flensburgs liegt der Wald „Marienhölzung“, in dem sich in der Vergangenheit mehrere kleine Gewässer befunden haben, die inzwischen längst zugeschüttet sind. Der Schwanensee, der früher als

Fischteich diente, blieb allerdings erhalten. Er liegt zwischen dem Grünen Weg und der Straße zum Forsthaus. Der Sage nach stand in dem Wald in alten Zeiten ein Schloß, in dem ein wilder Ritter hauste. Häufig raubte er Mädchen aus der Umgebung, um sich an ihnen zu vergreifen. Keine von den jungen Frauen kehrte je wieder zu ihren Familien zurück. Zur Strafe versank das Schloß daher eines Nachts mit allen Menschen, die sich darin aufhielten, in der Erde. An die Stelle des Schlosses trat ein See, in dessen Tiefe man noch lange zur Mittagszeit bei Sonnenschein die Turmspitzen der Burg sehen und Glocken hören konnte. Und um Mitternacht tanzten die Jungfrauen, die einst entführt und entehrt worden waren, in langen weißen Gewändern um das Seeufer herum und sangen mit klagender Stimme traurige Lieder. In der Sage wird dieses Gewässer zwar als „Jungfernsee" bezeichnet, es kann jedoch vermutet werden, daß es sich dabei um den Schwanensee handelt.
Der sündhafte Lebenswandel des Ritters und die Schändung der Jungfrauen werden bestraft. Damit erfüllt sich der im volkstümlichen Denken vorherrschende Wunsch nach „höherer" Gerechtigkeit. Zudem ist die Geschichte eine ätiologische Erzählung, die das Vorhandensein des Sees zu erklären versucht. Daß sich auf dem Grund von Seen versunkene Schlösser, aber auch Städte und Kirchen befinden, ist ein weitverbreitetes Sagenmotiv.

FOCKBEK (Kreis Rendsburg-Eckernförde)

Brunnen „Fockbeker Aalversupers"
Auf dem Dorfplatz an der Ortsdurchfahrt ‚Rendsburger Straße', gleich hinter „Paulsen's Gasthaus", befindet sich seit 1986 ein Brunnen mit dem lebensgroßen Standbild eines Fischers, der einen Aal fängt. Entworfen wurde die Plastik von dem Fockbeker Johannes Schlüter.
Brunnen und Skulptur erinnern an den Schwank von den „Fockbeker Aalversupers" (Aalersäufer): Als die Fockbecker einst gesalzene Heringe besonders gerne aßen, kauften sie auf dem nahegelegenen *Rendsburger* Markt ein ganzes Faß. Dann setzten sie die eingesalzenen und ausgenommenen Fische im Fockbeker See aus, weil sie sich so eine Vermehrung der eingelegten Heringe erhofften. Nach einiger Zeit ließen sie das Wasser des Sees ab, um die Salzheringe einzusammeln. Zu ihrem Bedauern fand sich aber kein einziger Fisch. Stattdessen entdeckten sie im Schlamm einen

fetten Aal. Für die Fockbeker lag klar auf der Hand, daß er für das Verschwinden der ausgesetzten Salzheringe verantwortlich war. Daher beschlossen sie, ihn hart zu bestrafen. Nachdem Schlachten, Verspeisen und auch Verbrennen als zu milde Strafen abgetan wurden, einigte man sich darauf, den Aal zu ertränken. Das erschien den Dorfbewohnern einhellig der schlimmste Tod zu sein. Kurzerhand zogen sie los und warfen ihn in die nahe Eider. Der Aal – endlich wieder ins nasse Element zurückgekehrt – schlug mit dem Schwanz, daß es nur so spritzte. Die Fockbeker deuteten sein Verhalten jedoch falsch und riefen höhnisch: „Kiek, wat he sik quält, he hett ok nix anners verdeent!" (Sieh, wie er sich quält, er hat auch nichts anderes verdient!) Seitdem werden die Fockbeker „Aalversupers" genannt.
Geschichten, in denen man die Bewohner einer Stadt oder eines Dorfes als einfältig darstellte, waren früher weit verbreitet. Die bekannteste dieser „Ortsneckereien" ist die als „Lalebuch" (1598) bekannte Schwanksammlung, die den Bewohnern von Laleburg bzw. des sächsischen Städtchens Schildau (Schilda) allerlei Narrenstreiche zuschreibt.

FÖHR (Kreis Nordfriesland)

Die grüne Insel Föhr, die mit 82 qkm die zweitgrößte nordfriesische Insel nach Sylt ist, wurde bereits im Jahre 1819 zum Seebad. Seitdem locken ihr mildes Klima, ihre schönen Strände und ihre beschauliche Landschaft zu jeder Jahreszeit Gäste an.

Wyk auf Föhr

Wyker Hafen
Wyk ist mit 6000 Einwohnern die einzige Stadt der Insel. Der Ort wurde um 1600 gegründet und hat seinen Namen daher, weil er „bi de Wik" liegt, das bedeutet „an der Bucht". Hier befindet sich auch der

Hafen für die Schiffe, die Föhr mit dem Festland, mit der Nachbarinsel Amrum und den Halligen verbinden.
Zur Entstehung des Ortsnamens ist eine heitere Anekdote überliefert: Demnach konnten sich die Erbauer auf keinen Namen einigen und gerieten darüber in heftigen Streit. Da lief ein Ferkel, das eben von der Flut angetrieben worden war, zu den Streithähnen, die am Hafen standen und quiekte lauthals: „Wyk, wyk, wyk!“ Nun hatte man endlich einen Namen!
Diese Geschichte verdankt ihre Entstehung dem Bedürfnis des Menschen nach einer Erklärung des sonderbar klingenden Ortsnamens. Nach dem griechischen Wort „aitia“ für Ursache heißen diese erklärenden Geschichten „ätiologische Sagen“. Der Name wird hier in volkstümlicher Manier auf recht einfache Weise gedeutet.

Borgsum

Lehmbecksburg
Etwa 1,5 km nördlich von Borgsum liegt der Ringwall „Lehmbecksburg“. Der weithin sichtbare grasbewachsene Wall ist wohl Föhrs bekannteste historische Sehenswürdigkeit. Die runde Anlage, die im 9./10. Jh. errichtet wurde, hat einen inneren Durchmesser von 95 m und ist circa 10 m hoch. Auf der Südseite deutet eine Öffnung auf ein ehemaliges Tor hin. Grabungen haben ergeben, daß auf der Innenseite des Walls mehrere Häuser mit Grassoden-Wänden standen. Außerdem entdeckte man Überreste von Wegen und einer Wasserstelle. Die Burg diente den Einheimischen vermutlich als Schutz vor Wikingern, die damals die Nordsee unsicher machten. Dann verlor sie an Bedeutung und wurde vermutlich erst wieder im Mittelalter benutzt.
Die Sage möchte uns glauben machen, daß sich hier im 14. Jh. der Ritter Klaus Lehmbeck, ein despotischer dänischer Lehnsherr, verbarrikadiert haben soll, weil der Dänenkönig Waldemar Atterdag mit zahlreichen Soldaten gegen ihn ins Feld zog. Während der Belagerung wurden auf der Burg die Lebensmittel knapp, und zuletzt blieb nur noch eine Kuh übrig. Klaus Lehmbeck gaukelte dem dänischen König jedoch vor, noch genügend Schlachtvieh zu besitzen, indem er das Rind – immer in andere Häute und Felle von geschlachtenen Tieren gehüllt – jeden Tag auf den Burgwall treiben ließ. Trotzdem gab der König nicht auf, so daß Klaus Lehmbeck schließlich nachts über

einen Wasserlauf flüchtete, der damals die Burg mit der Nordsee verband.

Die Überlieferung berichtet außerdem von einem Schatz, den Lehmbeck vor seiner Flucht hier versteckt haben soll, damit er den Dänen nicht in die Hände fiel. Zahlreiche Menschen versuchten vergeblich, ihn zu heben. Allerdings tauchte beim Graben jedesmal irgendein Gespenst auf und vertrieb die Schatzsucher. Zwei armen Tagelöhnern gelang es immerhin, mit einer Schaufel bis zum Schatz vorzudringen. Sobald die Schippe jedoch gegen die Kostbarkeiten stieß und einer der Männer begeistert „Ich hab's!" rief, war der Schatz wieder verschwunden.

Eine weitere Sage berichtet, daß Klaus Lehmbeck den Schatz im Burgbrunnen versenkt haben soll. Eines Nachts kletterten mehrere Männer hinein und räumten dort den Schutt beiseite, um den Schatz bergen zu können. Plötzlich sprudelten jedoch so große Wassermassen hinauf, daß sie schnell ins Freie klettern mußten. Sie gaben aber nicht auf und stocherten mit Stangen und Haken weiter im Brunnen herum. Schließlich bekamen sie tatsächlich den Griff eines großen Braukessels zu fassen, der bis zum Rand mit Gold und Silber gefüllt war. Sie konnten das schwere Gefäß aber nicht nach oben befördern, da es von einer geheimnisvollen Kraft nach unten gezogen wurde. Als die Männer es im Morgengrauen ein letztes Mal versuchten, tauchte zwischen den Mauern der Ruine plötzlich der Teufel auf. Darüber erschraken sie so sehr, daß sie den Schatz wieder in den Brunnen fallen ließen und flohen. Seitdem hat niemand mehr versucht, den Schatz zu heben.

Gerade alte Ruinen oder markante Punkte in der Landschaft werden in Sagen gerne zu Orten verborgener Reichtümer gemacht. Mitunter hat man dort vielleicht tatsächlich wertvolle Dinge aus vorgeschichtlicher Zeit oder in Kriegszeiten vergrabene Münzen gefunden. Möglicherweise war solch ein Fund der Grund für die Entstehung dieser Sage. Wie bei fast allen Schatzsagen ist es auch bei den vorliegenden Geschichten so, daß die Hebung mißlingt: Der Schatz verschwindet, einer der Gräber bricht das Schweigegebot oder aber geheimnisvolle Kräfte bzw. der Teufel verhindern seine Bergung. Diese Warnsagen sollen von solchen gefährlichen Vorhaben abhalten, indem die Schatzsuche als unheimlich und furchterregend dargestellt wird.

Süderende

St. Laurentiuskirche
Im kleinen Friesendorf Süderende steht die Kirche St. Laurentius, die im späten 12. Jh. errichtet wurde. Der romanische Bau aus Granitquadern wurde während der Jahrhunderte durch mehrere Backsteinanbauten ergänzt. Im Gotteshaus sind besonders der Granit-Taufstein aus dem 12./13. Jh. mit einer Messing-Taufschale von 1720, der Altarschrein aus dem 15. Jh. mit zwölf Heiligenfiguren, die Kanzel von 1630 sowie drei aufwendige Kronleuchter sehenswert, die von wohlhabenden Walfängern gespendet wurden. Erwähnt seien auch die historischen Grabsteine auf dem benachbarten Friedhof. Eingemeißelte Inschriften auf den „redenden Steinen“ erzählen über die Lebensgeschicke der Verstorbenen.
Eine merkwürdige Sage berichtet über den Bau der Kirche. Demnach konnten sich die Föhringer zunächst nicht einigen, wo das Gotteshaus errichtet werden sollte. Schließlich entschieden sie, den Ort so zu wählen, daß der Weg zur Kirche von allen umliegenden Dörfern gleich weit entfernt sein sollte. Am günstigsten erschien ihnen hierfür ein Platz zwischen Süderende und *Klein-Dunsum*. Zwei Tage nach Baubeginn rissen jedoch zwei Riesen die Grundmauern nieder und trugen die Steine nach Süderende, wo sie das Gotteshaus nach eigenen Plänen errichteten. Als die Arbeiten fast beendet waren, begannen sie jedoch einen Streit, der in eine Schlägerei ausartete und schließlich für beide tödlich endete. Daraufhin stellten die Föhringer das fast vollendete Bauwerk innerhalb weniger Tage alleine fertig. Als sie danach die Entfernungen zu den umliegenden Ortschaften ausmaßen, stellten sie verwundert fest, daß die Riesen einen idealen Standort gewählt hatten. Vom ursprünglichen Platz zwischen Süderende und Klein-Dunsum wäre der Weg von *Hedehusum* und *Utersum* zur Kirche doch weiter gewesen.
Bei dieser Sage handelt es sich um eine ätiologische Baumeistersage, die die Entstehung der Kirche erklären will. In vielen sagenhaften Überlieferungen wird von den Baukünsten der Riesen berichtet. Allerdings ist es eher ungewöhnlich, daß man meinte, Riesen hätten eine Kirche errichtet, da man ihnen prinzipiell eine eher feindliche Einstellung gegenüber dem Christentum zusprach.
Die vorliegende Geschichte versucht gleichzeitig, eine viereckige Wallanlage mit sieben Grabhügeln aus

dem 9./10. Jh. zu deuten, die sich etwa 350 m östlich der Kirche befindet. Es wird nämlich weiter berichtet, daß die erschlagenen Riesen in einem großen Grab östlich der Kirche begraben wurden, womit wahrscheinlich besagte Anlage gemeint ist.
→ Hütten

Utersum

Tribergen
Etwa 700 m außerhalb Utersums liegt in südlicher Richtung nahe beim Strand das „Haus des Gastes“ mit der Kurverwaltung des Ortes. Folgt man der Straße, die dort einen scharfen Linksknick macht, und biegt gleich wieder rechts ab, gelangt man innerhalb weniger Minuten zu drei bronzezeitlichen Grabhügeln, den „Tribergen“.
Wie die Sage erzählt, wurden die Triberge vor langer Zeit von zahlreichen boshaften Zwergen bewohnt. Nachts gingen sie regelmäßig auf Streifzug, um Korn niederzutreten und Bauern zu bestehlen. Besonders ein Utersumer Landmann und seine drei Söhne litten unter den Zwergen, die ihnen nach und nach das gesamte Stroh aus ihrem Diemen entwendeten. Endlich beschlossen die zwei ältesten Söhne, nachts abwechselnd Wache zu halten, um die Langfinger zu stellen. Der jüngste Sohn wollte sich ebenfalls an der Aktion beteiligen, wurde aber von seinen beiden Brüdern ausgelacht, da sie ihn für dumm hielten. Der älteste übernahm die erste Wache am Strohschober. Allmählich wurde er jedoch müde und schlief ein. Dem zweiten Bruder ging es in der nächsten Nacht genauso: auch er nickte ein und verpaßte die Diebe.
Schließlich wollte der jüngste Sohn doch sein Glück versuchen. Die beiden Brüder verspotteten ihn und meinten, daß er erst recht keinen Erfolg haben werde. Er beachtete sie jedoch nicht und legte sich am darauffolgenden Abend auf die Lauer. Um Mitternacht kamen die Zwerge und nahmen abermals Stroh mit in die Höhle. Der junge Mann folgte ihnen unbemerkt und sah sich in Ruhe in der unterirdischen Behausung um, nachdem die Zwerge erneut auf Beutezug gegangen waren. Darin stand ein Bett mit einer alten Zwergin, an der Wand dahinter hing ein Schwert. Außerdem gab es einen Tisch, auf dem sich ein gefülltes Glas und ein aufgeschlagenes Buch befanden. Hierin las der Junge, daß derjenige, der 15 Tropfen aus dem Glas nehme, jedermann töten könne, ohne dafür bestraft zu werden. Kurzentschlossen zählte er die Tropfen ab, trank sie

und fühlte sofort eine sonderbare Kraft. Er nahm das Schwert, brachte die Zwergin um und ebenso die Zwerge, die bald darauf in die Höhle zurückkehrten. Danach entdeckte er im Keller der Zwergenwohnung zehn feurige Hengste mit goldenem Zaumzeug, die er mit nach Hause nahm. Dort beäugten die Brüder fassungslos und neidisch seine Beute.
Einige Wochen später fand zu Ehren des dänischen Königs, der Föhr besuchte, ein großer Reitwettbewerb statt. Auch die Brüder nahmen teil, und sehr zum Ärger der beiden älteren siegte der jüngste mit einem der erbeuteten Hengste und gewann als ersten Preis einen stattlichen Bauernhof. In den darauffolgenden Jahren bearbeitete der vermeintlich dumme Junge auf dem Anwesen mit seinen Pferden tatkräftig das Land, und es soll ihm bis zu seinem Tod sehr gut gegangen sein.
Grundsätzlich ist es für eine sagenhafte Überlieferung eher ungewöhnlich, daß das heimliche Eindringen in eine Höhle der Unterirdischen, deren anschließende Tötung und ein Pferdediebstahl ungesühnt bleiben. Der glückliche Ausgang ist ebenso wie die in vielen Varianten verbreitete Geschichte vom angeblichen „Dummling“, dem jüngsten von drei Brüdern, den wider Erwarten das Glück begünstigt, typisch für Märchen.

Friedrichsgraben
(Kreis Rendsburg-Eckernförde)

Hohner Fähre
Fährt man von Rendsburg aus die Bundesstraße 202 in Richtung *Friedrichstadt*, so kommt man etwa 2,5 km hinter *Oha* an den Abzweiger nach Friedrichsgraben, an dem ein Schild den Weg zum Gasthaus „Hohner Fähre“ weist. Von dort sind es noch ca. 3 km. Das Wirtshaus, das in einem 1897 erbauten Bauernhaus untergebracht ist, steht an der Eider neben dem 1961 stillgelegten gleichnamigen Fähranleger, von dem noch einige Reste zu sehen sind. Es gibt Überlegungen für eine Wiederaufnahme des Fährbetriebs, dessen Anfänge bis in das Jahr 1639 zurückgehen. Falls die Pläne verwirklicht werden, können hier zukünftig Fußgänger und Radfahrer übersetzen.
Von dem Anleger erzählte man sich früher, daß hier eines Nachts zahllose Unterirdische aus den *Hüttener Bergen* auf dem Weg in die Marschen übersetzen wollten. Sie hatten ihre Heimat verlassen, weil sie sich dort vom Glockengeläut der neuerrichteten Kirchen entsetzlich gestört fühlten. Als die kleinen grauen

Die Überfahrt der Unterirdischen aus den Hüttener Bergen

Leute die Eider erreichten, mußten sie beim Fährmann mehrmals an die Tür klopfen, denn er hatte sie wegen ihrer Winzigkeit zunächst übersehen. Dann machte er aber die Fähre los und fuhr die ganze Nacht hin und her, bis er schließlich alle Männer, Frauen und Kinder hinübergebracht hatte. Auf dem gegenüberliegenden Ufer zündeten die Unterirdischen zahlreiche Laternen an, so daß es dort von kleinen Lichtern regelrecht wimmelte. Als der Fährmann nach getaner Arbeit schließlich müde nach Hause zurückkehrte, fand er vor der Tür seinen Hut angefüllt mit Goldmünzen, da jeder Winzling vorm Übersetzen ein Geldstück hineingeworfen hatte. Auf diese Weise wurde der Fährmann ein vermögender Mann.
Häufig sind Sagen von Zwergen bzw. von Unterirdischen mit Vorstellungen von einem fremden Volk ver-

knüpft, das ehemals die Gegend bewohnte. Neben den vielen Gründen, die uns der volkstümliche Glaube für das Verschwinden der Zwerge liefert, taucht in Norddeutschland besonders häufig das Motiv von ihrem nächtlichen Auszug auf. Dabei überqueren die kleinen Wesen den jeweils wichtigsten Fluß der Region, wobei sie – wie in der vorliegenden Geschichte – die Hilfe eines Fährmanns mit zahlreichen Münzen belohnen. Das Geschenk der kleinen Leute ist typisch für Zwergensagen. Die Ursache ihres Weggangs ist meist darin zu suchen, daß sie sich durch neue Kirchen, Kirchengesang oder durch Glocken gestört fühlen. Sie lehnen jedoch nicht nur die christliche Äußerung an sich ab, sondern auch den Lärm. Das Geläute soll für ihre empfindlichen kleinen Ohren zu laut gewesen sein. Der Auszug der Zwerge – ebenso wie Riesen Vertreter des Heidentums – bedingt durch die Christianisierung, mit der Überfahrtssage ist sehr alt: er berichtet von (unsichtbaren) Totenseelen, die in ein jenseits eines Wassers gelegenes Totenreich übergesetzt werden.

FRIEDRICHSKOOG (Kreis Dithmarschen)

Friedrichskoog hat heute den größten Fischereihafen der schleswig-holsteinischen Westküste. Während die Fischer zum Krabbenfang heute mit Kuttern hinausfahren, um sie in seitlich ausgelegten Netzen zu fangen, ging man früher mit besonderen Keschern, den Glübs, ins flache bis kniehohe Wasser. Diese Kescher besitzen ein gerades Holz am unteren Ende, und man schob sie über den Boden vor sich her. Heute kann man an fast jedem Tag zusehen, wenn Kutter von ihren Fängen in den Hafen zurückkommen.

Deich und Watt

Früher haben die Fischer oft erzählt, sie hätten draußen im Watt einen Geist, den sie Juchen Knoop nannten, gesehen. Dieser Knoop soll, so erzählt die Sage, zu Lebzeiten ein reicher Bauer aus *Blangenmoor* bei *Eddelak* in Süderdithmarschen gewesen sein, der sich vieles habe zuschulden kommen lassen: einen Meineid, falsche Landvermessungen sowie Unterschlagung von Armen- und Kirchengeldern. Deshalb konnte er nach seinem Tod keine Ruhe finden und mußte umgehen. Er hat dabei auf seinem eigenen Hof soviel Unruhe verursacht, daß der Marner Pastor ihn ins Watt verbannte und ihm auftrug, dort jeden Tag von neuem

die Sandkörner zu zählen. Nur wenn er einmal bis Mitternacht fertig wird und noch vor dem Glockenschlag die Südtür der Marner Kirche erreicht, soll er frei sein – dies soll ihm mehrmals fast gelungen sein.
Den Fischern zeigte er sich oft an Stellen, die anscheinend einen guten Fang versprachen; er winkte sie heran – lockte die, die ihm folgten, aber in Untiefen, so daß sie ertranken.
Neben solchen Berichten gibt es allerdings auch Erzählungen vom hilfsbereiten Juchen Knoop: Er hat einst einen Mann, der im Watt einen Anfall „fallender Sucht“ (Epilepsie) bekommen hatte, an den Deich geschleppt. Bei hereinbrechenden Sturmfluten soll er auch Hirten, die mit ihrem Vieh auf der Seeseite des Außendeichs waren, geholfen haben, die Tiere zusammenzutreiben und zu retten.
Wie die Erzählungen von im Moor umgehenden Menschen soll auch diese Warnsage Unkundige davon abhalten, ins Watt zu gehen oder optischen Erscheinungen zu folgen. Schließlich kann es für jeden, der sich nicht wirklich gut darin auskennt, lebensgefährlich sein.

GELTING (Kreis Schleswig-Flensburg)

Kirche
In Gelting nahe der gleichnamigen Bucht steht eine spätbarocke Kirche, die neben einem Gut den Schwerpunkt des Dorfes bildet. Ursprünglich ein spätgotischer Backsteinbau, hat das Gotteshaus sein heutiges Gesicht im Jahre 1793 durch eine Verlängerung des Schiffes und durch zwei flügelartige Anbauten erhalten. Außerdem gibt es einen nördlichen Gruftanbau aus dem späten 17. Jh.. Der hölzerne Glockenturm hat seinen Platz neben der Kirche. Zu der kostbaren Innenausstattung gehört u. a. eine reich geschnitzte Holztaufe aus dem Jahr 1653, die vom berühmten Eckernförder Meister Hans Gudewerdt dem Jüngeren gefertigt wurde. Außerdem seien Standfiguren der zwölf Apostel aus dem 16. Jh. erwähnt.
Eine alte Sage erzählt, daß es früher in der Kirche spukte. Jedes Jahr zeigte sich dort um Mitternacht vom 24. zum 25. Oktober ein weißes Gespenst, das durch die Kirche schwebte und schließlich am Altar niederkniete. Kurze Zeit später erschienen drei weitere weiße Wesen, die sich dem ersten näherten, dieses griffen und dreimal durch die Kirche schleppten. Dann verschwanden alle vier in einem Grabgewölbe. Offensichtlich handelt es sich um die Geister Verstor-

bener, die aus irgendwelchen – hier nicht genannten – Gründen die ewige Ruhe nicht finden können. Mit dem Grabgewölbe ist wohl der erwähnte Gruftbau gemeint: in der Rumohr-Gruft stehen vier reich beschlagene Metallsärge des späten 17. und frühen 18. Jh. sowie drei Sandsteinsärge.

GETTORF (Kreis Rendsburg-Eckernförde)

Kirche und künftiger Brunnen

Die weithin sichtbare Kirche des Ortes wurde im 13. und 14. Jh. in Backstein errichtet und wahrscheinlich dem hl. Georg geweiht. Der spätgotische schiffsbreite Turm der Kirche entstand erst Ende des 15. Jh.. Durch seine blendenverzierten Giebel unterscheidet er sich von anderen und ist ein markanter Blickpunkt in der Landschaft. Im Innern ist besonders die Renaissancekanzel mit reicher Schnitzerei erwähnenswert, ein Hauptwerk Hans Gudewerdts des Älteren von 1598.
Dort, wo die Fußgängerzone auf die Kirchenstraße stößt, liegt der Alexanderplatz. Hier, in unmittelbarer Nähe der Kirche, plant die Gemeinde, einen Brunnen errichten zu lassen, der eine Teufelssage des Ortes versinnbildlichen soll.
Demnach war der Teufel über den Bau der Gettorfer Kirche so erbost, daß er versuchte, sie durch einen Steinwurf vom wenige Kilometer östlich gelegenen Felmer Berg aus zu zerstören. Er traf den Turm zwar, konnte ihn aber nicht umwerfen. Die Mauern gaben nur ein wenig nach, so daß er seitdem etwas schief steht. Der Stein prallte ab und flog wegen der großen Wucht in südwestliche Richtung bis *Großkönigsförde*, das am später gebauten Nord-Ostsee-Kanal liegt.
In vielen schleswig-holsteinischen Sagen agiert der Teufel als Widersacher von Kirchenbauten; das Werfen großer Steine wird sonst auch oft heidnischen Riesen zugeschrieben, denen man solchen Kraftaufwand am ehesten zutraute. Der Bezug zwischen Kirche und Teufel ist in dieser Kirche schon in der Gründung angelegt, weil sie dem hl. Georg, dem Drachentöter, geweiht wurde und dieses Tier das personifizierte Böse darstellt.

GLÜCKSBURG (Kreis Schleswig-Flensburg)

Wasserschloß Glücksburg

Etwa 8 km nordöstlich von *Flensburg* liegt an der Flensburger Förde der Ort Glücksburg, der nach seinem gleichnamigen Wasserschloß benannt ist. Das

Schloß Glücksburg. Lithographie, um 1850

weiße, nahezu quadratische Schloß mit seinen wuchtigen achtseitigen Ecktürmen wurde von 1582 bis 1587 als imposanter Wohnsitz für die Herzöge von Schleswig-Holstein-Glücksburg-Sonderburg erbaut. Glücksburg – eines der Hauptwerke der Renaissance im Land – zählt zu den schönsten Wasserschlössern Deutschlands. Über dem Portal des Schlosses steht in Stein gemeißelt die Abkürzung des Wahlspruchs dieses herzoglichen Hauses: G.G.G.M.F. – ‚Gott gebe Glück mit Frieden'. Heute werden einige Räume des Schlosses als Museum genutzt. Sehenswert sind auch der „Rote Saal", der über die gesamte Fläche des mittleren Hauses reicht, sowie der Schloßpark mit Orangerie und Rosarium. Neben dem romantischen Schloß und der Nähe zur Förde ist auch der nahegelegene Wald ein Anziehungspunkt des Ortes, der als Ostsee-Heilbad zahlreiche Besucher verzeichnen kann.
Die Sage weiß zu berichten, daß einer der Glücksburger Herzöge – möglicherweise ist damit Herzog Philipp (1584–1663) gemeint – einen Jäger angestellt hatte, der während seines Dienstes leider kein einziges Tier erlegte. Eigentlich war der Waidmann ein sehr guter Schütze, und es war rätselhaft, weshalb er als Schloßangestellter eine solche Pechsträhne hatte. Nach einiger Zeit entließ der verärgerte Herzog den unnützen Jäger, der daraufhin traurig in den nahegelegenen Wald ging, um darüber nachzudenken, wovon er sich zukünftig ernähren sollte. Dort begegnete ihm eine alte Frau, die ihn mitleidig fragte, weshalb er so verzweifelt sei. Nachdem er alles erzählt hatte, erwiderte die Alte, daß man dem Übel leicht abhelfen könnte. Wenn er zum Abendmahl in die Kirche ginge, müßte er die Oblate heimlich wieder aus dem Mund nehmen, sie nach dem Gottesdienst in einen Baum

hängen und darauf schießen – dann werde er ein besserer Schütze sein als je zuvor. Der Jäger befolgte den Rat des alten Mütterchens und wurde tatsächlich zu einem wahren Meisterschützen. Dann sprach er im Schloß vor und bat um Wiedereinstellung. Der Herzog, der sich von den neuen Schießkünsten des Jägers selbst überzeugen wollte, begleitete ihn in den Wald. Als sie eine Brücke überquerten, machte er den Schützen auf drei Enten aufmerksam und forderte ihn auf, den Erpel unter ihnen zu erlegen. Der Jäger legte an, schoß, und der Enterich fiel vor ihren Füßen zu Boden. Dem Herzog wurde unheimlich zumute, denn er bemerkte ganz richtig, daß böse Mächte im Spiel waren. Er weigerte sich daher, den Jäger wieder in Lohn und Brot zu nehmen. Kurz darauf fand man den Hut des Jägers unter der Brücke und seinen gevierteilten Leichnam ganz in der Nähe.
Der Jäger taucht in waldreichen Gebieten häufiger als Sagengestalt mit übernatürlichen Fähigkeiten auf. Wegen seiner enormen Treffsicherheit wird er im Volksglauben häufig als Freischütz dargestellt. Mit einem Freischuß, der allerdings nur durch den Schuß auf eine Hostie, also durch Gotteslästerung, oder mit Hilfe des Teufels gewonnen wird, treffen Freischützen jedes Ziel. Nach ihrem Tod kommen sie allerdings in die Hölle.
→ Aumühle-Friedrichsruh

GLÜCKSTADT (Kreis Steinburg)

Marktplatz
Der dänische König Christian IV. beabsichtigte im 17. Jh., in der Elbmarsch einen Ort als Konkurrenz zu Hamburg zu gründen. Über einem Sechseck ließ er den Grund abstecken und darin ein niederländisch beeinflußtes Kanalsystem anlegen. Der städtebaulich interessante Marktplatz wurde das Zentrum der Stadt. Von ihm aus führen Straßen sternförmig in alle Richtungen. Eine Sage zur Namensgebung des Ortes erzählt über diese Zeit, daß Christian nach einer Besichtigung des Gebietes mit dem Fuß in den schweren nassen Schlick stampfte. Dabei rief er in Plattdeutsch, der damals gängigen Hofsprache: „Dat schall glücken, un dat mut glücken un dann schall dat ok Glückstadt heten!“ (Das soll glücken, und das muß glücken und dann soll das auch Glückstadt heißen.) Den erhofften Erfolg hat die Stadt trotz fast 200jähriger Glanzzeit als Walfängerhafen und einer längeren Periode als Landeshauptstadt (1649–1867) aber nie gehabt.

Kirche

Die frühbarocke Kirche von 1618–1623 liegt am Markt dem Rathaus gegenüber. Nach einem Turmeinsturz mußte der Bau schon 1650/51 erneuert werden und bekam den langen Haubenhelm, auf dessen Spitze die vergoldete Statue einer Fortuna, der antiken Göttin des Glücks – sie ziert auch das Stadtwappen –, steht.

Stadtwappen

Mit dieser Figur, die wie tanzend auf einer Weltkugel steht, ist eine Legende verknüpft, die an die im Matthäusevangelium (2, 13–23) erzählte Geschichte von der Flucht nach Ägypten anknüpft. Ein Engel fordert Joseph im Traum auf, mit Maria und dem Jesuskind zu fliehen, um Jesus vor dem durch König Herodes befohlenen Kindermord in Bethlehem zu bewahren. Die Heilige Familie bleibt in Ägypten, bis nach Herodes' Tod wiederum ein Engel Joseph die Heimkehr nach Nazareth befiehlt. Die Legende erzählt, die Fortuna auf der Glückstädter Kirche habe an einem Weihnachtsabend vor langer Zeit von ihrem Platz aus am Deich zwei Menschen gesehen, von denen einer auf einem Tragetier saß. Sie breitete ihr grobes Tuch, mit dem sie sich vor starken kalten Winden schützte, wie ein Segel aus, um zu den Personen herabzugleiten. Dort angekommen, sah sie Maria, die ihr nacktes Kind in den Armen trug. Die beiden ritten auf einem Esel, während Joseph daneben ging. Maria bat die Göttin um ein Stück Kleidung, und diese gab ihr Segel her, das einzige, was sie besaß. Sie war in diesem Moment glücklicher als jemals einer, den sie glücklich gemacht hatte. Dann wurde sie von einem Windstoß an ihren Platz zurückgetragen. Jetzt besitzt sie ein neues Tuch aus Gold, das größer und schöner ist als das alte.

Das Bild einer heidnischen Göttin auf einer christlichen Kirche ist bemerkenswert, rührt aber daher, daß Stadt, Kirche und Ausstattung einer absolutistischen Planung entstammen und die Fortuna als Symbol der

Stadt auf ihrem höchsten Punkt für jeden zu sehen sein sollte.
Durch diese Legende wurde nachträglich eine Verbindung von antiker Göttin und dem Sohn des christlichen Gottes, für den die Kirche errichtet worden war, hergestellt. Die Fortuna wird sogar zum Christentum bekehrt gesehen, so daß ihre Anbringung auf dem Turm im nachhinein legitimiert erscheint.

GROSSENBRODE (Kreis Ostholstein)

Fehmarnsundbrücke

Am nördlichen Ende der Lübecker Bucht existiert seit 1963 eine feste Verbindung zwischen dem Festland und der Insel *Fehmarn*: die 963 m lange Fehmarnsundbrücke, deren Fahrbahn an zwei überspannenden Bögen aufgehängt ist. An dieser Stelle ist nicht nur die schmalste Stelle des Sunds, hier verläuft auch die kürzeste Verbindung zwischen Hamburg und Kopenhagen. Der landläufige Name „Vogelfluglinie" weist darauf hin, daß sie auch der von Zugvögeln bevorzugten Strecke entspricht.
In früheren Zeiten soll der Sund zwischen Fehmarn und dem Festland so schmal und flach gewesen sein, daß die Menschen dort einen Pferdeschädel hineinlegten und über diesen von einer Seite auf die andere gelangen konnten. Nordöstlich von Großenbrode, dort, wo jetzt Ostsee ist, soll damals noch so viel Wiesenland gewesen sein, daß es für 300 Pferde reichte. Als Ursache für die Verbreiterung des Wasserstroms wird einerseits in der Sage die Rache einer „Schwarzen Grete" angesehen, die wegen der Ermordung ihres einzigen Sohnes die Hafeneinfahrt Oldenburgs zuschüttete, andererseits nennt man in diesem Zusammenhang auch die Verwüstung Fehmarns durch König Erich.
Derartige Pferdeschädelsagen kommen in Norddeutschland häufiger vor, zum Beispiel auch zwischen *Sylt* und *Föhr*. Eine mögliche Erklärung hierfür dürfte in den relativ gleich lautenden Worten „Peerkopp", das niederdeutsch „Pferdekopf" bedeutet, und „Percop", das slawisch ist und „Meerenge" meint, zu sehen sein. Aus der slawischen Besiedlung weiter Teile des Landes haben sich zahlreiche Ortsbezeichnungen erhalten. Mit der „Schwarzen Grete" ist offenbar Königin Margarethe von Norwegen, Dänemark und Schweden gemeint, der auch der Bau des *Danewerks* zugeschrieben wird.
→ Dannewerk

HAMBURG (Freie und Hansestadt)

H

Hamburg ist Bundesland und nach Berlin die zweitgrößte Stadt Deutschlands. Sie liegt am Unterlauf der Elbe, dort wo Alster und Bille einfließen. Die Flußarme in den Deltas dieser beiden Wasserläufe wurden kanalartig befestigt und durchströmen die Stadt als Fleete. 2331 Brücken überspannen die zahlreichen Gewässer und machen Hamburg zur brückenreichsten Stadt der Welt.
Schon aus der älteren Steinzeit sind im Hamburger Raum Siedlungen nachgewiesen. Als um 800 die Franken nach Sachsen nördlich der Elbe vorstießen, wurde an der Alster ein befestigter Stützpunkt, die Hammaburg, gegründet und 831 unter Bischof Ansgar zum Erzbistum erhoben. Handel und Schiffahrt erlebten während des 11. Jh. ihre erste Blüte. Im 14. Jh. schloß sich Hamburg der Hanse an und errang besonderen Ruhm im Kampf gegen die Seeräuberei auf der Nordsee, der mit der Gefangennahme und Hinrichtung Klaus Störtebekers (1401) das Rückgrat gebrochen wurde. Das 19. Jh. brachte der Stadt, die 1815 als Freie und Hansestadt dem Deutschen Bund beigetreten war, den Anschluß an die Umwälzungen des technischen Zeitalters und damit ihre Stellung als „Deutschlands Tor zur Welt". Leider sind gerade in Hamburg viele sagenumwobene Objekte infolge der Kriegseinwirkung, aber auch durch den verheerenden Stadtbrand im Jahr 1842 verlorengegangen.

Epitaph eines Esels
Museum für Hamburgische Geschichte
Initiator des am Holstenwall gelegenen Museums war der 1839 gegründete „Verein für Hamburgische Geschichte". Das Haus begreift sich als kulturhistorisch orientiertes Gegenstück zu den Kunst- und Kunstgewerbemuseen der Stadt. Sammlungs- und Ausstellungsschwerpunkte sind Topographie, Stadtgeschichte, Hafen und Schiffahrt, Wirtschafts- und Technikgeschichte sowie Volkskunde und Numismatik. Im Museum befindet sich ein steinernes Epitaph des 16. Jh., das aus dem 1805 wegen Baufälligkeit abgebrochenen Hamburger Dom stammt. Es zeigt einen aufrechtstehenden, mit den Vorderläufen Dudelsack spielenden Esel, darüber ein Schriftband mit dem Text: „De werlt heft zik umme kert, Darumme zo hebbe ik arme eczel pipen ghelert." (Die Welt hat sich umgekehrt, darum hab' ich armer Esel pfeifen gelernt.)
Es handelt sich bei dieser Darstellung um ein im aus-

Der Esel als Dudelsackpfeifer (Steinrelief)

gehenden Mittelalter und der Renaissance sehr beliebtes Bildmotiv aus dem Bereich „Verkehrte Welt“. Da die heutigem Lebensgefühl entgegengesetzte Mentalität der Zeit menschliches Dasein in erster Linie als närrisches Gaukelspiel auffaßte, ist das musizierende Tier auf einer Grabplatte nicht so absonderlich, wie es modernen Menschen erscheinen mag. Erst in der zweiten Hälfte des 17. Jh., als man den Sinn dieser allegorischen Darstellung nicht mehr verstand, sind Sagen entstanden, die das merkwürdige Bild durch ein Frevelmotiv zu erklären suchen. Danach gehörte dieser Stein zum Grab einer Frau namens Gesche von Holten, der reichsten Frau Hamburgs, die aber gegen Arme sehr unbarmherzig war. Als sie eines Tages einen hilfesuchenden Verwandten abwies und dieser sie an die Unbeständigkeit ihres eigenen Glücks mahnte, gab sie die vermessene Antwort, eher könne ein Esel Dudelsack spielen, als daß sie verarme. Später verlor sie dann ihren ganzen Besitz und mußte sogar die auf ihrem ehemaligen Hühnerhof verstreuten Brot-

reste essen, um ihren Hunger zu stillen. Nach ihrem Tod gab ihre Familie den Stein als Mahnmal für andere in Auftrag.
Einer anderen Version zufolge hatte ein reicher Kaufmann denselben Ausspruch getan – mußte jedoch ebenfalls in großer Not sterben, weshalb man ihm den pfeifenden Esel zum Grabstein setzte. Reisende Handwerksburschen haben in früheren Zeiten diesen Stein als Wahrzeichen der Stadt Hamburg bezeichnet.

Trostbrücke in der Altstadt
Südlich des Rathauses verläuft das Nicolaifleet in einem Bogen von der Alster zum Binnenhafen der Elbe. An diesem Gewässer entwickelte sich im 12. Jh. der erste Hafen Hamburgs mit einem Zollhaus, einer Wechselbude und einem Kran. Die Trostbrücke zwischen Kirche und Börse ist Mitte des 13. Jh. erstmals erwähnt worden. Ihre beiden Standbilder an den Seiten zeigen den hl. Ansgar und Graf Adolf III. von Schauenburg. Neben der Brücke lag aber im Mittelalter nicht nur das wirtschaftliche Zentrum der Stadt, hier stand von 1290 bis zum Großen Brand 1842 auch das Hamburger Rathaus. In ihm wurden die Geschicke der Stadt bestimmt, so fiel dort die Entscheidung, die Viktualienbrüder um Klaus Störtebeker festzunehmen und zu köpfen, aber auch Hexenverfolgungen beschloß man hier. Unter anderem wurde am 1. Mai des Jahres 1663 eine Frau der Hexerei für schuldig befunden und hingerichtet.
Der Überlieferung nach war diese Frau, Ursel, recht wohlhabend; sie hatte Haus- und Grundbesitz. Eine kleine Wohnung war an einen armen Tagelöhner namens Peter und dessen Frau vermietet. Als 1663 die Ernte in Norddeutschland schlecht ausfiel, boten sich für Tagelöhner kaum noch Arbeitsmöglichkeiten – Peter konnte die Miete nicht aufbringen und mußte damit rechnen, wegen Zahlungsunfähigkeit gekündigt zu werden. Eines Tages hatte er das Glück, den Sohn eines Fleischers vor einem durchgehenden Pferdegespann retten zu können; zum Lohn durfte er sich nun jeden Sonnabend ein Stück Fleisch abholen, solange die schlechten Zeiten andauerten. Als er einige Tage später die Hauswirtin um Stundung der Miete bat, lehnte diese ab mit der Begründung, er habe doch auch Geld, um jeden Tag fürstlich zu essen – und zählte genau auf, was bei ihm auf dem Tisch gestanden hatte. Damit verriet Ursel sich unfreiwillig selbst als Hexe: in Gestalt einer schwarzen Katze hatte sie jeden Mittag bei ihren Mietern – die sich an das Tier sehr

Wie sich die Katze in eine Frau verwandelte. Illustration von Grandville (1803–1847)

wohl erinnerten – spioniert. Als die Katze am folgenden Tag wieder zur selben Zeit erschien, goß Peter ihr eine Pfanne mit siedendem Fett auf den Kopf, worauf sie heulend verschwand. Am nächsten Morgen suchte der Tagelöhner die Frau auf, um mit vom Fleischer geliehenem Geld die fällige Miete zu bezahlen – vor allem aber, um dieser merkwürdigen Sache auf den Grund zu gehen. Ursel ließ ihn zunächst abweisen, da sie krank sei; Peter drang jedoch in ihr Zimmer ein und fand sie mit verbundenem Kopf. Noch am selben Tag berichtete er dem Bürgermeister von dem Geschehenen, und der Rat der Stadt verurteilte sie als Hexe zum Tod.
Die Fähigkeit zur Tierverwandlung ist fester Bestandteil der Hexenvorstellung; vor allem die schwarze Katze ist sowohl die bevorzugte tierische Erscheinungsform der Hexe als auch ihr charakteristisches Begleittier. In Katzengestalt stehlen Hexen Lebensmittel, beaufsichtigen bäuerliche Gesinde bei den Arbeiten in Haus und Feld und nehmen am Hexensabbat teil. Entlarvt werden solche Katzenhexen meist dadurch, daß sie sich als Tier eine Verletzung zuziehen, die dann auch an ihrer menschlichen Gestalt sichtbar ist. Zur Zeit der Hexenverfolgungen sind Katzen, vor allem schwarze Katzen, nicht selten zusammen mit den angeklagten Hexen verbrannt worden.

Störtebeker-Denkmal auf dem Grasbrook

Wendet man sich vom Alten Fischmarkt in der Altstadt nach Süden, gelangt man über die Kornhausbrücke – St. Annen – Brooktor auf den nördlichen Teil

des Grasbrooks. Diese Elbinsel vereint heute zahlreiche Hafenterminals, in denen Containerschiffe aus aller Welt abgefertigt werden. Ihr Name weist darauf hin, daß sie früher eine grüne Insel war, auf die man das Vieh zum Weiden brachte.
Auf dem Grasbrook befand sich die Richtstätte der Hansestadt, an der am 11. Juni 1402 der berühmte Seeräuber Klaus Störtebeker und fast 70 Leute seiner Mannschaft geköpft wurden. 1982 haben die Hamburger ihm an dieser Stelle ein Denkmal errichtet. Die 2,20 m große Figur wurde von dem Münchner Bildhauer Hansjörg Wagner geschaffen.

Klaus Störtebeker. Kupfer von Daniel Hopfer, 1520

Klaus Störtebeker gehört neben Gödeke Michel zu jenen sagenumwobenen Freibeutern, die Ende des 17. Jh. auf Nord- und Ostsee Raubfahrten unternahmen. Die Piraten, die als „Viktualienbrüder" und „Likedeeler" in die Geschichte eingegangen sind, hatten als reguläre Hilfstruppen begonnen, indem sie im Auftrag der Herzöge von Rostock und Mecklenburg seit 1389 das von den Dänen belagerte Stockholm von

See her mit Lebensmitteln (Viktualien) versorgten. Nach Ende der Kriegshandlungen machten sie sich „selbständig“ und wurden zu einem gefürchteten Seeräuberbund, der gegen die Schiffe der Hanse einen Kaperkrieg führte und den Schiffsverkehr zunächst in der Ost-, dann in der Nordsee erheblich störte. 1392 unternahmen sie einen Angriff auf die norwegische Hansestadt Bergen und konnten auch Visby auf Gotland erobern, von wo sie 1398 wieder vertrieben wurden. 1401 beschloß der Hamburger Senat, den Piraten das Handwerk zu legen. Man rüstete eine Flotte aus, die den Seeräubern bei *Helgoland* auflauerte und sie nach erbittertem Kampf gefangennahm. In Hamburg wurde ihnen der Prozeß gemacht; ein halbes Jahr später erfolgte die Hinrichtung.

Historisch ist über Klaus Störtebeker und Gödeke Michel nicht viel bekannt. Umso reichhaltiger ist die Sage, die das Leben und Sterben der beiden berühmten Seehelden phantasievoll ausgeschmückt hat. Klaus Störtebeker soll ein Edelmann gewesen sein, der sein Vermögen verpraßt und sich deshalb dem Piratenführer Gödeke Michel angeschlossen hatte. Vor Aufnahme in die Bruderschaft mußte er drei Proben bestehen: eine eiserne Kette zerreißen, ein Hufeisen mit bloßen Händen zerbrechen und einen Becher Wein auf einem Zug leeren. Da er auch die letzte Probe glänzend bestand und den Wein ohne abzusetzen hinunterstürzte, wurde er Störtebeker (Sturzbecher) genannt. Der Becher, der angeblich dabei benutzt wurde, ein vier Flaschen fassender silberner Pokal mit Verzierungen, ist heute im „Museum für Hamburgische Geschichte“ zu sehen. In der ersten Zeit kaperte Störtebeker gemeinsam mit Gödeke Michel; die Beute wurde geteilt, weshalb die Viktualienbrüder auch als „Likedeeler“ (Gleichteiler) bezeichnet wurden. Später führte jeder ein eigenes Schiff, doch teilten sie die Beute auch weiterhin. Klaus Störtebeker scheint der Erfolgreichere gewesen zu sein: der Sage nach häufte er unermeßliche Schätze an, die in verschiedenen Schlupfwinkeln noch immer versteckt liegen. Der Hauptmast seines Schiffes soll mit geschmolzenem Gold gefüllt gewesen sein, aus dem man später eine prächtige Krone für den Turm der Hamburger Katharinenkirche schmiedete. Während Störtebeker die reichen Kauffahrer rücksichtslos ausraubte, war er nach mecklenburgischen und pommerschen Überlieferungen gegenüber armen Leuten oft hilfreich, unterstützte sie mit Geld oder beschenkte sie mit anderen nützlichen Dingen. Entsprechende Sagen zeigen ihn als

„Sozialrebellen“ vom Typus „edler Räuber“, der lediglich die Reichen schädigt zum Nutzen der Armen. Gelegentlich trägt er auch mythische Züge, und man schreibt ihm zauberische Fähigkeiten zu, etwa die, sein Schiff durch die Luft fliegen zu lassen.

Darstellung der Hinrichtung auf dem Grasbrook

Nach seiner Gefangennahme bot Klaus Störtebeker den Hamburgern vergebens an, die Stadt mit einer goldenen Kette zu umspannen, wenn man ihm Leben und Freiheit schenke. Vor seiner Hinrichtung soll er gebeten haben, ihn als ersten zu köpfen und alle die Gesellen zu begnadigen, an denen er nach der Enthauptung noch vorbeilaufen könne. So geschah es – doch als der wandelnde Leichnam beim elften Piraten angekommen war, warf der Henker ihm einen Holzklotz zwischen die Beine, so daß er stürzte. Elf Seeräuber wurden freigelassen, die übrigen führte man zum Richtblock. Auch Gödeke Michel ist wenig später festgenommen und ebenfalls auf dem Grasbrook hingerichtet worden.

In einem bekannten, 26 Strophen umfassenden Lied, das ursprünglich in niederdeutscher Sprache abgefaßt wurde, bis auf die Anfangsstrophe aber nur in Hochdeutsch erhalten ist, heißt es:

> Störtebeker und Göde Michel,
> de rovten beide tho gliken Deel,
> tho Water und tho Lande,
> so lang dat idt gott van hemmel verdroth,
> do mosten se liden grote Schande.

(Störtebeker und Göde Michel, / die raubten beide zu gleichen Teilen, / zu Wasser und zu Lande, / bis daß es Gott im Himmel verdroß, / des mußten sie leiden große Schande.)

→ Helgoland → Kiel → Strande

Teerhof am Hafen

Der hinter dem Zollkanal liegende nördliche Teil des Grasbrooks ist seit dem 15. Jh. besiedelt. Hier befindet sich die „Speicherstadt", ein riesiger zusammenhängender Lagerkomplex mit sechs- bis achtstöckigen Lagerhäusern.

Die kleine Straße „Teerhof" im Nordosten erreicht man über den vom Meßberg aus hinüberführenden Wandrahmssteg. Bis zum Großen Brand Hamburgs 1842, der die Altstadt in vier Tagen fast völlig zerstörte, standen hier typische Kaufmannshäuser, die zugleich Wohnung und Speicher waren. In diesen Magazinen wurde mit Materialien gehandelt, die man zum Schiffsbau benötigte: Teer, Pech und Schwefel. Der Handelsplatz für diese gefährlichen Werkstoffe war erst 1731 hier eingerichtet worden. Nach dem Brand verlegte man ihn zur größeren Sicherheit auf einen weiter von der Innenstadt entfernten Platz.

Hamburger Schiff des 17. Jh. Zeitgen. Kupfer

Im Zusammenhang mit dieser Katastrophe ist eine Sage entstanden: Sie erzählt von einer reichen Kaufmannswitwe namens Barbara, die nach dem Tod ihres Mannes das Geschäft mit Erfolg weiterführte, darüber aber ihre Christenpflichten – wie den sonntäglichen Kirchgang – vernachlässigte. Als sie eines Sonntags zur Zeit des Gottesdienstes mit Geldzählen beschäftigt war, kam ein fremder Mann, der für den Bau englischer Flottenschiffe 500 Tonnen Teer von bester Qualität bestellte und diese sofort bezahlte. Barbara wollte nun den Geschäftspartner betrügen und suchte minderwertigen Teer aus, der auf das Transportschiff gebracht wurde. In der folgenden Nacht erschien der

Fremde in ihrer Kammer, schlug sie mit einer Rute und verfluchte sie, allnächtlich beim Teerhof umgehen zu müssen. Die Magd fand am nächsten Morgen ihre Herrin tot und völlig entstellt im Bett. Sie wurde nicht auf dem Friedhof, sondern auf einer der kleinen Elbinseln begraben. Ihr Geist aber spukte jahrelang auf dem Teerhof und rief: „Brenne, Teerhof, brenne zu, Dein Brand erst bringt mir Armen Ruh!" Seit der Brand 1842 auch dieses Speicherviertel zerstört hatte, wurde sie nicht mehr gesehen.

Pilatuspool

Die Hamburger Neustadt wurde schon im 12. Jh. gegründet, wuchs aber erst später mit der Altstadt zusammen. Sie liegt innerhalb der Wallanlagen, die man zum Schutz der Stadt im Westen errichtet hatte. In dieser Gegend wohnten unter anderem die Juden, denen man nicht erlaubte, in die Altstadt zu ziehen. Parallel zum Holstenwall liegt an der Südecke des Karl-Muck-Platzes eine kleine Straße, die „Pilatuspool" heißt. Die westlich daran gelegenen Grundstücke reichten früher bis an den Wall heran.

Zur Entstehung des Straßennamens berichtet die Sage folgendes: Im Jahr 1540 griff in der Stadt eine Seuche, vermutlich die Pest, um sich, die ihren Ausgang im Wohngebiet der Juden nahm. Man gab diesen die Schuld an der Epidemie, und es setzten regelrechte Verfolgungen ein. Am heutigen Pilatuspool wohnte damals ein alter Jude namens Pilatus. Neben seinem Grundstück lag ein Teich mit brackigem Wasser. Hinter diesem hatte der angesehene Goldschmiedemeister Adam sein Haus, in dem er mit seiner Familie und einem Gesellen, Gerhard, wohnte und arbeitete. Dieser erzählte ihm eines Tages, er befasse sich seit längerem mit der Kunst des Goldmachens, könne aber die notwendigen Versuche nicht mehr allein durchführen und bot ihm eine Zusammenarbeit an. Nach anfänglichen Bedenken willigte der Meister ein, und den beiden gelang es tatsächlich, einige Goldkörner herzustellen, die jedoch für den Lebensunterhalt bei weitem nicht ausreichten. Als der Geselle vorschlug, auch zauberische Mittel, wie den Gebrauch von Menschenblut, anzuwenden, jagte Adam ihn aus dem Haus.

Eines Tages erhielt der Meister Besuch seines Nachbarn Berthold. Dieser brachte das Gespräch auf die immer mehr um sich greifende Seuche und ihre angeblichen Urheber, die Juden. Beide beschlossen, gemeinsam den Juden Pilatus zu ermorden: sie stachen

ihn nieder, steckten ihn in einen Sack und schleppten diesen zum Pool, um ihn hineinzuwerfen – da stand plötzlich der entlassene Geselle neben ihnen und fragte seinen Meister, ob er ihn jetzt brauchen könne. Adam aber war so erschrocken, daß er mitsamt dem Sack ins Wasser fiel und ertrank.
Die Seuche ging in der Folgezeit tatsächlich zurück, und der Nachbar Berthold wurde ein sehr geachteter Mann. Den Pool benannte man nach dem alten Juden, und als das Wasser schließlich ausgetrocknet war, übernahm man den Namen für die Straße.

Der Jude. Holzschnitt von J. Ammann, 1568

Reale und mythische Elemente verbinden sich in dieser Geschichte auf merkwürdige Weise: Judenpogrome haben als Folgeerscheinung eines tiefverwurzelten Antisemitismus eine lange Geschichte; besonders häufig war der Vorwurf, durch Vergiften des Brunnens Seuchen zu verursachen. Goldmachen war in der frühen Neuzeit eine gefragte Kunst; die Naturwissenschaftler, die sich mit entsprechenden Experimenten befaßten, kamen jedoch nicht selten in den Ruf, Zauberer zu sein, die mit dem Teufel im Bunde stehen.

Stoltenpark in Hammerbrook

Der Park liegt im Eck zwischen Eifestraße und Heidenkampsweg. Über die gesamte Länge des Parks verläuft im Westen ein Hochwasserbecken zum Ausgleich der von Herbst bis Frühling anfallenden Wassermengen. Bis zur systematischen Kanalisierung war Hammerbrook ein sumpfiges Gebiet, in dem unvorsichtige Fußgänger zu Tode kommen konnten.

Die über solchen Moorgebieten häufig zu beobachtenden Lichterscheinungen bringt die Sage mit einem Wiedergänger in Verbindung: Zur Zeit Herzog Heinrichs des Löwen (1129–1195) lebte in der Gegend eine Frau namens Ursula. Sie war Witwe und wollte gerne wieder heiraten. Da sie jedoch als herrschsüchtig galt, fand sich zunächst kein Bewerber. Eines Abends klopfte Kaspar, einer von Heinrichs Kriegern, an die Tür; er hatte sich verirrt und bat um Obdach für die Nacht. Da er sie für reich hielt, machte er ihr einen Heiratsantrag. Ursula gab nun ihr ganzes Geld für eine möglichst prächtige Hochzeitsfeier aus. Am Tag der Trauung lieh sie sich von einer Freundin, die auf einer nahegelegenen Burg diente, sechs silberne Kerzenleuchter aus, die sie am folgenden Tag zurückzubringen versprach. Einen der wertvollen Leuchter behielt sie jedoch, schmolz ihn ein und versteckte ihn. Der Magd gegenüber behauptete sie, nur fünf Leuchter erhalten zu haben. Aus Furcht vor ihrer Herrschaft beging die Frau Selbstmord, indem sie in den Brunnen vor Ursulas Haus sprang. Als später ein heftiger Sturm das Dach abdeckte, fand Kaspar, der ohnehin nicht recht an die Unschuld seiner Frau geglaubt hatte, unter einem Balken den Silberklumpen. Daraufhin verließ er seine Frau. Ursula war darüber untröstlich und suchte ebenfalls den Tod im Brunnen. Ihre Leiche ist nie gefunden worden, und es heißt, sie müsse mit einem Leuchter in der Hand im Moor umgehen.

Billwerder Deich

Die Niederungen zwischen der höher gelegenen Altstadt und den Flüssen in der Umgebung waren bis zum Bau von Deichen in jedem Jahr mehrere Male überschwemmt – im Herbst durch Weststürme, die das Elbwasser hineintrieben, im Frühjahr durch Regen und Schneeschmelze. Mitte des 12. Jh. begann die Besiedlung des Gebiets an Bille und Elbe; schon um die Wende zum 13. Jh. begann man, hier Deiche zu bauen. Der alte Billwerder Deich trug früher den Namen „Eulendeich“, weil auf ihm, wie es heißt, auffallend oft viele Eulen saßen. Man hielt diese für die tierische

Erscheinungsform von Wassergeistern. Solche Naturdämonen leben nach dem Volksglauben in Brunnen, Seen, Flüssen und auch im Meer. Das Reich der eulengestaltigen Wasserwesen hatte ursprünglich in der Elbe gelegen – seit jedoch die Menschen den Fluß mit Schiffen befuhren, hatten sie sich dort nicht mehr wohlgefühlt und waren in die breiten feuchten Niederungen gezogen. Da sie auf die Menschen zornig waren, suchten sie ihnen zu schaden, indem sie Stürme und Hochwasser verursachten. Da beschloß man auf den Rat eines klugen Mannes, das Land durch Erdwälle zu schützen. Die Elbgeister verfolgten mit Interesse den Fortgang der Arbeiten, erkannten aber zu spät ihren Zweck.
Seither bemühen sie sich unablässig, die Deiche zu zerstören, und gelegentlich gelingt ihnen das auch an einigen Stellen.

Kirche in Ochsenwerder
Der kleine Ort Ochsenwerder zwischen Gose- und Niederelbe wurde wahrscheinlich Mitte des 12. Jh. gegründet. 60 bis 70 Jahre später bauten die Bewohner einen Deich, um ihr Marschendorf vor den Hochwassern der Elbe zu schützen. Zu Hamburg gehört der Ort schon seit 1395.
Die Kirche St. Pankratius wird erstmals in einer Urkunde von 1254 erwähnt, also zu einer Zeit, als Ochsenwerder noch nicht zu Hamburg gehörte. Der frühe Bau ist nicht erhalten; an seiner Stelle wurde 1673/74 eine Saalkirche in Backstein errichtet, die im Osten fünfseitig geschlossen und mit einem hölzernen Muldengewölbe gedeckt ist. Der Westturm entstand 1739 bis 1741.
Eine Sage zufolge war Ende des 16. Jh. der Ort Ochsenwerder so gewachsen, daß man das Gotteshaus vergrößern mußte. Das vorhandene Geld reichte jedoch nicht aus, und so blieb die Kirche vorerst ohne Glockenturm. Eines Tages bemerkte ein Hirt, der seine Herde an das Elbufer geführt hatte, im Wasser einen schwimmenden Gegenstand, der auf der Höhe von Ochsenwerder anhielt. Es war eine Glocke, die von selbst zu läuten begann. Die Einwohner sahen sie als Geschenk Gottes an und wollten sie an Land bringen, aber sämtliche Versuche mißlangen, da die Glokke sich nicht von der Stelle bewegen ließ. Da forderte der wohlhabende Bauernvogt Peter Brockwoldt, dessen Sohn Johann ein vom Vater mißbilligtes Liebesverhältnis mit der Tochter eines armen Kätners hatte, dieses Mädchen, Marie, spöttisch auf, es doch auch

einmal zu versuchen: Liebe könne ja bekanntlich alles bewirken. Im Fall des Gelingens werde er der Heirat zustimmen. Marie ruderte in einem Kahn zur Glocke, befestigte eines ihrer langen Haare an ihr und zog sie daran mit Leichtigkeit zum Ufer. Die Glocke fand ihren Platz in einem neuen Turm, für den der Vogt, der auch sein Heiratsversprechen einhielt, die Kosten übernahm.

Altona

Im beginnenden 16. Jh. entstand Altona als Fischer- und Arbeitersiedlung außerhalb Hamburgs auf Pinneberger Gebiet. 1536 wurde es urkundlich erstmals erwähnt, als ein Krug die Konzession zur Bewirtung von Gästen erhielt. Den Aufschwung im darauffolgenden Jahrhundert verdankte es insbesondere der Religionsfreiheit, die hier gewährleistet wurde und viele Menschen unterschiedlicher Glaubensrichtungen zusammenführte. Nachdem Dänemark die Grafschaft Pinneberg 1643 erworben hatte, bot sie Altona mehrfach dem Hamburger Rat zum Kauf an, der aber war nicht interessiert. Daraufhin entschloß sich der dänische König, den Ort als Konkurrenz zu Hamburg auszubauen. Ein gutes Jahrhundert später entstanden hier nach englischem Vorbild Landhäuser, Landschaftsparks und die klassizistische Prachtstraße, die Palmaille, die den Charakter Altonas heute noch prägen. Erst 1937 wurde Altona nach Hamburg eingemeindet.
Zum Namen dieses im Hamburger Westen am rechten Elbufer gelegenen Stadtteils weiß die Sage, er sei auf eine Wette von Hamburger Kaufleuten zurückzuführen. Sie hatten einem Gast des Wirtshauses, wo sie eingekehrt waren, angeboten, jede ihnen gestellte Aufgabe zu lösen oder aber viele tausend Taler zu zahlen. Dieser forderte sie nun auf, in der Nähe Hamburgs eine zweite Stadt zu bauen. Die Kaufleute verbanden einem Waisenknaben die Augen, brachten ihn zum westlichen Stadttor Hamburgs, dem Millerntor, und ließen ihn in westlicher Richtung loslaufen. An der Stelle, wo er hinfiel, wollten sie den neuen Ort gründen. Der Junge kam aber nicht besonders weit, denn er fürchtete, in einen Bach zu fallen und zu ertrinken. Deshalb warf er sich schon nach einigen Minuten auf die Erde und behauptete, sich verletzt zu haben. Die Kaufleute, die hinter ihm hergegangen waren, riefen aus: „All-to-nah!" (All-zu-nah), woraus dann der Name der geplanten Stadt entstand.
In dieser ätiologischen Sage ist die Konkurrenz zwischen Hamburg und dem kleineren Altona themati-

siert, die das Verhältnis bestimmte, seit die Dänen den Ort systematisch förderten. Indem sie ihm zum Beispiel Handels- und Zollprivilegien zugestanden, steigerten sie seine Attraktivität in hohem Maße. Altona wurde in kurzer Zeit zur zweitgrößten Stadt im dänischen Staat und damit natürlich zur ernsten Rivalin für die Hansestadt.

Süllberg in Blankenese

Ursprünglich lebten nur Fischer und Schiffer in Blankenese, das sich seit dem 18. Jh. zum vornehmen Hamburger Vorort entwickelt hat. Bis 1864 stand es unter dänischer Herrschaft; erst 1927 ist es nach Hamburg eingemeindet worden.

Blankenese mit dem Süllberg

Der Ort wird überragt von dem 87 m hohen Süllberg, auf welchem 1060 Erzbischof Adalbert von Bremen eine Probstei errichten ließ; 200 Jahre später folgte eine Burg der Schauenburger Grafen. Von beiden ist nichts erhalten. Auf der Bergkuppe befindet sich heute ein über Hamburg hinaus bekanntes Restaurant mit großen Gartenterrassen.

Der Sage nach soll nach dem Dreißigjährigen Krieg hier oben eine Wetterhexe ihr Unwesen getrieben haben. Sie wird geschildert als häßliche alte Frau mit grauem Haar, feurigen Augen und langen spitzen Zähnen – eine typische Hexe aus dem Märchen. Den Berg betrachtete sie als ihr Eigentum und hielt unwillkommene Besucher durch Hagel und dichten Nebel, die sie in einem Kochtopf zusammenbraute, fern. Sie konnte auch Feuersbrünste verursachen und durch ungünstige Witterung die Ernte schädigen.

In Blankenese lebte damals ein wohlhabender Bauer, der zugleich Kaufmann war; er besaß drei Handelsschiffe, die von seinen Söhnen geführt wurden. Für seine Tochter Gretchen wünschte er sich einen Edelmann als Gatten – doch sie liebte den jungen Kuhhirten Christian, der ihr zweimal das Leben gerettet hatte. Da ihr Vater die Zustimmung zur Heirat verweigerte, erklärte Gretchen sich schließlich bereit, denjenigen zu heiraten, der das Dorf von der Hexe befreie. Nachdem dies einem adligen Bewerber mißlungen war und die Hexe zudem die drei Schiffe von Gretchens Vater im Sturm hatte untergehen lassen, beschloß Christian, das Wagnis zu unternehmen. Er suchte und fand den Eingang zur Höhle, in welcher die Hexe wohnte und errichtete am östlichen Fuß des Süllbergs einen Scheiterhaufen. Am Heiligen Abend ging er zusammen mit dem Pastor hinaus und stieg den Berg hinauf, während der Geistliche unten wartete. Als um Mitternacht die Hexe aus der Höhle trat, packte er sie und warf sie den Abhang hinunter, direkt in den inzwischen angezündeten Scheiterhaufen. Blankenese war von da an frei von dem bösen Zauber, und Christian bekam, wie versprochen, Gretchen zur Frau.

Hexenverbrennung, 1533

Hauke-Haien-Koog (Dagebüll, Ockholm, Kreis Nordfriesland)

Als Köge werden Landstücke bezeichnet, die der Mensch dem Meer durch den Bau von besonderen Dämmen, den Deichen, zum Schutz vor Überflutung, abgerungen hat. „Wer nicht will weichen, muß deichen!" war ein geläufiger Ausspruch in Schleswig-Holstein.

Der Hauke-Haien-Koog liegt an der Küste Nordfrieslands zwischen den Gemeinden *Ockholm* im Süden und *Dagebüll* im Norden, zwischen Altem und Neuem Seedeich. Dieser 500 ha Neuland und 700 ha Wattgebiet umfassende Koog wurde erst nach dem Zweiten Weltkrieg, 1957–59, geschlossen, die dahinter landeinwärts gelegenen schon im 16. und 17. Jh. Wendet man sich von Ockholm aus nach Westen, gelangt man auf einen Weg, der auf dem Deich entlangführt; links neben sich hat man die Nordsee mit den Halligen *Gröde*, *Langeneß* und *Oland* – rechts die Speicherbecken für die Binnenlandentwässerung und dahinter das eigentliche Koogland.

Theodor Storm

Der Hauke-Haien-Koog ist benannt nach der Hauptfigur von *Theodor Storms* berühmter Altersnovelle „Der Schimmelreiter" (1888). Den Stoff hat der Dichter nicht frei erfunden, sondern aus volkstümlicher Überlieferung geschöpft. Die Sage von einem gespenstischen Schimmelreiter, der bei Sturmfluten nachts auf den Deichen gesehen wird und sich, wenn ein Unglück bevorsteht, mit seinem Pferd in den Bruch hinabstürzt, hatte er von einer Jugendfreundin, der Bäckerstochter Lena Wies, einer begabten Erzählerin, gehört. Storms in einer kunstvoll gestaffelten Rahmentechnik geschriebene Novelle erzählt das tragische Schicksal des genialen Deichgrafen Hauke Haien, der als gespenstischer Schimmelreiter im Glauben des Volkes weiterlebt. Schon im Kindesalter gilt das Interesse des technisch hochbegabten Jungen der Deichbaukunst. Er tritt als Knecht in den Dienst des alten Deichgrafen und heiratet nach dessen Tod seine Tochter Elke. Mit dem Besitz fällt ihm auch das Amt zu, für das er durch technische Kenntnisse, Ehrgeiz, Weitblick und unermüdliche Arbeitskraft prädestiniert ist. Gegen die Trägheit der abergläubischen Dorfbewohner, die sein Lebenswerk mit „Teufelsspuk" in Verbindung bringen, setzt er den Plan durch, einen neuen, architektonisch kühnen Deich zu bauen, durch den dem Meer Neuland abgetrotzt werden kann. Doch das Meer rächt sich: eine Sturmflut bricht den alten Deich auf und vernichtet seine Familie. Hauke Haien, der beim Bau des neuen Deiches nur mit Mühe verhindern konnte, daß die Arbeiter einen kleinen Hund lebend eingruben – „soll Euer Deich sich halten, so muß was Lebendiges hinein!" – stürzt sich mit seinem Schimmel in die entfesselten Fluten. Seither, so heißt es, erscheint er immer dann, wenn Unheil die Deiche bedroht.

Friesenwappen – Schlüttsieler Schleuse
Auf der kleinen Schleuse im Außendeich des Hauke-Haien-Koogs ist das Friesenwappen zu sehen; es zeigt u. a. einen Grütztopf und den friesischen Wahlspruch „Lewer duad as Slaav!" (Lieber tot als Sklave!) Diese Worte haben eine lange Tradition im Land. Eine sagenhafte Überlieferung bringt sie in Verbindung mit Pidder Lüng, einem jungen Fischer aus *Hörnum* auf *Sylt*: Die Nordfriesen unterstanden zu seiner Zeit einem Amtmann in Tondern, Henning Pogwisch, der im Namen des dänischen Königs Christian I. Abgaben eintrieb. Die Friesen waren aber recht eigenwillig und selbstbewußt, so daß sie den Zins häufig verweigerten. Einem Sylter Pastor, der neben seinem geistlichen Amt auch Vogt der Insel war, sollen sie statt des Anteils am letzten Rochenfang lauter Stacheln von Giftrochen gebracht haben, worüber dieser sehr erzürnt war. Seiner Meinung nach trotzte die Bevölkerung nicht nur der Obrigkeit, sondern vernachlässigte auch ihre religiösen Pflichten wie Kirchgang und Abendmahl. Auf seine Beschwerde hin schickte der Amtmann einen seiner Söhne in Begleitung mehrerer Knechte und den Tonderner Henker nach Hörnum, um nach dem Rechten zu sehen und die Fischer zu bestrafen. Als der junge Pogwisch das Haus Pidder Lüngs betrat, saß dieser gerade mit seinen Eltern am Tisch und aß Grünkohl. Es kam zu einem heftigen Wortwechsel, in dessen Verlauf Pogwisch in die Schüssel spuckte, um seine Verachtung zu zeigen. Pidder geriet darüber so in Zorn, daß er mit dem Ausruf „Wer in den Kohl spuckt, soll ihn fressen!" den Vertreter der Obrigkeit im Nacken packte und seinen Kopf in den heißen Kohl drückte, bis er erstickt war. Dabei rief er: „Lewer duad as Slaav!" – Draußen hatten die Begleiter inzwischen Rochen und andere Fische, die an hölzernen Gestellen zum Trocknen hingen, abgerissen, um Platz für die aufrührerischen Inselbewohner zu schaffen. Diese jedoch waren keineswegs gewillt, sich hängen zu lassen: rasch schnitten sie den Rochen die stachligen Schwänze ab, fielen mit diesen gefährlichen Waffen über die Leute des Amtmanns her und jagten sie davon. Besonders schlimm erging es dem Pastor: Mit dem Ruf „Wir wollen ihm

die Zehnten geben von den Rochenschwänzen!" schlugen sie so heftig auf ihn ein, daß die giftigen Stacheln in seinem Körper steckenblieben und er an den Folgen starb. Der alte Pogwisch wurde wenig später vom dänischen König wegen seiner tyrannischen Amtsführung entlassen und aus Nordfriesland vertrieben, woraufhin er zunächst nach *Bordesholm* ging. Als er dort einer Bauersfrau, die es abgelehnt hatte, Amme seines Kindes zu werden, die Brüste abschneiden ließ, jagte der König ihn und seine Söhne endgültig aus dem Land. Die Sylter waren nun ebenso wie die Bauern auf dem Festland von ihrem Unterdrücker befreit – doch mußten die Sylter Fischer wegen des Mißbrauchs der Rochenschwänze von da an eine besondere Steuer, die „Rochensteuer", bezahlen.
Vom Schicksal Pidder Lüngs sind verschiedene Versionen überliefert: Nach der einen fanden Tonderner Häscher sein Haus leer, das sie plünderten und zerstörten. Den Aufrührer selbst fanden sie nicht, denn keiner der Sylter Fischer war bereit, ihnen bei der Suche zu helfen. Einer anderen Fassung zufolge ist Pidder Lüng von Pogwischs Häschern gefangengenommen und hingerichtet worden – noch im Sterben zitierte er seinen Wahlspruch: „Lewer duad as Slaav!"
Der Lyriker *Detlev von Liliencron* (1844–1909) hat den Vorfall, der als Freiheitstat Pidder Lüngs in die nordfriesische Geschichte eingegangen ist, in einem Gedicht festgehalten, dessen letzte Strophen hier zitiert werden:

> Da reckt sich Pidder, steht wie ein Baum:
> „Henning Pogwisch, halt' deine Reden im Zaum!
> Wir waren der Steuern von jeher frei,
> Und ob du sie wünschest, ist uns einerlei!
> Zieh ab mit deinen Hungergesellen!
> Hörst du meine Hunde bellen?
> Und das Wort bleibt stehen:
> Lewer duad as Slaav!"

→ Sylt, Wenningstedt

HEIDE (Kreis Dithmarschen)

Marktplatz
Die jetzige Kreisstadt Dithmarschens wird 1404 als Siedlung „up de heyde" erstmals erwähnt. Der Ort entstand erst nach der Verlegung des Dithmarscher Obergerichtes von *Meldorf* hierher.

Der 4,7 ha große Marktplatz war in diesen gewaltigen Dimensionen als Versammlungsplatz der Dithmarscher Bauernrepublik angelegt worden. Hier kamen seit 1434 die Bauern der benachbarten Kirchspiele zusammen. Im Jahr 1447 wurde das Dithmarscher Landrecht geschaffen, zu dessen Durchführung sich in Heide wöchentlich die 48 auf Lebenszeit gewählten Vertreter trafen, die sog. „Ratgeber" oder „Regenten". Die großen Landesversammlungen der gesamten Bauernschaft fanden in größeren Abständen auf dem Markt statt. Auch heute gilt er noch als der größte Marktplatz Deutschlands, auf dem seit mehr als einem halben Jahrtausend regelmäßig Märkte stattfinden.

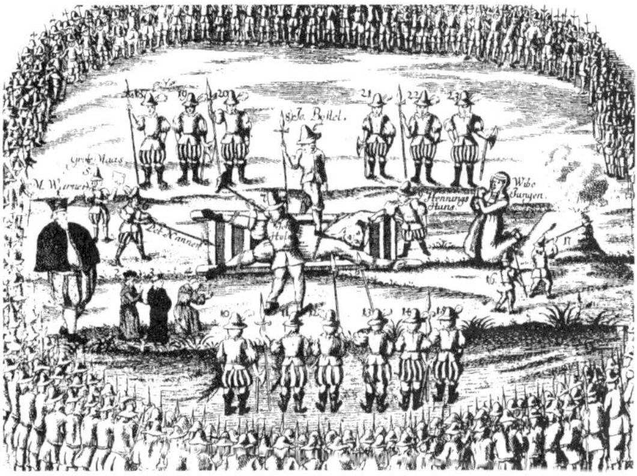

Das Martyrium des Reformators Heinrich von Zütphen in Heide

Er ist aber auch öfter Schauplatz von Richtersprüchen und Hinrichtungen gewesen. Im Kampf gegen die Reformation hatten die Dithmarscher 1523 die Verbreitung der neuen Lehre untersagt. Trotzdem kam ein junger Mann namens Nikolaus Boie nach Meldorf, der eifriger als Luther selbst dessen Theorien verbreitete. Er lud schon in seinem zweiten Dienstjahr den niederländischen Augustiner-Eremiten Heinrich von Zütphen, der in Bremen wirkte, ein, zur Unterstützung der reformatorischen Bewegung ebenfalls in der Kirche zu predigen. Heinrich sprach über die neue Glaubensrichtung, und er wird in seiner Beurteilung der noch herrschenden Religionsrichtlinien nicht zurückhaltend gewesen sein. Um einem Aufruhr zu begegnen, forderten die 48 Bauernvertreter das Kirchspiel auf, Heinrich aus dem Land zu weisen – das aber verweigerten die Verantwortlichen. Darum machte sich unter Führung des *Lundeners* Peter Nanne eine Gruppe auf den Weg nach *Meldorf*. Auf halber Strecke, in *Hemmingstedt*, kehrten sie ein und tranken reichlich Bier. Dann fielen sie in Meldorf ein, wo sie erst einmal raubten, was sie brauchen konnten. Danach machten sie sich über den Pfarrer her, um schließlich Heinrich aus dem Bett zu holen. Sie banden ihm die Hände auf den Rücken, schlugen ihn und trieben ihn barfuß nach Heide, wo er zunächst in einem Keller eingesperrt wurde. Am nächsten Tag, dem 10. Dezember 1524, fand auf dem Marktplatz die Verhandlung statt. Bestochene Zeugen sollen dort gegen ihn ausgesagt haben, daß er Maria und den christlichen Glauben verleugnet habe.

Heinrich wurde auf eine Leiter gebunden, und dann soll ein Mann ihm die Glieder mit einem schweren Hammer zerschlagen haben. Gleichzeitig wurden zwei Scheiterhaufen entzündet. Eine Frau namens Wiebe Junge bot ihr gesamtes Vermögen für sein Leben – der Zorn der Volksvertreter aber war zu groß, um irgendwelche Erleichterungen zuzulassen. Heute ist der Heider Norderfriedhof nach Heinrich von Zütphen, einem der ersten Märtyrer des evangelischen Glaubens, benannt.

Klaus Groth-Haus

Heide ist der Geburtsort von Klaus Groth, der das Plattdeutsche literaturfähig gemacht hat. Er kam am 24. April 1819 als Sohn eines Müllers und Kleinbauern zur Welt. Mit fünfzehn Jahren wurde er Schreiber beim Heider Kirchspielvogt; von 1831–41 besuchte er in Tondern das Lehrerseminar und arbeitete anschließend als Lehrer an einer Mädchenschule seiner Heimatstadt. In den Jahren 1847–52 lebte er auf der Insel *Fehmarn*, wo seine Gedichtsammlung „Quick-

Klaus Groth

born“ (1852) entstanden ist. 1855/56 studierte er in Bonn, ging dann nach Dresden und Weimar. Seit 1866 wirkte er als Professor für deutsche Sprache und Literatur in *Kiel*, wo er am 1. Juni 1899 gestorben ist.
Klaus Groth ist der bedeutendste niederdeutsche Lyriker und Begründer der norddeutschen Mundartdichtung. Gern greift er in seinen Werken volkstümliche Stoffe auf. Sein südlich des Marktplatzes (Lüttenheid 48) gelegenes Geburtshaus, ein Giebelhaus von 1796, ist heute Museum und Literaturarchiv.
Am westlichen Straßenende steht ein Wegweiser mit hölzernen Figuren, einem Hasen und einem Fuchs. Sie erinnern an eines der bekanntesten Fabel-Gedichte von *Klaus Groth*, „Matten Haas“, zu dem der Dichter durch einen vom Fuchs gerissenen Hasen inspiriert wurde:

Lütt Matten de Has’,
De mak sik en Spaß,
He weer bi’t Studeern
Dat Danzen to lehrn,
Un danz ganz alleen
Op de achtersten Been.

Keem Reinke de Voß
Un dach: das en Kost!
Un seggt: Lüttje Matten,
So flink oppe Padden?
Un danst hier alleen
Oppe achtersten Been?

Kumm, lat uns tosam!
Ik kann as de Dam!
De Krei de spelt Fitel,
Denn geit dat canditel,
Denn geit dat mal schön
Op de achtersten Been!

Lütt Matten gev Pot.
De Voß beet em dot
Un sett sik in Schatten,
Verspies de lütt Matten:
De Krei de kreeg een
Vun de achtersten Been.

(Klein Martin der Hase/ Der machte sich einen Spaß,/ Er war am Studieren,/ Das Tanzen zu lernen,/ und tanzt ganz allein/ Auf den hinteren Beinen.
Kam Reinke der Fuchs/ Und dachte: das ist eine Kost!/ Und sagt: Kleiner Martin,/ So schnell auf den Pfoten?/ Und tanzt hier allein auf den hinteren Beinen?

Komm laß uns zusammen!/ Ich kann als die Dame!/ Die Krähe spielt Fidel,/ Dann geht es lustig,/ Dann geht es mal schön/ Auf den hinteren Beinen.
Klein Martin gab Pfote./ Der Fuchs biß ihn tot/ Und setzte sich in den Schatten,/ Verspeiste den kleinen Martin:/ Die Krähe die bekam eines/ von den hinteren Beinen.)

Hamme

Die Hamme ist eine Enge in Dithmarschen, westlich von Heide, dort, wo heute die Straßen aus *Rendsburg* und *Albersdorf* aufeinander treffen. Den Weg hierdurch mußte früher jeder nehmen, der von Osten in das Land wollte. Im Rahmen der immer wiederkehrenden Auseinandersetzungen zwischen den Dithmarschern und den Holsteinern fand 1404 eine entscheidende Schlacht in der Hamme statt. Herzog Gerhard wollte die Dithmarscher am Oswalditag, dem 6. August, endgültig besiegen. Er fiel mit einem Heer durch die sog. Süderhamme, die als Landwehr mit einer engen Steinstraße und seitlichen Gräben ausgebaut war, in ihr Land ein. Fast alle der 300 Holsteiner kamen dort ums Leben, sie wurden erschlagen. Die Dithmarscher meinten, dem hl. Oswald für ihren Erfolg danken zu müssen und nahmen ihn deshalb in ihr Siegel auf. Sie gaben sich aber nicht mit dem Sieg zufrieden, sondern weigerten sich sagenhaften Überlieferungen nach zudem, die toten Feinde zu begraben. Nur die Leichen einiger Edelleute gaben sie gegen Entgeld heraus, damit sie in ihrer Heimat bestattet werden konnten. Die anderen sollen sie sogar verspottet und entkleidet haben; die Dithmarscherinnen spießten die Mägen auf hohe Stangen und trugen sie herum.

Bitten der holsteinischen Mütter und Frauen, die Leichname freizugeben, wurden abgeschlagen. Darum haben die Holsteinerinnen sich in weiße Gewänder gehüllt und so ihre Toten aus Dithmarschen herausgetragen, um sie in der Heimat kirchlich beerdigen zu lassen. Die Dithmarscher setzten nichts dagegen, weil sie meinten, die Frauen stünden unter besonderem Schutz der Jungfrau Maria, der Schutzheiligen ihres Landes, der sie sich besonders verpflichtet fühlten.

In einem kurzen sechsstrophigen Gedicht hat *Klaus Groth* diese Erzählung in plattdeutsche Verse gebracht:

> Wat liggt in de Hamme so bleek un so roth?
> Wul dreehunnert Holsten de drift dar in er Blot.

De ditmarscher Buern de hebbt süm dat lehrt:
Se harrn ok dat Isen, to Plog un to Swert.

Wat treckt dær de Hamme so witt un so bleek?
Wul dreehunnert Edelfruns, de halt de Liken weg.

De dreehunnert Burn de stunn inne' Hamme:
Un wenn de Herrn wedder kamt, so mag se Gott verdamm'! (3.–6. Str.)

(Was liegt in der Hamme so bleich und so rot? / Wohl dreihundert Holsten die treiben da in ihrem Blut. – Die dithmarscher Bauern die haben sie es gelehrt: / Sie hatten auch das Eisen für Pflug und für Schwert. – Was zieht durch die Hamme so weiß und so bleich? / Wohl dreihundert Edelfrauen, die holen die Leichen weg. –Die dreihundert Bauern die standen in der Hamme: / Und wenn die Herren zurückkommen, so mag Gott sie verdammen!)

HELGOLAND (Kreis Pinneberg)

Die 50 km westlich der schleswig-holsteinischen Küste gelegene, nur 1,6 qkm große Felseninsel ist ein beliebtes Urlaubs- und Ausflugsziel. Sie besteht aus Buntsandstein, der durch einen Salzstock im Untergrund in die Höhe geschoben wurde und aus dem Meer ragt. Eisenoxyde sorgten für die Färbung und den bekannten Spruch „Grün ist das Land, rot ist die Kant, weiß ist der Sand – das sind die Farben von Helgoland". Schon in der Stein- und Bronzezeit war die Insel besiedelt; einer sehr umstrittenen These zufolge

Die Insel Helgoland. Kupferstich, 1714

soll hier das von dem griechischen Philosophen Platon (427–347 v. Chr.) beschriebene sagenhafte Atlantis, ein mächtiges Inselreich, das um 1200 v. Chr. im Meer versunken ist, zu suchen sein. Von 1402 bis 1714 gehörte Helgoland zu Schleswig-Holstein; danach fiel es an Dänemark, 1814 an England, das die Insel 1890 im Tausch gegen die ostafrikanische Insel Sansibar an Deutschland abtrat. Es wurde zum militärischen Stützpunkt ausgebaut und mußte deshalb im Zweiten Weltkrieg schwere Bombenangriffe hinnehmen, gefolgt von einer Großsprengung am 18. April 1947. Am 1. März 1952 wurde die Insel an Deutschland zurückgegeben, nachdem sie sieben Jahre der britischen Luftwaffe als Übungsziel gedient hatte. Übrigens verfaßte hier 1841 Hoffmann von Fallersleben als Verbannter das Deutschlandlied.

Lange Anna

Am Nordhorn ragt ein einzelner, durch Betonstützen verstärkter Felsturm aus dem Meer, genannt „Lange Anna". Der Sage nach ist dies ein Arm des Wasserriesen Ligur, der sich in die schöne Prinzessin Walguna verliebt hatte. Als seine Werbung abgewiesen wurde und er zudem von der geplanten Hochzeit mit einem Schäfer erfuhr, sann er auf Rache. Er brachte den jungen Mann in seine Gewalt und preßte ihn so zusammen, daß er zwischen zwei Austernschalen paßte, die er ans Ufer warf. Der untröstlichen Braut konnte er nichts anhaben, da sie durch einen Talisman geschützt war. Ihre Mutter hatte außerdem einen Zauberer zu Hilfe gerufen, der die Prinzessin auf magische Weise vor dem Zugriff des Wasserriesen schützte. Seine Hilfsgeister warfen schließlich einen großen Stein auf ihn, der ihn in die Tiefe schmetterte. Nur sein Arm soll noch aus dem Wasser ragen.

Lange Anna

Düne

Die durch Anspülungen künstlich vergrößerte Düne liegt 1,5 km von der Hauptinsel entfernt, mit der sie bis 1720 fest verbunden war. Wegen ihrer relativen Unzugänglichkeit weit draußen in der Nordsee war die Insel früher ein Zufluchtsort von Seeräubern, darunter auch des berühmten Klaus Störtebeker. In der Nähe der Düne soll seine Burg gestanden haben; die geraubten Schätze versteckte er in einer Grotte am Fuß der Felsen. Nachgewiesen ist, daß Störtebeker und seine Mannschaft 1401 von bewaffneten Hamburger Schiffen bei Helgoland gefangen und im Juni 1402 auf dem Grasbrook, dem Richtplatz der Hansestadt, geköpft worden sind. Nur durch eine List soll es möglich gewesen sein, das Unternehmen erfolgreich durchzuführen: bei Nacht machte ein mutiger Blankeneser Fischer sich im Boot an die Piratenschiffe heran und goß die Ösen der Steuerruder mit Blei aus, wodurch sie manövrierunfähig wurden.

→ Hamburg, Grasbrook → Kiel → Strande

HEMME (Kreis Dithmarschen)

Kirche

Die Kirche liegt am nördlichen Ende des Dorfes, auf dem Weg nach *Flehde*. Der einschiffige Backsteinbau wurde im 14. Jh. errichtet und „Unserer lieben Frauen“ geweiht. Die Innenraumwirkung wird bestimmt durch eine reiche Ausstattung aus dem 16. und 17. Jh., zu der auch eine halbhohe Wandvertäfelung gehört.

Eine Legende erzählt, daß man damals, als der Bau beschlossen wurde, nicht wußte, an welchem Platz sie stehen sollte. Deshalb banden die Hemmer zwei Ochsen mit einem Joch zusammen und ließen sie frei laufen. Dort, wo sie sie am nächsten Morgen finden würden, wollten sie die Kirche errichten, denn sie sahen darin ein göttliches Zeichen. Die beiden Tiere bestimmten so den Standort der Kirche im Norden außerhalb des Ortes.

Ätiologische Erzählungen dieser Art gibt es viele, fast immer geben Tiere den Platz von Gotteshäusern an (Gespannwunder). In diesem Fall liegt der wirkliche Grund für die Standortwahl darin, daß die Hemmer sich mit den Bewohnern der „Sanddörfer“ zusammengetan hatten, um eine gemeinsame Kirche zu bauen. Jene Orte, zu denen unter anderem *Bargen* und Flehde gehören, liegen auf einer nordöstlich von Hemme verlaufenden Sanddüne. Als möglichst zentralen Platz wählte man den im Norden Hemmes. Nachdem der Kirchenbau dann nahezu abgeschlossen war, entschieden die anderen Ortsvertreter, sich nicht an den Kosten zu beteiligen und stattdessen zur Lundener Kirche zu gehen. In Hemme erfand man später die legendäre Begründung, um dem räumlichen Verhältnis von Ort und Kirche einen tieferen und religiösen Sinn zu geben.

→ Hütten

Hemmingstedt (Kreis Dithmarschen)

Dusenddüwelswarft bei Dehling

Zur Dusenddüwelswarft (Tausendteufelshügel) fährt man von Hemmingstedt aus nach Süden in Richtung *Meldorf.* Am Beginn des Straßendorfes *Epenwöhrdenerfeld* biegt man rechts in einen kleinen Weg nach *Dehling* ab und sieht schon in der ersten Kurve die Warft mit dem Denkmal der Schlacht von Hemmingstedt gegen die Dänen vor sich. Es wurde im Jahr 1900 aufgestellt, um an die 400. Wiederkehr des Sieges zu erinnern, den die Dithmarscher am 11. Februar 1500 über die königlichen Truppen errangen. Auf dem künstlichen Hügel steht inmitten einer steinernen Umzäunung auf einem Postament ein Findling, in den der legendäre Spruch: „Wahr di gahr, de Buhr de kümt“ (Wehr dich Garde, der Bauer kommt) eingelassen ist.

In dem Jahr vor der großen Schlacht, die den Dithmarschern für 59 Jahre die Freiheit verschaffte, hat es der Sage nach zahlreiche Vorspukzeichen gegeben. Im

Die Schlacht bei Hemmingstedt. Holzschnitt, 1500

Sommer des Jahres 1499, als Arbeitsleute die Gräben um die Warft herum kleiten, also von Schlamm befreiten, setzte jeden Abend ein gewaltiges Getöse ein, und Erscheinungen wurden gesehen. Die Arbeiter fürchteten sich deshalb sogar, allein in der Dämmerung herumzulaufen.
Der in Stein gemeißelte Spruch ist der Überlieferung nach eine Umkehrung des Anfeuerungsrufes der königlichen Truppen: „Wahr di Buhr, de Gahr de kümt!" (Wehr dich Bauer, die Garde kommt.) Als die Dithmarscher das 12 000 Mann starke feindliche Heer geschlagen hatten, drehten sie den Ruf in ihrem Sinne um.
Sie schufen sich auch ein Lied, um an ihren Sieg zu erinnern; am Ende der acht Strophen heißt es selbstbewußt: „... Ditmerschen dat schölen Buren sin, – it mögen wohl wesen Heren." (Dithmarscher das sollen Bauern sein, es mögen wohl Herren gewesen sein.)
In diesem Text heißt es irrtümlicherweise unter anderem, der gegnerische Anführer, König Johann, „der Segeberger", (1482–1513) sei erschlagen worden. Eine Sage erzählt, daß er wie durch ein Wunder am Leben blieb und in ein Bauernhaus in der Nähe flüchtete. Eine Magd, die dort arbeitete, brachte ihn heimlich aus dem Land und erhielt von ihm zum Dank ein größeres Landstück in Nordfriesland geschenkt. Johann sagte ihr so viel an Grund und Boden zu, wie sie an einem Tag umpflügen könnte, worauf sie nicht die Fläche pflügte, sondern einen Bogen um ein großes Stück Land.
Die Dusenddüwelswarft bezeichnet nicht den genauen Platz der Schlacht, man hat sie einen knappen Kilometer zu weit südlich angelegt.
→ Heide, Hamme

Hohenfelde (Kreis Plön)

Gut Schmoel mit Hundsdiek und Hexenkuhle
Das Wasserschloß, das der Familie von Rantzau gehörte, wurde zu Beginn des 19. Jh. abgebrochen. Ein ehemaliges Nebengebäude aus dem 18. Jh. hat man zum neuen Herrenhaus ausgebaut. Den ältesten Baubestand bildet das Torhaus von 1699, das an der Außenseite über dem Tor eine Sandsteintafel mit Doppelwappen von 1698 trägt.
Südlich des Gutes liegt – über den Feldweg nach *Bendfeld* zu erreichen – eine mit Bäumen bewachsene Moorniederung, die sog. „Hexenkuhle", und nicht

weit davon in westlicher Richtung der „Hundsdiek". Der Name meint den früheren Schindanger, wo verendete Tiere verscharrt wurden; auch die Asche von zum Feuertod verurteilten Hexen brachte man hierher.
Wie überall in Deutschland und dem übrigen Mitteleuropa haben auch in Schleswig-Holstein Hexenprozesse stattgefunden – die ersten Mitte des 16., die letzten Ende des 17. Jh. Der „Hexenhammer" des Dominikaners Heinrich Institoris (1487) hatte die Hexenlehre in ein festes System gebracht. Demnach sind Hexen Menschen (meist weiblichen Geschlechts), die sich von Gott abgewandt und einen Pakt mit dem Teufel geschlossen haben. Zu bestimmten Terminen versammeln sie sich an abgelegenen Orten zu einem nächtlichen Fest, in dessen Mittelpunkt Essen, Musik und Tanz, Teufelsanbetung und sexuelle Orgien stehen. Der Hexensabbat ist zudem eine Art Konferenz, bei der über schadenzauberische Praktiken aller Art beraten, solche gelehrt und gelernt werden.
Gut Schmoel ist mit einem dieser historischen Hexenprozesse eng verbunden: 1686 sind hier elf Angeklagte, darunter vier Männer, peinlich verhört und sämtlich für schuldig befunden worden, denn unter dem Druck der Folter gestanden sie alle mehr oder minder abstruse Dinge.
Zu den Opfern gehörte auch Peter Möller. Er gab an, 25 Jahre zuvor die Hexerei von seiner Mutter gelernt zu haben: diese habe ihm eine in Brot, Butter oder

Vorbereitung der peinlichen Befragung durch Tortur. Holzschnitt, 1508

Warmbier gemischte „schwarze Saat“ und mit dieser zugleich die Fähigkeit zu hexen eingegeben. Nach damaliger Auffassung galt die Hexenkunst als erblich: das Kind machte bei der Mutter, der Taufpatin oder einer älteren Verwandten eine regelrechte Lehrzeit durch und beherrschte meist als erstes die Kunst des „Mäusemachens“. Peter Möller gestand vor allem Schadenzauber an Tieren – ein Delikt, das im bäuerlichen Milieu außerordentlich schwer wog, stellte doch das Vieh einen wertvollen Besitz der Landleute dar. Möller hatte verschiedenen Tieren von der „Teufelssaat“, die ein in Hundsgestalt auftretender Teufel ihm brachte, gegeben und auf diese Weise schwere Krankheiten verursacht. Zum Sabbat, so sagte er aus, sei er auf einem schwarzen Hund geritten. Am 11. Mai 1686 wurde Peter Möller zusammen mit den anderen Verurteilten auf einem Wagen zur Richtstätte gefahren. Eine besondere Gnade war, daß der Henker seine Opfer vor dem Anzünden des Scheiterhaufens erwürgte. In der „Hexenkuhle“ und dem „Hundsdiek“ will man seitdem oft schmerzvolles Rufen und Stöhnen gehört haben, das der Sage nach von den hingerichteten Hexen stammt. Vor allem bei Dunkelheit sollte man diese Gegend meiden, um nicht zu Schaden zu kommen.

HOHENWESTEDT (Kreis Rendsburg-Eckernförde)

Schalenstein

Zwischen Hohenwestedt und *Grauel* verläuft ein alter Fußweg westlich der heutigen Straße. Etwa auf der Hälfte der Strecke liegt etwas oberhalb des Weges auf dem alten Knüppeldamm ein frühgeschichtlicher Schalenstein von ca. 1 m Durchmesser. In seine Oberfläche sind kleine schalenartige Vertiefungen eingelassen. Welche Funktion sie genau hatten, ist unbekannt; sicher ist aber, daß sie religiöse Aufgaben erfüllten. Sie gaben immer wieder Anlaß zu verschiedensten Vermutungen. So meinte man, daß möglicherweise das Blut von geopferten Jungfrauen in diesen Kuhlen aufgefangen wurde. Auf jeden Fall sprach man solchen Steinen besondere Kräfte zu, die auch noch in der neueren Zeit wirksam sein sollten. Unter anderem halfen sie gegen Krankheiten und Kinderlosigkeit.

Vom Hohenwestedter Schalenstein glauben auch heute noch viele Menschen, daß er Kraft geben könne. Kommen sie an dem Stein vorbei, nutzen sie die Gelegenheit, sich einen Moment darauf zu setzen, um die angebliche Strahlungskraft auf sich wirken zu lassen. Nahrung erhält dieser auch aus der traditionellen Volksmedizin bekannte Glaube an die Heilwirkung von Steinen, die sog. Lithotherapie, heute vor allem aus dem Bereich der Esoterik, die ebenfalls (Edel-) Steine zu Heilungszwecken einsetzt.

→ Albersdorf

HUSUM (Kreis Nordfriesland)

Die heutige Kreisstadt, Vaterstadt des Dichters Theodor Storm (1817–1888), der der „Grauen Stadt am Meer“ ein literarisches Denkmal gesetzt hat, ist wirtschaftlicher und kultureller Mittelpunkt Nordfrieslands. Der seenahe Ort, Hafen- und Handelsplatz, wird 1252 erstmals erwähnt; 1582 erhielt er Markt-, Anfang des 17. Jh. Stadtrecht.

Hafen

An den Husumer Hafen knüpft sich eine über die Stadtgrenzen hinaus bekannte Sage: In einem strengen Winter sollte auf der zugefrorenen Hafeneinfahrt ein Fest stattfinden mit Essen und Trinken, Musik und Tanz, Schlittenfahren und Schlittschuhlaufen. Zu dieser Veranstaltung kamen alle Einwohner – außer einer alten Frau, die krank und gebrechlich war und kaum noch laufen konnte. Ihr kleines Haus stand unmittelbar am Deich, so daß sie von hier aus das bunte Treiben beobachten konnte. Als einzige bemerkte sie als erfahrene Seemannsfrau das Aufziehen eines Unwetters, das die Menschen auf dem Eis in große Gefahr bringen würde. Da man ihr Rufen dort draußen nicht hörte, setzte sie das Stroh ihres Bettes in Brand und brachte sich rasch in Sicherheit. In kürzester Zeit stand das Häuschen in Flammen; durch den Feuerschein wurden die Husumer alarmiert und eilten zum Ufer zurück, das sie gerade noch rechtzeitig vor der hereinbrechenden Sturmflut erreichen konnten.

Gasthof Dragseth

Im Südosten des Husumer Hafens liegt die wahrscheinlich älteste Gastwirtschaft Nordfrieslands, die 1583 erstmals als Ausspannwirtschaft erwähnt ist: Dragseths Gasthof. Während andere Hotels und Restaurants, deren Namen Bezug auf Sagen nehmen, gewöhnlich bewußt nach jenen genannt worden sind, ist in diesem Fall die Entstehung des Hauses direkt an eine sagenhafte Geschichte geknüpft: Danach soll eine Bauersfrau um 1565 zwischen *Drage* und *Seeth* zu Fuß unterwegs gewesen sein. Auf halben Weg hörte sie ein Wimmern am Wegrand und fand, als sie näher herankam, auf dem Boden einen ausgesetzten Säugling. Sie nahm ihn mit nach Hause, gab ihm seinen Namen nach dem Fundort, Hans Dragseth, und zog ihn gemeinsam mit ihrem Mann groß. Als der Junge erwachsen war, kauften seine Zieheltern ihm das Haus am Hafen als Gastwirtschaft.

Klabauterfigur vor dem Nissenhaus

Das Nissenhaus in der Herzog-Adolf-Straße 25 ist benannt nach Ludwig Nissen, einem Husumer Handwerkerssohn, der 1872 als Siebzehnjähriger in die USA auswanderte. Sein in Übersee erworbenes Vermögen vermachte er der Heimatstadt, die 1937 mit diesen Mitteln ein Nordfriesisches Museum eröffnete. Schwerpunkte der reichhaltigen Sammlungen sind Natur- und Landschaftskunde, regionale Kultur- und Kunstgeschichte sowie Volkskunde.
Vor dem Eingang steht eine von Walter Rössler 1967 geschaffene Bronzeplastik: ein sprungbereit auf einem Bein stehendes Männchen im Kapuzenumhang.
Klabauter- oder Kalfatermänner spielen in der Sagenwelt Schleswig-Holsteins eine große Rolle. Der Name meint den Schiffskobold, der Segelschiffe begleitet und durch Klopfen mit seinem Kalfaterhammer auf

Der Klabautermann. Zeichnung von Johann Peter Lyser

Schäden hinweist. (Unter „Kalfatern“ versteht man das Abdichten der Schiffsplanken mit Werg und Pech.)
In seiner helfenden und schützenden Funktion entspricht der Klabautermann den Kobolden und gehört damit im weitesten Sinn zu den Hausgeistern. Nach dem Volksglauben hat jedes Schiff seinen Klabauter, der zu ihm gehört und es erst verläßt, wenn es untergeht. Der Schiffsgeist steht in enger Beziehung zur Besatzung und besonders zum Kapitän, von dem er sich abends gelegentlich zu einem Glas Wein einladen läßt. Beschrieben wird er als kleines altes Männchen in Seemannskleidung mit rotem Haar, hellen Augen und grünen Zähnen. Meist ist er unsichtbar, und man hört nur sein Klopfen.
Eine Klabautermann-Sage erzählt von einem Jungen namens Peter, der schon mit vierzehn Jahren seinen Vater, einen Seemann, verloren hatte. Nach dem Tod seiner Mutter heuerte er auf einem Schiff nach England an, um seinen Lebensunterhalt zu verdienen. In London erkrankte der dem Jungen wohlgesonnene Kapitän und starb; sein Nachfolger aber war ein böser Mensch. Vor Antritt der nächsten Fahrt wurde Peter an Bord vom Klabauter des Verstorbenen begrüßt, der ihn seiner Freundschaft versicherte. Auf hoher See geriet das Schiff in einen schweren Sturm und sank. Der Klabauter aber war rechtzeitig mit Peter über Bord gesprungen. Als dieser aus einer Ohnmacht erwachte, fand er sich, reichlich mit Proviant versehen, in einem der Beiboote, das zu seiner Heimatinsel *Helgoland* trieb. In einem Fäßchen fand er zudem Geld, das der Klabauter aus dem untergegangenen Schiff gerettet hatte. Peter konnte nun einen eigenen Frachtsegler kaufen, den er mit der Unterstützung seines Klabautermanns bis zu seinem Lebensende sicher über die Meere steuerte.

HÜTTEN (Kreis Rendsburg-Eckernförde)

Dorfkirche

Die „Hüttener Berge“ mit dem namensgebenden Ort sowie mit den Dörfern *Ascheffel* und *Brekendorf* liegen inmitten des gleichnamigen 22 000 ha großen Naturparks, der sich zwischen *Owschlag* im Westen und *Eckernförde* im Osten erstreckt. Die höchsten „Berge“ sind der 106 m hohe „Scheelsberg“ und der 98 m hohe „Aschberg“. Das Dorf Hütten war im Mittelalter Sitz einer Glashütte, für die zahlreiche Bäume der damals

noch ausgedehnten Wälder abgeholzt wurden. Heute wird das Bild des kleinen Dorfes durch ein Gutshaus, den Hüttenhof, und durch die gegenüberliegende Kirche bestimmt. Deren stattlicher Ziegelbau setzt sich aus einem 1300 erbauten gotischen Schiff und dem spätgotischen Chor von 1520 zusammen.
Einer Sage zufolge sollte die Kirche ursprünglich in Ascheffel erbaut werden. Nach der Legung des Grundsteins verschwand dieser allerdings auf rätselhafte Weise und tauchte in Hütten wieder auf, wo die Kirche dann schließlich gebaut wurde. Manche erzählen auch, daß sich der Gutsherr vom Hüttenhof mit den Dorfbewohnern über den zukünftigen Kirchenstandort nicht einigen konnte. Daher beschloß man schließlich, den Bauplatz von einem blinden Pferd zeigen zu lassen. An der Stelle, an der das Pferd grasen würde, sollte die Kirche errichtet werden. So kam die Kirche zu ihrem heutigen Standort.
Bei der Geschichte des „weisenden Tiers" handelt es sich um eine weitverbreitete Wandersage, die ähnlich von anderen Kirchen in ganz Deutschland bekannt ist. Nach den Erzählungen werden hierfür besonders häufig Pferde benutzt, da ihnen der Volksglaube die Gabe der Wahrsagekunst zuspricht. Vielleicht waren tatsächlich Meinungsverschiedenheiten über den Bauplatz die Ursache für die Entstehung der vorliegenden Geschichte. Neben Tieren weisen in der Überlieferung auch übernatürliche Wesen, etwa Riesen, den richtigen Bauplatz aus.
→ Föhr → Hemme

ITZEHOE (Kreis Steinburg)

Die Kreisstadt des Kreises Steinburg geht zurück auf eine karolingische Burg, die Karl d. Gr. um 810 unter dem Namen Esesfeld an der Stör gegründet hatte, um das Land nach Norden gegen die Dänen zu sichern.

Itzehoe, 17. Jahrhundert

1238 erhielt die im Schnittpunkt wichtiger Handelswege nach Dänemark, Dithmarschen und Ostholstein in einer Störschleife gelegene Siedlung durch Adolf IV. Stadtrecht. Vom alten Baubestand ist in Itzehoe kaum etwas erhalten, da der Dreißigjährige Krieg den Ort fast völlig zerstörte.

Klosterhof

Der im Zentrum neben der Stadtkirche gelegene Klosterhof wurde im 17. und 18. Jh errichtet. Ursprünglich stand hier ein 1256 gegründetes Zisterzienserinnenkloster, das man nach der Reformation in ein adliges Damenstift umgewandelt hatte. Vom alten Kloster ist nur noch ein gotischer Kreuzgangrest zu sehen.

Die Sage erzählt von einem Briefträger, der hier auf merkwürdige Weise verschwand und erst drei Tage später im sog. „Hundsgang“ wieder zum Vorschein kam. Er gab an, hinter dem Klosterkirchhof entlanggegangen und zu einer großen Stadt gekommen zu sein, über deren Tor in großen Goldbuchstaben „GERMANICA“ stand. Die Bewohner waren von fremdländischem Aussehen, ihre Sprache konnte er nicht verstehen. Im Schloß fand er aber zum Glück einen Mann, der ihn verstand und ihm einen Rückweg zeigen konnte, sich aber sehr wunderte, wie der Besucher dorthin gefunden hatte.

JERSBEK (Kreis Stormarn)

Gut Jersbek

Das im Besitz der adligen Familie Bethmann-Hollweg befindliche Gut wird auch heute noch landwirtschaftlich genutzt. Der schöne Garten ist zum großen Teil für die Öffentlichkeit zugänglich.

Um dorthin zu gelangen, verläßt man die B 404 bei *Tremsbüttel* oder *Hammoor*, fährt durch *Bargteheide* und folgt in Ortsmitte dem Hinweisschild nach *Bargfeld-Stegen*. Etwa 3 km hinter dem Ortsende liegen Ort und Gut Jersbek. Das heutige Herrenhaus ließ Hans Adolf von Buchwald in der Mitte des 17. Jh. als zweigeschossiges Fachwerk-Doppelhaus auf der kleinen, von Wassergräben umgebenen Insel errichten. Turm und Seitenflügel wurden im 19. Jh. angefügt. Das vor dem Graben quer liegende, einfache Torhaus ist in Backstein erbaut, aber gestrichen und mit Satteldach sowie Dachreiter gedeckt. Die Datierung auf der Einfahrtsfront nennt das Jahr „1678“. Durch das Tor und eine tonnengewölbte Durchfahrt gelangt man auf die Hofanlage.

Bekanntester Hausherr dieses Gutes war Bendix Ahlefeld, ein Sohn des als verschwenderisch geltenden Hans Heinrich Ahlefeld auf *Seestermühe*. Bendix trat in vielerlei Hinsicht als Kunstförderer hervor. So pachtete er für einige Jahre die Hamburger Oper am Gänsemarkt und leitete sie auch selber. Er wandte aber so viel für die barocken Arbeiten an Haus und Garten, für Plastiken und eine Bibliothek auf, daß er das Gut drei Jahre vor seinem Tod wegen Verschuldung an seinen Sohn abtreten mußte. Diese Freigebigkeit im Interesse der Kunst hatte zwangsweise auch ihre Schattenseiten, denn die Gelder mußten im Land erwirtschaftet werden. Die drückenden Lasten, die dabei auf der Bevölkerung ruhten, kommen in einer sozialkritisch gefärbten Warnsage zum Ausdruck:
Einer der früheren Besitzer des Gutes soll, um sich selbst zu bereichern, seinen Bauern bei jeder Gelegenheit Geldstrafen auferlegt haben. Einer von ihnen wußte sich dem lange zu entziehen und erweckte dadurch den Zorn seines Herrn: Dieser befahl ihm eines Tages, bis zum Abend eine große Eiche aus dem Wald auf den Gutshof zu bringen – andernfalls müsse er 100 Taler Strafe zahlen. Der Bauer, der angesichts der Unmöglichkeit, diese Arbeit durchzuführen, die Ungerechtigkeit seines Herrn verfluchte, erhielt unerwartete Hilfe: der Teufel erschien und schickte ihn nach Hause mit dem Versprechen, der Gutsherr werde seinen Baum bekommen. Darauf riß er die Eiche samt Wurzeln aus der Erde und fuhr mit ihr auf einem von drei schwarzen Pferden gezogenen Wagen davon. Da die Einfahrt zum Gut für den großen Baum aber viel zu eng war, ritt der Teufel rücksichtslos hindurch, wobei er das Torhaus abriß. Der dabei entstandene Lärm alarmierte auch den Gutsherrn, der in dem Fuhrmann erschreckt den Teufel erkannte. Dieser erklärte, der Baum sei ein Geschenk – die drei schwarzen Pferde aber seien seine Vorfahren (Vater, Groß- und Urgroßvater) und warnte den Gutsherrn, er selbst werde in absehbarer Zeit das vierte Pferd des Gespanns bilden, falls er sich nicht ändere.

KATHARINENHEERD (Kreis Nordfriesland)

Reliefbild „Martje Flohrs“ an der Kirche St. Katharina

Auf der Halbinsel *Eiderstedt* liegt etwa 14 km vor *St. Peter-Ording* an der Bundesstraße 202 das kleine Dorf Katharinenheerd. Die spätgotische Backsteinkirche des Ortes stammt aus dem frühen 16. Jh., ihr Vorgängerbau soll auf das Jahr 1113 zurückgehen. An der äußeren Südwand des Chores befindet sich ein steinernes Reliefbild, auf dem eine Frau in Eiderstedter Tracht und folgender plattdeutsche Spruch erkennbar sind: „It gah uns wol up unse olen Dage.“ (Es möge uns auf unsere alten Tage wohlergehen.) Darunter steht „Martje Flohrs geb. 21. 4. 1689 gest. 31. 1. 1747 zum Gedächtnis.“

Katharinenheerd. Der nicht mehr existierende elterliche Hof von Martje Flohrs, 1895

Aus historischen Quellen geht hervor, daß Martje auf einem heute nicht mehr existierenden Bauernhof in Katharinenheerd aufwuchs. Als Mädchen hieß sie nach ihrem Vater, dem Ratmann Peter Hinrichs, Martje Peters. 1715 heiratete Martje den Lehnsmann Jehann Flohrs aus dem Kirchspiel Kotzenbüll. Von ihren zahlreichen Kindern überlebten lediglich zwei Söhne und eine Tochter. Martje Flohrs starb im Alter von 58 Jahren.

Der Sage nach sollen sich in Martjes Elternhaus im Jahr 1700 während der schwedischen Belagerung des nahegelegenen Tönnings schwedische Offiziere einquartiert haben. Sie ließen sich von Martjes alten Eltern bewirten, randalierten, lärmten und führten sich auf, als wären sie die Hausherren. Unwillig sah die junge Martje dem wilden Treiben zu. Ihr taten die alten Eltern leid, die sich das unmögliche Benehmen der Offiziere hilflos gefallen lassen mußten. Schließlich forderte einer der betrunkenen und übermütigen Soldaten das Mädchen auf, näherzutreten und gefälligst einen Trinkspruch auszubringen. Die kleine Martje erhob ihr Glas und sagte: „It gah uns wol up unsere ole Dage.“ Durch diesen einfachen Satz wurde den Männern klar, wie unmöglich sie sich benommen hatten, und sie räumten beschämt das Haus.

Im Eiderstedter Heimatmuseum in St. Peter-Ording befindet sich ein mit Holzschnitzereien verzierter Po-

kalschrank, auf dem die Szene zwischen Martje Flohrs und den schwedischen Offizieren zu sehen ist.
Wie aus alten Kirchenbüchern hervorgeht, fungierte Martje Flohrs häufig als Patin und Trauzeugin. Daraus läßt sich schließen, daß sie damals beliebt und angesehen war. Vermutlich mußte sie während der Taufen und Hochzeiten häufig Trinksprüche ausbringen, und es ist sehr wohl möglich, daß derjenige, den man dauernd mit ihr in Verbindung bringt, bei solchen Gelegenheiten tatsächlich von ihr ausgesprochen wurde. Ob sich das sagenhafte Ereignis in ihrem Elternhaus jedoch wirklich zutrug, ist bis heute ungeklärt. Allerdings wurde Tönning im Zuge des Nordischen Krieges (1700–1721) im Jahr 1700 tatsächlich belagert. Der oben genannte Trinkspruch ist, ebenso wie der Toast „Martje Flohrs Gesundheit“, auch heute noch auf *Eiderstedt* weitverbreitet. Martje Flohrs ist eine der berühmtesten Sagengestalten Schleswig-Holsteins.

Der Olufhof

An der Straße nach *Tetenbüll* steht in Katharinenheerd der alte „Olufhof“, ein großer mit grauem Schiefer gedeckter Bauernhof. Auf den beiden Scheunentoren befinden sich farbige volkstümliche Malereien.

Auf dem einen ist ein schwarzes Pferd zu sehen. Es war der Überlieferung nach ein ganz besonderes Pferd, von dem die Leute sagten, daß es Menschenverstand gehabt hätte und zudem sehr musikalisch gewesen sei. „Leidie“ war das beste Reitpferd in ganz *Eiderstedt*, konnte Treppen steigen und holte seinen Herren vom Gasthaus, wenn dieser zu tief ins Glas geschaut hatte.
Auf dem anderen Tor sind ein großer und ein kleiner Mann mit je einem Dreschflegel abgebildet. Unter dem Großen steht der folgende Spruch: „Ich bin der Mann,/ der rechtschaffen/ Dröschen kann.“ Neben dem Kleinen ist zu lesen: „Ich versteh’ das/ Dreschen wohl,/ wenn’ s keine Arbeit kö/sten soll.“
Um dieses Drescherbild rankt sich eine unheimliche Sage: Auf dem Hof soll einst ein großer starker Mann gelebt haben, der als bester Getreidedrescher Eiderstedts bekannt war. Seine Helfer trieb er erbarmungslos an, bis sie tot umfielen. Als er sich wieder einmal auf dem nahegelegen Gardinger Markt nach einem neuen Mitarbeiter umsah, sagten alle nur zu ihm: „Mit dir mag selbst der Teufel nicht dreschen.“ Schließlich trat jedoch ein kleines schwarzgekleidetes Männlein an ihn heran und fragte: „Bist du der Mann, der

dreschen kann?" Der große Drescher bejahte, worauf ihm der Kleine seine Mitarbeit anbot. Der Große antwortete ihm, er solle nur mitkommen – allerdings seien seine anderen Helfer alle gestorben. Der Kleine grinste jedoch nur und versprach, sich am nächsten Tag mit seinem Dreschflegel auf dem Oluf hof einzufinden. Als er dort eintraf, vereinbarte er mit dem Großen ein Wettdreschen und breitete das gesamte Korn auf der Diele aus. Bei seinem ersten Schlag wurde das Haus dermaßen erschüttert, daß das gesamte Geschirr aus den Regalen fiel und zerbrach. Der große Drescher erschrak, wollte jedoch nicht klein beigeben. Sie droschen stundenlang, bis der große Drescher schließlich tot zusammenbrach. Der kleine Drescher soll der Teufel gewesen sein.
Nach einer anderen Sage sollen die zwei abgebildeten Drescher einst um die Gunst der schönen Tochter des Olufbauern gestritten haben. Schließlich bestimmte der Vater, ein Dreschwettbewerb sollte entscheiden, wer von ihnen sie heiraten dürfte. Die beiden Männer droschen die ganze Nacht und als morgens der Kampf beendet war, fielen beide tot zu Boden. Daher bekam keiner von ihnen das Mädchen.

Kiel

Die heutige Landeshauptstadt Kiel erhielt 1244 Stadtrechtsprivileg. Sie wurde von Adolf IV. von Schauenburg, Graf von Holstein, als Handels- und Wirtschaftszentrum am Westufer der Förde auf einer 17 ha großen Halbinsel gegründet, die nur an einer Stelle im Norden Zugang zum Land hatte. Die ursprüngliche

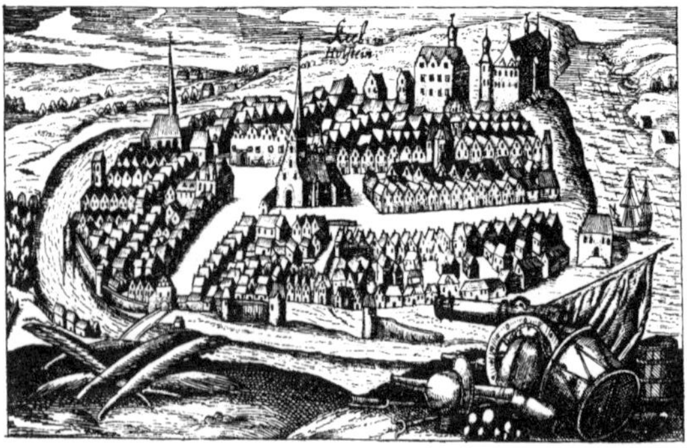

Kiel. Kupfer aus Daniel Meisner, Politisches Schatzkästlein, 1625

Form der Stadt ist trotz der Veränderungen, die die Zeit mit sich brachte und trotz der großen Zerstörungen des Zweiten Weltkrieges noch immer nachvollziehbar. Kiel war zeitweilig Residenzort. 1665 gründete Herzog Christian Albrecht die nach ihm benannte Universität.

Schloß

Die erste Burg wurde an der Stelle des späteren Schlosses 1261 errichtet. Sie muß einigermaßen wehrhaft gewesen sein, denn sie überstand eine einmonatige Belagerung des Herzogs Albrecht von Brandenburg. Ab 1558 entstand hier ein Schloß unter Herzog Adolf von Holstein-Gottorf, das um 1700 von Domenico Pelli zu einer Dreiflügelanlage ausgeweitet wurde. Der zweite Weltkrieg führte zur fast totalen Zerstörung, nur Teile blieben erhalten, so der Rantzaubau, der zum Ausbau Pellis gehörte. In den Jahren 1961–65 erfolgte ein Neuaufbau unter Wahrung des alten Erscheinungsbildes. Das Schloß beherbergt heute u. a. die „Landesgeschichtliche Sammlung" und die Schleswig-Holsteinische Landesbibliothek.

Im 14. Jh., zur Zeit des Schauenburgers Johann II., soll der Sage nach Mord an seinen Söhnen zum Wechsel der Regentschaft geführt haben: Der älteste Sohn Johanns wurde 1313 gewaltsam aus einem Fenster der Kieler Burg gestürzt und kam dabei zu Tode. Zwei Jahre später ermordete man auch den Bruder in der Segeberger Burg. Urheber beider Verbrechen waren die Vettern Gerhard III. aus Rendsburg und Johann III. aus Plön. Sie wollten die Herrschaft an sich reißen und setzten ihren Verwandten Johann gefangen, damit er ihnen nicht mehr gefährlich werden konnte.

Alter Markt

Der im Zentrum der Stadt angelegte Markt heißt heute Alter Markt. Im Südwesten, dort, wo sich jetzt Gaststätten befinden, stand das Rathaus. In dessen Erdgeschoß und in angrenzenden Buden fand der Handel statt, zunächst nur in begrenztem Rahmen, weil Kiel keine Zollfreiheit besaß – seit 1284 wohl in größerem Umfang, denn die Stadt war in den Hanse-Bund aufgenommen worden.

Im 15. Jh. machten Piraten dem Handel im Ostseeraum erhebliche Probleme. Alle Städte mußten einen Anteil für den Kampf gegen die Piraterie leisten. Kiel soll in dieser Zeit eine besondere Rolle gespielt haben. Hier kamen die Adligen des Landes zusammen, um aufwendige Adelshochzeiten zu feiern und am jährlichen Umschlag, dem offiziellen Geldmarkt im Januar, teilzunehmen. Auf dem Markt konnten sie aber auch Waren verkaufen, die aus gekaperten Schiffen stammten. Der holsteinische Adel bezog seine Einkünfte nämlich unter anderem durch den An- und Verkauf solcher Güter, die sie von Piraten erwarben und auf dem Kieler Markt weiterveräußerten. Aber auch Bürgerliche kamen auf diese Weise im Laufe der Zeit zu Reichtum. So wird ein Bürger Heynecke Junge genannt, der 1432 den „Viktualienbrüdern" ein geraubtes lübeckisches Schiff abgekauft, die Waren hierher gebracht und verkauft hat – trotz des Protestes der Lübecker. Junge brachte es nicht nur zu beachtlichem Reichtum, er erwarb sich letztlich auf diesem Wege auch Ansehen in der Stadt.

Nikolaikirche
Während der Stadtgründung entstand am Markt auch die Nikolaikirche, bis heute die Hauptkirche Kiels. Die um 1250 entstandene gotische Backsteinhallenkirche wurde im Laufe der Jahrhunderte mehrfach umgebaut und zwischen 1877 und 1884 restauriert. Schließlich wurde sie während des Zweiten Weltkrieges bis auf die Außenmauern fast völlig zerstört und in den 50er Jahren unter Verwendung der erhaltenen Teile wieder aufgebaut. Einige alte Ausstattungsstücke konnten jedoch gerettet werden: so etwa die Bronzetaufe von Johannes Apengeter aus dem Jahr 1344, der spätgotische Hauptaltar von 1460 und die Kanzel von 1705.
Der Sage nach fand in der Nikolaikirche vor vielen Jahren eine unheimliche Messe statt. Zeuge dieser gruseligen Veranstaltung wurde eine Kielerin, die eines Nachts aufwachte, weil sie Glocken und Orgelklänge hörte. Sie glaubte daher, es sei Zeit für den Gottesdienst, kleidete sich an und ging zur Nikolaikirche. Dort kam ihr jedoch alles sehr merkwürdig vor, denn die anderen Kirchgänger waren ihr völlig fremd und sangen ganz andere Lieder als die im Gesangbuch verzeichneten. Zudem entdeckte die Frau unter den Gottesdienstbesuchern nach und nach zahlreiche vertraute Gestalten, die eigentlich längst tot waren. Plötzlich forderte eine Frau, die sie beim näheren Hinsehen als ihre verstorbene Patentante erkannte, sie auf, sofort zu gehen und sich auf keinen Fall umzusehen. Daraufhin verließ die Frau voller Grausen schnell das Gotteshaus. Es schlug gerade Mitternacht, als sie die Kirchentür hinter sich schloß. Dabei verklemmte sich ihr Umhang, den sie jedoch schnell abstreifte, um keine

Zeit zu verlieren. Als sie am nächsten Morgen den Mantel holen wollte, war er in Fetzen gerissen, weil zahlreiche Tote auf ihm herumgetrampelt waren.
Der Glaube an Geistergottesdienste ist im gesamten deutschen Sprachraum, aber auch in anderen europäischen Ländern verbreitet. Ebenso wie in Wohnhäusern, Herrensitzen und unter freiem Himmel treiben Geister ihr Unwesen auch in Kirchen. Tote, die nächtliche Gottesdienste halten, zeigen sich in diesen Geschichten fast immer von ihrer gefährlichen Seite. Daher tun Lebende, die zufällig in einen solchen Gottesdienst hineingeraten, gut daran, sofort wieder zu verschwinden. Ursprünglich handelt es sich bei diesem Motiv um eine Legende: Sie erzählt von einem Heiligen, der am Gottesdienst der Engel teilnehmen darf – ein Beweis besonderer Gnade.

Grabplatte Graf Adolfs IV. im ehemaligen Franziskanerkloster
Das Kloster an der heutigen Falkstraße wurde um 1240 von Adolf IV. gegründet. Die erhaltenen Reste des Gebäudes, der Westflügel des Kreuzgangs und der Speisesaal, sind die ältesten Bauten der Stadt. Das Kloster lag zwischen Haß- und Dänischer Straße auf

Graf Adolf IV. von Schauenburg

der Stadtinsel zwischen dem Kleinen Kiel und der Förde. An der Innenwand des Kreuzgangflügels ist das spätgotische Epitaph Adolfs angebracht. Es ist mit 2,36 × 1,06 m recht groß und zeigt als eingeritzte Zeichnung Adolf in Mönchskleidung mit einem Gegenstand in der Hand, der möglicherweise ein Kirchenmodell sein soll. Nach seinem Tod 1261 war er im Chor der Klosterkirche beigesetzt worden – das Epitaph gaben seine Nachkommen erst im 14. Jh. in Auftrag, um ihm ein Andenken zu setzen.
Der Sage nach hatte Adolf während der Schlacht bei *Bornhöved* 1227 der hl. Maria Magdalena geschworen, in einen Orden einzutreten, wenn sie ihm helfe. Bevor er dieses Versprechen einlöste, gründete er in Kiel, im Norden der Altstadt, ein Kloster. Erst, als er seine politischen Vorstellungen umgesetzt hatte, trat er schließlich selber in den Orden ein. Aus dieser Zeit ist eine weitere Sage überliefert: Wie alle seine Ordensbrüder ging er bettelnd durch die Straßen Kiels und sammelte Almosen. Eines Tages, als er mit einer Kanne Milch zu Fuß unterwegs war, kamen seine Söhne dicht an ihm vorbeigeritten, gefolgt von ihrem ganzen Gesinde. Diese Begegnung war ihm peinlich, und er versteckte die Kanne. Dann jedoch besann er sich, daß solche Eitelkeit für ein Mönchsleben nicht angemessen sei. Um sich selbst dafür zu strafen, goß er sich den Inhalt der Kanne über den Kopf.
→ Bornhöved

Asmus-Bremer-Plastik
Wo Kiels größte Fußgängerzone, die Holstenstraße, zu einem autofreien Platz erweitert ist, findet man auf einer runden Bank, die zum Ausruhen einlädt, die Bronzeplastik eines sitzenden Mannes. Sie wurde 1982 von Frauke Wehberg geschaffen und stellt Asmus Bremer, einen bedeutenden Kieler Bürgermeister des frühen 18 Jh., nach welchem auch der Platz benannt ist, dar.
Der Sohn einer in Kiel ansässigen, ursprünglich wohl in Bremen beheimateten Familie wurde um 1652 geboren; seit 1670 studierte er Rechtswissenschaften und war dann als Advokat tätig. 1688 wurde er zum Ratsherrn, 1702 zum Bürgermeister gewählt. Er starb am 31. Juli 1720.
Asmus Bremer hat nicht nur sein Amt erfolgreich geführt, sondern durch seine schriftstellerischen Arbeiten auch viel zur kulturhistorischen Überlieferung Kiels beigetragen. Sein aus den Beständen des städtischen Archivs zusammengestelltes „Chronicon Ki-

Das Wappen Asmus Bremers auf der ersten der drei Wappentafeln Kieler Bürgermeister im neuen Kieler Rathaus

liense tragicum-curiosum" schildert vor allem Unglücksfälle, Naturkatastrophen und interessante Fälle der Strafgerichtsbarkeit – darunter auch solche, in denen Zauberei und Hexerei eine Rolle spielen.
Asmus Bremer ist bis heute eine Art Leitfigur für den „Kieler Umschlag". Dieser 1482 erstmals belegte, für den gesamten norddeutschen Raum bedeutende Geld- und Warenmarkt geriet später wegen der neuen Möglichkeiten im Bank- und Zahlungsverkehr in Vergessenheit; 1975 wurde er auf Initiative von Kieler Geschäftsleuten in neuer, anderer Form wieder ins Leben gerufen und hat heute den Charakter eines Volksfestes mit einer Vielzahl wechselnder Veranstaltungen. Er findet am letzten Februarwochenende von Freitag bis Sonntag in der Kieler Innenstadt statt. Auftakt ist das „Wecken" des durch einen entsprechend kostumierten Schauspieler dargestellten Altbürgermeisters Asmus Bremer und „seiner Frau" (in der Regel die Ehefrau einer prominenten Kieler Persönlichkeit) in seiner „Gruft" im Warleberger Hof durch eine wechselnde historische Persönlichkeit. Nach der Begrüßung durch Stadtpräsidenten und amtierende Bürgermeister wird an der Nikolaikirche eine blecherne Fahne mit zwei Zipfeln, „den Börgermeester sien Büx" (Bürgermeisters Hose), das Zeichen der Marktfreiheit, gehißt. Anschließend eröffnet Asmus Bremer offiziell den Kieler Umschlag und besucht im Lauf der drei Tage zahlreiche Veranstaltungen, bis er sich am späten Sonntagnachmittag – nach Einholen von „Bürgermeisters Büx" – vor dem Warleberger Hof bis zum näch-

sten Jahr verabschiedet. Vom historischen Kieler Umschlag ist folgende Anekdote überliefert: Ein Händler hatte so viele Taler eingenommen, daß er sie nicht tragen konnte; er stapelte sie deshalb auf eine Karre und schob sie vor sich her. Als er jedoch gegen einen Eckstein stieß, kippte sie um, und alles Geld fiel herunter – zum Teil rollte es sogar in die Gosse. Sogleich kamen aber Eckensteher, die zur Sicherheit der Menschen eingesetzt waren, und bildeten einen Ring um die Unfallstelle. Nachdem der Händler seine Schätze eingesammelt hatte, fehlte tatsächlich kein einziger Taler.

Warleberger Hof

Der in der Dänischen Straße 19 gelegene Warleberger Hof ist der einzige erhaltene Alt-Kieler Adelshof. Das 1616 entstandene Gebäude wurde 1765 umgebaut und beherbergt heute das Kieler Stadtmuseum.

Kiel war früher wirtschaftlicher Mittelpunkt des Umlandes. Adelshöfe wie dieser dienten dem Landadel, der für den in- und ausländischen Markt landwirtschaftliche Güter produzierte und für die Abwicklung seiner Geldgeschäfte einen festen Platz brauchte, als städtischer Wohnsitz. Der Warleberger Hof ist benannt nach dem Hauptsitz seiner damaligen Inhaber, der Familie von Thienen auf Warleberg. Das schöne Rundbogenportal aus Sandstein weist mit der Jahreszahl „17–65" auf die Übernahme des Hauses durch Henning Bendix von Rumohr, der sein Gut auf Rumohr hatte.

Die Sage berichtet, daß dieser eines Tages auf seinem Gut den Besuch eines anderen Edelmanns erhielt, der sich über die kostbare, mit silbernen Knöpfen besetzte Kleidung des zuständigen Bauernvogts sehr wunderte. Auf seine Frage erhielt er zur Antwort, im Bedarfsfall würden die Bauern ihrem Herrn sogar ihre gesamte Habe zur Verfügung stellen, und beide schlossen darüber eine Wette ab. Als nun Rumohr zu Beginn des folgenden Jahres wie immer sein Kieler Stadthaus bezog, um am Umschlag teilzunehmen, schickte er nach Rundhof die Nachricht, er sitze wegen unbezahlter Schulden im Arrest, und man möge ihm zur Auslösung und Befriedigung der Gläubiger möglichst viel Gold und Silber schicken. Seine Bauern sollen auch wirklich nach besten Kräften gesammelt haben, so daß Bendix von Rumohr die Wette gewann.

Entgegen üblichen Geschichten von leibeigenen Bauern und ihren Herren, die von Willkür und harten Bedingungen erzählen, ist hier ausnahmsweise ein gutes Verhältnis geschildert, das auch den Bauern die Möglichkeit zum Erwerb von Gütern läßt. Es scheint hierin eine Moral für den Adel enthalten zu sein, die besagt, daß das Volk zu seinem Herren steht, wenn es gut behandelt wird. Die Sage ist aber auch in einem gesamtgesellschaftlichen Zusammenhang zu sehen, denn seit Mitte des 18. Jh. wurden im Land die ersten Lockerungen der Leibeigenschaft vorgenommen. Im Interesse beider Seiten entließen die Gutsherren ihre Bauern aus der Leibeigenschaft und verpachteten das Land an sie, um rentabel wirtschaften zu können.

KITZEBERG (Heikedorf, Kreis Plön)

Golfplatz

Auf dem Ostufer der Kieler Förde, entlang der Straße von *Kiel* nach *Laboe* liegen mehrere Hügel. Von ihnen leiten sich auch die Namen der Orte Kitzeberg und *Mönkeberg* ab. Die Villensiedlung Kitzeberg wurde erst im 20. Jh. in einen Buchenhochwald gebaut und erhielt einen Golfplatz, in den eine der Erhebungen des Ortes mit einbezogen ist. In diesen lebten – so erzählt die Sage – ehemals Zwergenvölker, die den Menschen gegenüber sehr freigebig waren. Jeder, der zur Mittagszeit vorbeikam und hungrig war, bekam von ihrem Essen reichlich ab. Oft war es eine Erbsensuppe, manchmal auch Schinken mit Brot. Gelegentlich wuchs sogar ein gedeckter Tisch aus dem Berg mit Speisen und Besteck. Hunger kannten die Kieler damals nicht, denn jeder konnte zu den Hügeln gehen und um Essen bitten. Eines Tages allerdings nahm ein Müllergeselle das Besteck mit, nachdem er sich satt gegessen hatte, und seitdem ist niemand mehr von den Zwergen bewirtet worden. Nur Fischern, die mit ihnen befreundet waren, erzählten die Unterirdischen, warum sie sich von den Menschen zurückgezogen haben. Nachdem auch die Kieler über den Vorfall hörten, zwangen sie den Müllerburschen, das Besteck dorthin zurückzubringen, wo er es gestohlen hatte. Widerwillig tat er es, zeigte dabei aber keinerlei Reue und entschuldigte sich nicht. Vielleicht hätte er sonst durch freundliche Worte die Kleinen besänftigen können – so aber blieben sie zurückgezogen.

In vielen Sagen bewirten die Unterirdischen Menschen – doch oft wissen einzelne mit den Gaben nicht umzugehen, so daß der Segen fortan ausbleibt. In dieser Geschichte handelt es sich nicht zufällig um einen Müllergesellen, der das Eigentum der Zwerge mißachtete. Müller besaßen das Recht, sich von dem Getreide, das Bauern zum Mahlen brachten, einen Teil selbst abzufüllen, und sie standen in dem Ruf, dabei allzu großzügig zu ihren Gunsten zu verfahren.

Klanxbüll (Kreis Nordfriesland)

Hof „Groß Bombüll"

Verläßt man das Dorf Klanxbüll in Richtung *Horsbüll*, zweigt hinter dem Ortsende nach rechts ein Wirtschaftsweg ab. Folgt man diesem, gelangt man nach wenigen Minuten zum mächtigen Bauernhof „Groß Bombüll" von 1626. Die Scheunen wurden 1703 und 1843 errichtet.

Die Sage berichtet, daß auf dem Boden des Hofes einst der Kobold „Niß Puk" lebte. Er hatte das Gesicht eines alten Mannes, kluge, blitzende Augen, lange, dünne Arme und kurze, krumme Beine. Seine Kleidung bestand aus einer grauen Jacke, großen Pantoffeln, roten Strümpfen und einer roten Zipfelmütze. In der Hand dieses Hausgeistes, der guten Menschen half und böse bestrafte, lag das Wohl und Wehe des Hofes und seiner Bewohner. Niß Puk beschützte das Haus vor Feuer und Fluten, sorgte für ertragreiche Ernten und half den Knechten bei der Ernte sowie bei der Versorgung des Viehs. Außerdem unterstützte Niß Puk die Mägde beim Melken. Starb einmal eine Kuh, so schaffte er nachts aus einem Nachbardorf eine andere herbei. Falls das Futter knapp wurde, besorgte er woanders heimlich Nachschub. Als Gegenleistung verlangte er ausreichend Milch, Grütze und Butter. Wenn man sich nicht genügend um ihn kümmerte oder ihn womöglich nicht ernst nahm, rächte er sich. Dann stahl er, wühlte Heu und Stroh durcheinander, brachte alles in Unordnung, ließ Tiere verenden und säte Zwietracht. Sobald im Frühling Boden und Scheunenraum leer waren, verschwand Niß Puk, um nach der nächsten Ernte wieder aufzutauchen.

Der Puk-Glaube ist auf dem Bombüll-Hof scheinbar noch lange erhalten geblieben: Dort löschte der damalige Hofbesitzer angeblich noch um 1900 am Heiligen Abend das Feuer und aß nur Milch und Grütze, weil er Niß Puk nicht neidisch machen und somit eventuelles Unheil verhindern wollte. Niß Puk – sein Name geht wohl auf das niederdeutsche Wort „pogge" = Kröte zurück – ist in der Überlieferung im gesamten nordfriesischen Raum beheimatet, aber auch in Dithmarschen, im Rendsburger Raum und im Bereich Schles-

Niß Puk in der Luke

wig-Flensburg. Sogar in Dänemark und Norwegen ist er bekannt. Durch ihn sollen der Sage nach arme Bauern oftmals zu reichen Männern geworden sein. Häufig mußte er aber auch als Kinderschreck herhalten, indem man unartigen Jungen und Mädchen mit dem Satz „Niß Puk soll dich holen“ drohte.
Niß Puk gehört zur Gruppe der vielen verschiedenen Hauskobolde, die in der Volksüberlieferung – im Gegensatz zu den Zwergen – grundsätzlich als Einzelgänger dargestellt werden. Typisch ist ihre hilfreiche und neckische Art, die jedoch schnell ins Boshafte ausufern kann. Ebenso charakteristisch ist, daß Kobolde als Dank für ihre Hilfe Speisen und Getränke erhielten. Jedes Haus hat im allgemeinen nur einen Puk. Im Sommer sonnt dieser sich gern in der Bodenluke, einer Öffnung im Giebel des Hauses.
Theodor Storm (1817–1888) hat Niß Puk, eine der bedeutendsten schleswig-holsteinischen Sagengestalten, im Gedicht „Sommermittag“ (1854) verewigt:

Nun ist es still um Hof und Scheuer,
Und in der Mühle ruht der Stein;
Der Birnenbaum mit blanken Blättern
Steht regungslos im Sonnenschein.

Die Bienen summen so verschlafen;
Und in der offenen Bodenluk',
Benebelt von dem Duft des Heus
Im grauen Röcklein nickt der Puk.

Eine andere Volksüberlieferung, die auf eine wahre Begebenheit zurückzuführen ist, berichtet, daß auf dem Bombüll-Hof zur Zeit des Nordischen Krieges (1700–1721) ein Knecht namens Niß Ipsen und dessen Verlobte Grete in Dienst waren. Eines Tages wollte sich ein schwedischer Offizier an der jungen Frau ver-

greifen. Der Knecht – außer sich vor Wut – erstach den Schweden. Daraufhin mußte er fliehen und reiste über Hamburg und Amsterdam mit dem Schiff nach Ostindien. Ipsen, der inzwischen nur noch „Niß de Bombüll" genannt wurde, brachte es als tatkräftiger Mann zum holländischen Offizier, dann zum Kapitän und schließlich sogar zum Admiral. Trotz seines Ruhmes und seines Reichtums konnte er seine Verlobte in der alten Heimat nicht vergessen. Schließlich machte er ihr per Brief einen Heiratsantrag und bat sie, ihm nach Holland zu folgen. Sie nahm sein Angebot an, reiste ihm nach und wurde seine Frau.
Diese Geschichte wurde im Laufe der Zeit immer weiter ausgeschmückt und bekam schließlich sagenhafte Züge. So sollen in dem Zimmer, in dem Niß den Schweden tötete, noch lange Blutflecke zu sehen gewesen sein. Vergeblich versuchte man sie wegzuwaschen – sie erschienen immer wieder. Außerdem erzählte man sich, daß die Holländer, bei denen Niß angeheuert hatte, ein Piratenschiff eroberten, auf dem die entführte Tochter eines holländischen Admirals gefangengehalten wurde. Niß befreite die junge Frau, die sich natürlich in ihn verliebte und ihn heiraten wollte. Niß blieb jedoch seiner Grete treu.

KROPP (Kreis Schleswig-Flensburg)

Gasthaus „Kropper Busch"

An der Bundesstraße 77 zwischen Rendsburg und Schleswig liegt etwa auf halber Höhe in einem Waldstück rechterhand die Gaststätte „Kropper Busch". Der nahegelegene Ort Kropp wird erstmals 1285 urkundlich erwähnt. Für seine Gründung war ausschlaggebend, daß hier einer der historischen Ochsenwege verlief, die sich sich von Nord nach Süd durch Schleswig-Holstein zogen. Sie dienten – wie er Name schon sagt – als Driftwege für Vieh, das zum Mästen in die saftigen Marschen oder vornehmlich von jütischen Händlern zum Verkauf nach *Wedel, Bramstedt, Itzehoe, Hamburg* oder anderswohin getrieben wurde. Aber auch andere Händler, Pilger, Soldaten, Postkutschen und Reisende benutzten die Ochsenwege, auf denen sich noch bis ins 19. Jh. der Hauptlandverkehr vollzog. Dann übernahmen erste Kunststraßen und bald darauf die Eisenbahn den Verkehr. Im Zuge dieser Entwicklung gingen die alten Ochsenwege auf weiten Streckens im neuen Straßensystem auf. Der Ochsenweg, der an Kropp vorbeilief, führte von Jütland kommend über *Hadersleben* an *Flensburg* und *Schleswig* vorbei, wo u. a. in *Dannewerk* noch Teile der Trasse erkennbar sind. Dann ging er weiter über die Kropper Heide und bei *Rendsburg* über die Eider. Von dort verlief der Ochsenweg weiter südwärts und gabelte sich schließlich in zwei Abzweiger nach Itzehoe und nach Wedel.

An den Ochsenwegen befanden sich mehrere Gaststätten, in denen sich Viehtreiber, Händler und Reisende ausruhen und stärken konnten. Auch das Wirtshaus „Kropper Busch“ geht auf einen alten Ochsenweg-Krug zurück, der seinen Namen nach dem Standort in einem Eichenkratt erhalten hat. Das heutige Gasthaus wurde errichtet, nachdem sein Vorgängergebäude am 27. November 1912 abgebrannt war. Letzteres wiederum hatte den ersten Krug „Kropper Busch“ im Jahre 1845 abgelöst, da dieser baufällig war und nicht mehr direkt an der neuen Hauptlandstraße (der heutigen B 77) lag. Ein nicht zu übersehender Spruch über dem Eingang der heutigen Gaststätte verkündet drohend: „Du büst Kropper Busch noch nich vörbi.“ (Du bist am Kropper Busch noch nicht vorbei.) Der Sage nach war der Satz als Warnung vor Überfällen zu verstehen. Schließlich trieb sich in der bewaldeten Gegend häufig „lichtscheues Gesindel“ herum, um Reisende zu überfallen. Tatsächlich ist durch Archivalien aber nur ein einziger Überfall überliefert: Im Jahre 1665 wurde hier ein staatlicher Postwagen überfallen und ausgeraubt. Daher ist fraglich, ob der Spruch tatsächlich vor Räubern warnen sollte. Wahrscheinlich bezieht er sich eher darauf, daß der Ochsenweg auf diesem Abschnitt sehr sandig und deshalb mit schweren Wagen schlecht zu befahren war. So erinnerte der betreffende Satz die Reisenden wohl eher daran, daß es vor der Durchquerung dieses Wegstücks noch keine Veranlassung gab, sich auf eine Ruhepause zu freuen.

KUDDEWÖRDE (Kreis Stormarn)

Gaststätte Grander Mühle

Die Gaststätte ist im Ortsteil Grande in einer an der Bille gelegenen ehemaligen Mühle, einem romantisch wirkenden Fachwerkbau mit Krüppelwalmdach, untergebracht.

Der Sage nach wurde diese im 13. Jh. von einem gefürchteten Raubritter, Heino von Scarpenberghe, der in der Nähe eine Burg besaß, gegründet. Die Mühle erbrachte aber nicht so großen Gewinn, wie Heino erwartet hatte. Deshalb setzte er seine Räubereien weiter fort. Wegen der verkehrsgünstigen Lage der Mühle am Weg zwischen *Lübeck* und *Lüneburg* kamen hier viele Kaufleute vorbei und machten bei dem Müller Rast, der von seinem Herrn die Konzession erhalten hatte, sie zu bewirten. Während die Gäste aßen und tranken, lief der Müllerbursche hinüber zur Burg, um dem Ritter von den Reisenden zu berichten. Er gab an, wieviele Personen es waren, ob sie Waffen hatten und vor allem, welche Wertsachen sie mit sich führten. Bei Nacht kam Heino von Scarpenberghe dann von seiner Burg herunter und führte einen lohnenden Überfall durch.

Durch Wasserkraft betriebene Mühlen waren im Mittelalter vielerorts eingerichtet worden. Die Landbesitzer stellten Müller als Pächter ein und genehmigten ihnen in der Regel auch eine Kruggerechtigkeit, was bedeutet, daß Getränke ausgeschenkt werden durften. Die Müller, beziehungsweise ihre Herren, standen dabei immer im Verdacht, krumme Geschäfte zu machen, weil sie eine Monopolstellung innehatten. In diesem Zusammenhang ist es zu sehen, daß Diebstähle in so vielen Fällen Müllern zugeschrieben werden. Gleichwohl ist aber auch bekannt, daß schleswig-holsteinische Adlige häufig Urheber oder Beteiligte von räuberischen Unternehmungen waren – bedingt vor allem durch den im späten Mittelalter einsetzenden Umbruch auf wirtschaftlichem und sozialem Gebiet und der dadurch verursachten wachsenden Bedeutungslosigkeit und Entwurzelung des Rittertums.

L

LABOE (Kreis Plön)

Mühlenberg

Am östlichen Beginn der Kieler Förde liegt das Ostseebad Laboe, das sich aus einem Fischer- und Bauerndorf entwickelt hat. Im Süden des Ortes am Hafen lag die Siedlung der Fischer. Dahinter erhebt sich der Mühlenberg mit der weithin sichtbaren Windmühle. In Verlängerung der Mole, die Yacht- und Fischerhafen trennt, führt der Weg zur heute gastronomisch genutzten Mühle hinauf.

In diesem Mühlenberg soll der Sage nach ein Goldkeller gewesen sein, der sich regelmäßig am Ostermorgen bei Sonnenaufgang öffnete: Eines Ostertages ging eine Fischersfrau mit ihrem kleinen Kind auf den Berg und erblickte durch die Öffnung Gold- und Silberstücke. Sie betrat das Innere, setzte ihr Kind an einen großen Tisch und gab ihm einen Apfel, der darauf lag, zum Spielen. Dann füllte sie ihre Schürze mit Gold und lief schnell hinaus, ohne an ihr Kind zu denken. Kaum stand sie draußen, schloß sich der Berg, und nun erst merkte sie, daß sie das Kind vergessen hatte. Sie weinte und jammerte jedoch vergeblich. Erst im folgenden Jahr am Ostermorgen konnte sie wieder hinein gelangen. Ihr Kind saß am Tisch, den Apfel in der Hand, und streckte ihr die Arme entgegen. Sie nahm es auf und lief mit ihm hinaus. Der Berg schloß sich, und sie mußte feststellen, daß das Kind gestorben war.

LANGENESS (Kreis Nordfriesland)

Fehding am Tadsen-Museum
Hallig Langeneß (= lange Nase) ist mit 960 ha die größte Hallig mit neunzehn Warften. Die heutige Hallig besteht aus dem erhaltenen Teil der ehemaligen Hallig Nordmarsch im Westen, dem Rest von Langeneß im Osten und *Butwehl* im Süden.
Auf Langeneß befinden sich typische Hallighäuser mit reetgedeckten Krüppelwalmdächern. Von besonderem Interesse ist das Kapitän Tadsen-Museum auf der Ketelswarft, eines der wenigen noch erhaltenen Häuser aus der Seefahrtszeit. Es wurde 1825 nach Zerstörung durch eine verheerende Sturmflut auf den alten Grundmauern des aus der Mitte des 18. Jh. stammenden Altbaus unter Beibehaltung von Raumeinteilung und Ausstattung wieder errichtet. Das Haus ist heute im Besitz der Gemeinde Langeneß; es bietet an Hand zahlreicher Exponate Einblicke in das Halligleben von vor 200 Jahren.
Auch die Ketelswarft hat eine Wasserstelle, den sog. „Fehding". Die Menschen, deren Wohnhäuser auf den Warften, künstlich angelegten Hügeln, stehen, mußten immer schon mit außergewöhnlichen Lebensumständen umgehen. Einige Male in jedem Jahr ist und war „Land unter" – dann ragen nur die Warften und Häuser aus dem angestiegenen Meeresspiegel heraus. Darum mußte man früher, vor dem Anschluß an eine zentrale Wasserversorgung, das Trinkwasser aus Regen gewinnen, indem man ihn in eigens dafür angelegten Zisternen, den sog. Fehdings, sammelte, denn das Grund- und Oberflächenwasser war durch die Nordsee versalzen. Jede Warft hatte mindestens eine solche Wasserstelle, die sorgsam gepflegt wurde. Mit der darin vorrätigen Wassermenge mußte man über den Sommer bis zu den Herbstregen auskommen.

Die Sage erzählt allerdings von einer Quelle auf der Hallig Nordmarsch, die süßes Wasser lieferte. Sie erweckte aber den Neid anderer Bewohner, so daß darüber Streit ausbrach. Ein besonders mißgünstiger Bewohner warf schließlich aus Bosheit einen großen Stein in den Brunnen, wodurch er verstopfte. Erst seit diesem Vorfall war die Wasserversorgung auf der Hallig problematisch. Und alle Versuche, den Brunnen durch Grabungsversuche wieder ausfindig zu machen, schlugen fehl.
Den Verlust der Quelle erklärt die Sage als Strafe Gottes für die Uneinigkeit der Menschen. Aus demselben Grund sollen auch die Fischschwärme, die sich früher um die Halligen herum aufhielten, ausgeblieben sein, nachdem die Obrigkeit sie für sich allein beansprucht hatte.

LÜBECK (Freie Hansestadt)

Die Geschichte dieser Stadt beginnt mit einer wendischen Niederlassung an der Einmündung der Schwartau in die Trave, die 1138 zerstört wurde. In den Jahren 1158/59 gründete Herzog Heinrich der Löwe auf einem inselartigen, von Trave und Wakenitz umflossenen Hügelrücken an der Stelle einer 1157 einem Brand zum Opfer gefallenen Siedlung erneut einen Handelsplatz. Dieser wurde schon 1226 „Freie Reichsstadt“ und entwickelte sich aufgrund seiner günstigen Lage rasch zum Hauptumschlagplatz des Warenhandels im Ostseeraum und zur zweitgrößten Stadt Deutschlands. Seit dem 16. Jh. verlor die „Köni-

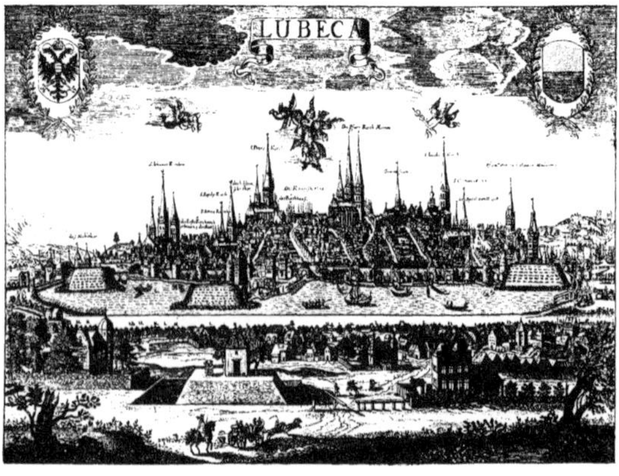

Lübeck im 17. Jh. Zeitgen. Kupfer

gin der Hanse“ ihre wirtschaftspolitische Vormachtstellung an Hamburg und Bremen. Im März 1942 wurde ein großer Teil der Altstadt durch einen Bombenangriff zerstört. Beim Wiederaufbau hat man sich bemüht, das mittelalterliche Stadtbild im wesentlichen beizubehalten: viele kulturhistorisch bedeutende Baudenkmäler wurden originaltreu wiedererrichtet oder restauriert. Seit 1987 erscheint die Lübecker Altstadt im UNESCO-Verzeichnis der „Schützenswerten Weltkulturgüter“.

Alt-Lübeck, Stele mit Kirchenmodell
Etwa 4 km nordöstlich der heutigen Innenstadt liegt der Rest eines Burgwalls aus slawischer Zeit. Der Ort wird erstmals 1043 als christliche Kaufmannssiedlung bezeugt; nachgewiesen ist die Existenz von Königsburg, Kirche und Hafen. 1138 zerstörten die Bewohner der Insel Rügen die Anlagen. Den wendischen Name „Liubice“ übertrug man auf die Neugründung zwischen Trave und Wakenitz und bezeichnete diesen Platz als „Oldenlubecke“ (Alt-Lübeck). Eine Steinstele erinnert an die Vergangenheit.
Zum Ursprung des Namens, aus dem sich später „Lübeck“ entwickelte, erzählt die Sage, der alte Wendenkönig Kruto habe noch in hohem Alter eine junge Frau namens Slawina heiraten wollen, die aber schon mit dem Prinzen Heinrich verlobt war. Sie erreichte, daß dieser vom König das Wagerland im östlichen Holstein als Lehen erhielt. Dorthin lud Heinrich seinen neuen Herrn zu einem Festmahl ein und ließ ihn nach reichlichem Alkoholgenuß köpfen. Dann heiratete er Slawina und nahm Krutos Land ein. An der Schwartau ließ er eine Burg bauen, die er zu Ehren seiner Frau „Lubica“ (Liebchen) nannte.

Dom
Herzog Heinrich der Löwe legte 1173 den Grundstein zu der romanischen Basilika, einem der größten Backsteinbauten im Norden, der im 13. und 14. Jh. zur dreischiffigen Hallenkirche ausgebaut wurde. Es folgten über die Jahrhunderte mehrere Um- und Anbauten sowie schließlich umfangreiche Restaurierungen wegen der im Zweiten Weltkrieg entstandenen Schäden.

Kanzelgitter
Der Lübecker Dom ist reich an Kunstschätzen: Neben der imposanten Triumphkreuzanlage und dem dreijochigen Lettner – beides Werke des Lübecker Bild-

schnitzers Bernt Notke aus dem 15. Jh. – ist auch die aus Sandstein gearbeitete Kanzel von 1558 zu nennen. In dem von Stecknitzfahrern gestifteten Kanzelgitter halten Hermenpilaster im Renaissancestil geknotetes Eisenstabwerk. Die kunstvolle Ausführung hat die Sagenbildung angeregt: Das Gitter soll das Meisterstück eines Kunstschmieds gewesen und von diesem in einer einzigen Nacht angefertigt worden sein – doch war dies nur unter Mithilfe des Teufels möglich. Nach einer anderen nicht belegbaren Überlieferung hieß der ausführende Handwerker mit Nachnamen „Teufel“, und dies führte zur Annahme, der Böse selbst sei an dem Werk beteiligt gewesen.

Marienkirche
Die Hauptpfarrkirche St. Marien liegt an der Nordseite des Marktes und bildet zusammen mit dem Rathaus eine bemerkenswerte Gebäudegruppe, die im Mittelalter gleichzeitig geistliches wie kommunales Zentrum der Stadt war. Der Kirchenbau wurde vom Rat der Stadt als gotische Backsteinbasilika errichtet. Sie stellt einen Hauptbau der norddeutschen Backsteingotik dar und wurde zum Vorbild für viele weitere Kirchenbauten im Ostseeraum. In ihr ist erstmals das westeuropäische Kathedralsystem der Hochgotik in die Formensprache des Backsteins umgesetzt worden. Der Eindruck im Innern wird bestimmt durch das schlanke, hohe Mittelschiff und das Farbspiel aus warmem Rot mit Weiß und anderen Farbtönen. Unter den Ausstattungsstücken ist die Bronzetaufe von Apengeter aus dem Jahr 1337 zu nennen, deren Kessel von vier Engelsfiguren getragen wird. Auf der Wandung zeigt eine Abfolge von Bildern Szenen aus dem Leben Christi.

Der Marktplatz in Lübeck mit Rathaus (rechts) und Marienkirche

Chorschranken
Die Bronzegitter der Chorschranken werden von steinernen Rahmen eingefaßt, die Blendmaßwerk und Kreuzblumen als oberen Abschluß tragen. Im unteren Teil der Schranken finden sich Reliefs mit Szenen aus der Passionsgeschichte, eingerahmt durch von Fabelwesen gehaltene Wappen. Unter ihnen ist ein mausähnliches Geschöpf mit spitzer Nase, an das sich folgende Sage knüpft:
Vor der Marienkirche soll im Mittelalter ein Rosenbusch gestanden haben, von dem es hieß, er werde nur so lange Blüten tragen, wie die Stadt ihre Freiheit bewahren könne. Tatsächlich starb er während der kriegerischen Auseinandersetzungen Lübecks mit Dänemark ab. Als man ihn ausgrub, fand sich im Wurzelwerk ein Mäusenest, dessen Insassen durch Nagen den Busch zerstört hatten. Bis zur Machtübernahme durch die Dänen ist danach nicht mehr viel Zeit vergangen. Zum Andenken ließ der Rat der Stadt die Maus in Stein abbilden und in der Marienkirche anbringen. Lange Zeit galt sie als Wahrzeichen, das jeder wandernde Handwerksbursche kannte und beschreiben konnte.

Rathaus / Ratskeller
Das Lübecker Rathaus ist eines der ältesten und schönsten in Deutschland. Der Hauptbau entstand um 1230 und wurde bis zum 15. Jh. mehrfach umgestaltet und erweitert. Der im südlichen Untergeschoß gelegene Ratskeller mit alten Gewölberäumen hat im 19. Jh. eine neugotische Ausstattung erhalten; er dient gastronomischen Zwecken.
Das Rathaus bildet architektonisch eine deutliche Einheit mit der angrenzenden Marienkirche. Dies hat sich auch in der Volkserzählung niedergeschlagen, in einem auch anderorts bekannten Teufelsschwank, in dem der Teufel vom Menschen überlistet und geprellt wird:
Beim Bau der Lübecker Marienkirche hatte der Teufel kräftig mitgeholfen, weil man ihm gesagt hatte, es handle sich um ein Wirtshaus. Als er nach Abschluß der Arbeiten seinen Irrtum erkannte, wollte er das Gotteshaus durch einen riesigen Felsbrocken wieder zerstören. Die Handwerker besänftigten ihn aber mit dem Vorschlag, ihm in unmittelbarer Nähe der Kirche eine eigene „Kapelle“, ein Weinhaus, zu errichten. Der vom Teufel herbeigetragene Stein sank neben der Kirche tief in den Boden; über die entstandene Grube zogen die Bauleute ein Gewölbe, wodurch der Ratsweinkeller entstand. Der Teufel soll mit dieser Lösung

Der Teufel will den Bau eines Gotteshauses verhindern

sehr zufrieden gewesen sein, denn seine „Kapelle" war stets besser besucht als die Kirche. Der Dichter *Theodor Storm* hat 1836 diese Geschichte in seinem Gedicht „Der Bau der Marienkirche zu Lübeck" aufgegriffen; die letzten drei Strophen lauten:

So stehen Kirch und Keller
In traulichem Verein;
Die frommen Herrn zu Lübeck
Die gehen aus und ein.

Sie beten wohl da droben,
Da drunten trinken sie,
Und für des Himmels Gaben
Da droben danken sie.

Und trinken sie da drunten,
Sie denken wohl dabei:
Dem selbst der Teufel dienet,
Wer fröhlich, fromm und frei.

Ehemaliges Burgkloster

Das im Norden der Altstadt auf dem Gelände einer ehemals vorhandenen Burg der Schauenburger Grafen gelegene Dominikanerkloster wurde 1227 zum Dank für den folgenreichen Sieg über die Dänen in der Schlacht bei Bornhöved gegründet und der Tagesheiligen Maria Magdalena geweiht. Die noch erhaltenen Gebäude des Erdgeschosses dienten nach der Reformation als Armenhaus; während des 19. Jh. wurden sie zum Teil um- und überbaut und werden heute zu verschiedenen Zwecken genutzt.

Das ehemalige Winterrefektorium liegt linkerhand am östlichen Kreuzgangflügel. Der in der ersten Hälfte des 15. Jh. ausgestattete Raum ist mit sechs von zwei achteckigen Mittelstützen getragenen Kreuzgratgewölben gedeckt. Die Konsolen zeigen speisende Menschen, darunter das letzte Abendmahl und einen Dominikus mit Ordensbrüdern.

Während einer der zwischen 1350 und 1720 in Norddeutschland immer wieder wellenartig auftretenden Pestepidemien soll der Sage nach im Lübecker Dominikanerkloster auch der Küchenmeister gestorben sein, an dessen Stelle ein Laienbruder, Johann Westfal, trat. Dieser hörte nachts im Speisesaal Stühle rükken und eine Stimme, die ihn aufforderte, für 36 „wanderwillige“ Brüder Essen anzurichten. Im Speisesaal sah er tatsächlich 36 in leinene Totengewänder gehüllte Mönche am Tisch sitzen – wenige Tage später starben ebensoviele an der Pest.

→ Bornhöved

Wilsnackkreuz an der Roeckstraße

In Lübecks Vorstadt St. Gertrud steht an der Roeckstraße gegenüber der Krügerstraße ein Kreuz von 1436. Das fast 2 m hohe Kalksteinkreuz wurde als Wegweiser für Pilger errichtet, die zur Wallfahrtskirche Wilsnack in Brandenburg wollten. In der Mitte des Radkreuzes, wo sich die Arme kreuzen, ist das Wilsnacker Pilgerzeichen erkennbar: drei Kreise mit je einem Kreuz innen und oben. Auf dem linken Kreuzarm sind drei Vertiefungen, ähnlich einem Kleeblatt, zu sehen. In ihnen saßen wahrscheinlich Bolzen für die Befestigung einer wegweisende Metall- oder Holzhand. Auf dem Stamm des Kreuzes findet sich eine heute kaum noch leserliche Minuskel-Inschrift, die vermutlich lautet: „Biddet Gott vor den ghever (Geber) des wizers (Weisers) nach Wilsnacken.“ Der Geber, also der Spender des Kreuzes, für den die Pilger beten sollten, war der Lübecker Bürger Johann von der Heyde. Nach Einführung der Reformation verlor es seine Funktion als Wegweiser, und bald wußte niemand mehr, welche Bedeutung es ursprünglich einmal hatte. Daher bildete sich um das Pilgerzeichen eine lokale Erklärungssage, die besonders durch die Vertiefungen am linken Kreuzarm angeregt wurde: Demnach kehrten im 15. Jh. eines Tages zwei befreundete Kaufleute mit ihrer Kutsche aus

Brandenburg nach Lübeck zurück. Kurz bevor sie die Stadt erreichten, wollte einer der Männer sein Gewehr „leerschießen“, weil es verboten war, mit geladener Büchse die Stadt zu betreten. Dabei erschoß er versehentlich seinen Freund, obgleich er eigentlich ein hervorragender Schütze war. Da keiner an ein Versehen glaubte, wurde er als Mörder eingekerkert, und die Hinterbliebenen des Toten stellten an der Unglücksstelle ein Kreuz auf, um an die Tat zu erinnern. Der Gefangene, der von seiner Zelle aus das Kreuz sehen konnte, trauerte sehr um seinen toten Kameraden. Er flehte das Gericht an, ihn beweisen zu lassen, daß er seinen Freund nicht ermordet, sondern versehentlich erschossen hätte. Schließlich willigten die Stadträte ein. Der Beschuldigte sollte einen „wunderbaren Schuß“ abfeuern und sie somit davon überzeugen, daß er unschuldig sei. Der Gefangene zielte vom Kerkerfenster aus dreimal auf das Kreuz, so daß die Einschußlöcher ein Kleeblatt bildeten. Daraufhin wurde er aus der Haft entlassen.

Lunden (Kreis Dithmarschen)

Grabstein Peter Swyns auf dem Geschlechterfriedhof an der Kirche

Der strategisch günstig gelegene Ort hatte im 16. Jh. Stadtrecht und war zeitweilig Hauptort des nördlichen Dithmarschen. Der Marktplatz und die auf einer Binnendüne gelegene romanische Kirche St. Laurentius, ein flachgedeckter Feldsteinbau, werden erstmals 1140 erwähnt.

Um die Kirche herum liegt der Geschlechterfriedhof, das eindrucksvollste Gräberfeld des Landkreises. Hier wurden die Mitglieder der Dithmarscher Geschlechter, die Familien- und Sippenverbände waren, begraben. Ihre Grabstelen erheben sich aus dem grünen Rasen und erinnern an bekannte Namen aus dem 16. und 17. Jh.. Die Grabkeller sind mit Sandsteinplatten abgedeckt, die bis zu zwei Tonnen wiegen und aus dem Weserbergland über Bremen, die Nordsee und die Eider geliefert wurden. Die Kosten für solche Steine lagen sehr hoch, die Bauern kauften sie schon zu Lebzeiten und ließen sie bearbeiten. Nur für das Sterbedatum blieb Platz frei, so daß es schnell zugefügt werden konnte.

Im südwestlichen Teil des Friedhofs befindet sich das Grab Peter Swyns, der am 14. August 1537 ermordet wurde. Der Grabstein besteht aus einer hohen schlanken Stele aus Sandstein. Die bildliche Darstellung zeigt den am Boden auf dem Rücken liegenden Peter Swyn, und über ihm kniet einer seiner Mörder mit einem Dolch in der erhobenen rechten Hand. Hinter beiden ist das Pferd Swyns zu sehen. Über der Szene erhebt sich ein Kreuz mit dem daran geschlagenen Christus. Seitlich auf dem Grund ist das Jahr des Geschehens mit „1537“ angegeben. Am Fuß des Steins zeigen zwei Schilde die Hausrune von Peter Swyns Frau und das Wappen seines eigenen Geschlechtes, der Wurtemannen. Während dieser Stein zur Erinnerung aufgestellt wurde, liegt der eigentliche Grabstein, der die letzte Ruhestelle abdeckt, dahinter. Er verschließt den Zugang zum Grabkeller, der sich, wie bei den anderen Gräbern auch, im Boden befindet. Auf ihm wird Swyn als „Pater Patriae“, als Vater des Vaterlandes, bezeichnet.

Seine Mörder waren der Sage nach drei Brüder namens Thede, Michel und Hans Bar; einer von ihnen war einäugig, der zweite hinkte, und der dritte hatte eine verkrüppelte Hand. Sie wurden bekannt als die „drei Baren“. Wegen verschiedener Verbrechen hatte Peter Swyn sie zuvor verhaftet und ins Gefängnis werfen lassen. Swyn betrieb zu jener Zeit die Abschaffung altertümlicher Rechtsbräuche, dazu gehörten die in Dithmarschen immer noch geübte Geschlechterrache sowie der Volleid. Durch ihn konnten 30 Männer aus demselben Geschlecht einen Verbrecher vor Gericht durch ihren Eid frei bekommen, auch dann, wenn die Richter ihn für schuldig hielten. Swyn forderte stattdessen zwölf Männer aus verschiedenen Familien für solch einen Eid, was ihm insbesondere die Gegnerschaft der Russebelinger einbrachte. Mit deren Hilfe konnten sich darum die drei Baren aus dem Gefängnis befreien. Am Abend des 14. April ritt Swyn hinaus auf einen Acker, um die Arbeiten der Grabenkleier vom Tage zu begutachten. Dort warteten die Baren bereits auf ihn, der Hinkende sprang in die Zügel seines Pferdes, und die beiden anderen zogen ihn herunter, schlugen ihn mit einem Fausthammer bewußtlos und

töteten ihn durch einen Dolchstoß in die Brust. Anschließend flohen die drei, und erst das herrenlos auf dem Acker stehende Tier machte später auf das Verbrechen aufmerksam.
Die Baren versuchten, über die Eider nach Norden zu entkommen – der Fährmann verweigerte ihnen jedoch die Überfahrt, so daß sie bei einer Witwe Unterschlupf suchten. Die Frau verriet die Männer jedoch gegen das ausgesetzte Kopfgeld, und die drei wurden in *Heide* auf dem Marktplatz zum Tod am Galgen verurteilt. Als Anstifter verwies man Klaus Russe aus dem Geschlecht der Russebelinger des Landes.
Die Swyns waren bereits zu ihren Lebzeiten eine weithin bekannte Familie. Sie sorgten dafür, daß ihre Söhne eine gute Ausbildung erhielten. Die Bauern kamen vertrauensvoll zu ihnen, um sich Schriftstücke (Urkunden, Briefe) vorlesen oder abfassen zu lassen. Konnte aber selbst ein Angehöriger dieser gelehrten Familie eine unleserliche Schrift nicht entziffern oder ihren Sinn verstehen, so hieß es: „Dat kann keen Swyn lesen“ (Das kann kein Schwein lesen) – eine Redensart, die noch heute gebräuchlich ist.

M

MARNE (Kreis Dithmarschen)

Müllenhoffbrunnen
In Marne steht an der Kreuzung Bahnhof-/Süderstraße der Müllenhoffbrunnen. Er wurde 1934 von der Kieler Bildhauerin Gertrud Wiebke Schröder zum 50. Todestag des Germanisten Karl Viktor Müllenhoff (1818 bis 1884) errichtet. Müllenhoff, der aus Marne stammte, sammelte als einer der ersten systematisch schleswigholsteinische Volksüberlieferungen. Sein umfangreiches Buch „Sagen, Märchen und Lieder der Herzogtümer Schleswig, Holstein und Lauenburg“, das 1845 erstmals veröffentlicht wurden, bildet bis heute die wichtigste Grundlage aller neueren Sammlungen. Ein Relief am Brunnen zeigt das Profil des „Märchenprofessors“, die Inschrift lautet: „Dem Kenner und Künder von Heimat und Volkstum“. Der Brunnen hat die Gestalt eines stilisierten Baumes, in dessen Krone sich eine Elster und ein Nest mit fünf Küken befinden. Um den Baum tanzen Männer und Frauen in Trachten, zu ihren Füßen hängen Wappen der Dithmarscher Geschlechter. Die Grundlage der Brunnengestaltung bildet die Sage vom Wunderbaum, die sich ebenfalls in Müllenhoffs Sammlung findet und die an die glorreiche Vergangenheit Dithmarschens erinnert:

Tracht der Dithmarscher des 15. Jahrhunderts (nach einem alten Stich)

Im Kirchspiel *Hennstedt* im Norden des Bauernlandes soll einst auf einem wunderschönen Platz eine Linde gestanden haben, die im ganzen Land nur „Wunderbaum“ genannt wurde. Diese Linde, deren Zweige kreuzweise standen, war höher als alle anderen Bäume der Gegend. Zu der Zeit, in der die Dithmarscher frei und selbständig waren, schlug der Wunderbaum während des Frühlings regelmäßig aus. Er verdorrte erst, als Dithmarschen im Jahre 1559 nach rund 350 Jahren seine Unabhängigkeit verlor. Es ist jedoch prophezeit, daß auf dem Wunderbaum eines Tages wieder eine Elster fünf weiße Junge ausbrüten werde. Dann werde der Baum wieder grün, und Dithmarschen erhalte seine Freiheit zurück.
Dürre Bäume, die wieder ausschlagen, sind ein weit verbreitetes Sagenmotiv. Häufig basiert es auf dem Wissen um eine ehemalige Gerichtsstätte, die in alter Zeit unter einem Baum bestand. Zudem wurden früher speziell den Linden unheilabwehrende Eigenschaften zugesprochen. So sah man Dorflinden oder einzelne alte Linden als Schutzbäume eines Ortes oder einzelner Hofstellen an. Die symbolische Funktion der Elstern in der vorliegenden Sage wird dagegen nicht ganz deutlich. Vielleicht stehen sie im Zusammenhang mit der volkstümlichen Auffassung, daß Elstern wichtige Neuigkeiten verkünden.
→ Büsum → Hamme → Hemmingstedt

MEGGERDORF (Kreis Schleswig-Flensburg)

Meggerkoog

Zwischen *Erfde* und *Hohn* zweigt bei *Meggerholm* eine Straße nach Norden ab, über die man nach Meggerdorf kommt. Hinter dem Ort verläuft der Weg bis *Fünfmühlen* durch den Meggerkoog. Linkerhand liegt dort ein Torfmoor in einer Schleife der Alten Sorge. In ihm haben die Bewohner des Koogs früher ihr Brennmaterial abgebaut.

Eine Sage aus diesem Gebiet erzählt von einem armen und einem reichen Bauern. Der arme hatte nur ein kleines Stück dieses Moorlandes, ein altes Pferd und einen schlechten Karren, aber eine große Familie. Weil er tagsüber bei dem reichen Bauern arbeitete, hatte er eines Abends beschlossen, nachts bei Mondschein ins Moor zu fahren, um eine Fuhre voll Torf zu holen, die er am nächsten Tag auf dem *Rendsburger* Markt verkaufen wollte. Nachdem er den Wagen beladen hatte, war das Gefährt jedoch zu schwer für den nassen Boden geworden – er konnte es nicht mehr vorwärts bewegen. Er ging deshalb zu Fuß zurück, um von seinem reichen Nachbarn Hilfe zu erbitten. Der aber war ärgerlich darüber, bei Nacht geweckt zu werden und wollte seine guten Pferde nicht in Gefahr bringen. Verzweifelt lief der arme Bauer zu seinem Wagen zurück Er betete um Hilfe, glaubte aber, alles sei verloren. Als er sich jedoch der Unglücksstelle näherte, sah er Unterirdische, die in gewaltiger Schnelligkeit sein Pferd und den Karren ausgruben. Bevor er ihnen danken konnte, waren sie wieder verschwunden. Am darauffolgenden Tag kam der Knecht des reichen Bauern ins Moor zum Torfstechen. Kaum war er in den Weg eingefahren, sanken Wagen und Pferd in eine Grube, die die Unterirdischen zur Strafe gegraben hatten. Nur der Knecht konnte sein Leben retten – Pferd und Wagen waren verloren.

Deutlich kommt in dieser Sage der Wunsch nach einer ausgleichenden Gerechtigkeit zum Ausdruck. Auch sonst finden sich die Unterirdischen oft bereit, guten Menschen zu helfen, während sie jene strafen, die ihnen Übles zufügen. Hier greifen sie direkt zum Schaden des Reichen ein, weil er seine Stellung über Gebühr ausnutzt und Hilfe verweigert.

MELDORF (Kreis Dithmarschen)

Pfarrkirche St. Johannis

Die 11 km südlich von Heide an der Dithmarscher Bucht nahe der Mielemündung gelegene Kleinstadt war bis zur Gebietsreform 1970 Hauptstadt des südlichen Teils von Dithmarschen. Sie besitzt die größte und bedeutendste Kirche der schleswig-holsteinischen Westküste, den sog. „Dom der Dithmarscher“. Auf Überresten einer karolingischen Kirche aus dem Ende des 8. Jh. errichtete man ihn zwischen 1250 und 1300. Trotz seiner Bezeichnung war er nie Bischofs-, sondern immer nur Pfarrkirche. Besonders beeindruckt der Innenraum der dreischiffigen Gewölbebasilika, deren Langhaus mit zwei Jochen relativ kurz und deren Chor flach geschlossen ist. Das Gotteshaus ist mit wertvollen Kunstschätzen ausgestattet.

Meldorf, um 1580

Der Sage nach war die Kirche früher durch einen unterirdischen Gang mit einem (nicht erhaltenen) Dominikanerkloster verbunden, das ungefähr da lag, wo sich heute das Dithmarscher Landesmuseum – untergebracht in der früheren Gelehrtenschule – befindet (Bütjestraße 4). Ein zweiter Gang führte von der Kirche zum Pastorat in der Papenstraße. In dieser Straße hörte man deshalb einen hohlen Klang, wenn man auf den Boden klopfte. Ein dritter Gang verband Pastorat und Kloster miteinander. Die Gänge wurden von den Mönchen benutzt, wenn Gottesdienst war, denn der Eingang in der Kirche lag hinter dem Altar.

Bis zur Reformationszeit (16. Jh.) sollen im Chor zwölf silberne Apostelfiguren gestanden haben. Während der religiösen Auseinandersetzungen zwischen den Reformatoren und katholischen Geistlichen schienen sie gefährdet, so daß die Mönche sie in den Gang hinter dem Altar brachten. Den Eingang verschlossen sie hinterher fest, und für lange Zeit hat sich niemand getraut, ihn zu betreten. Sogar ein Dieb, dem man anbot, ihm seine Strafe am Galgen zu erlassen, wenn er den Gang untersuchte, fürchtete sich. Er unternahm zwar einen kurzen Versuch und ging mit einem Licht hinein, kam aber sehr schnell wieder zurück und wollte lieber seine Strafe auf sich nehmen. Am Anfang des 19. Jh. war der Gang nicht mehr zu sehen. Damals haben Dienstboten des Probst Sanders den Eingang durch Zufall gefunden. Sie entdeckten dabei eine Lade voller Silberzeug, wovon sie einige Teile mit nach oben nahmen, um sie ihrem Herrn zu zeigen. Der Probst schenkte den beiden daraufhin eine reiche Aussteuer zu ihrer Hochzeit und ließ den Gang zumauern.
Eine Magd des 50 Jahre später amtierenden Probstes fand die Tür zum Gang offen; bei ihrem Eintritt sah sie einen alten Mann vor einer mit Silbergerät gedeckten Tafel sitzen. Als sie ihn berührte, zerfiel er zu Asche. Das Mädchen füllte seine Schürze voll Silber und wollte damit nach oben laufen, es wurde aber von hinten festgehalten. Am nächsten Morgen fand man sie bewußtlos am Boden.
Wiederholt hat man diese Sage von den silbernen Apostelfiguren auf ihren Wahrheitsgehalt untersucht. Vor allem der hohle Klang in der Papenstraße gab zu der Vermutung Anlaß, daß tatsächlich ein Gang existierte; trotz aufwendiger Grabungen fand man jedoch keinerlei Beleg für eine unterirdische Verbindung von der Kirche zu anderen Gebäuden.

Mielebrücke

Auf dem Weg von Meldorf zum Speicherkoog überquert man kurz vor dem alten Meldorfer Hafen eine Brücke, die über den kleinen Fluß Miele führt. Für den Darüberfahrenden scheint es eine Brücke wie jede andere zu sein. Es ist kaum bekannt, daß sich an den Übergang folgende Sage knüpft: Einst sollen hier ein wohlhabender, aber gottloser Bauer und seine zwei ebenso schlechten Söhne auf mysteriöse Weise ertrunken sein. Vom Tod des Vaters und des einen Sohnes, die hier kurz hintereinander umkamen, ist nichts bekannt. Es gibt jedoch eine Geschichte über das Ertrinken des anderen Sohnes. Dieser hatte wieder einmal in Meldorf einen Tag mit Feiern, Trinken und gotteslästerlichen Reden verbracht. Als er sich nachts betrunken mit seinem Pferd auf den Rückweg machen wollte, gab man ihm einen Jungen zum Geleit mit. Sobald sie Meldorf verlassen hatten, befahl der Mann dem Jungen umzukehren. Er ritt allein weiter und rief höhnisch: „Der Teufel hole den Letzten!“ Da er nicht zu Hause ankam, schickte man am nächsten Morgen von seinem Heimatdorf einen Suchtrupp los. Schließlich fand man ihn nahe der Brücke – offensichtlich war er ertrunken. Was in der Nacht genau geschehen war, wurde nie aufgeklärt. Allerdings hatten viele am Tag zuvor in der Nähe der Brücke zur Mittagszeit einen schwarzen Reiter gesehen. Niemand kannte diesen unheimlichen Mann, und keiner wußte, wohin er verschwunden war. Angeblich soll es der Teufel gewesen sein.

In alten abergläubischen Vorstellungen sind Brücken geheimnisvolle und gefürchtete Spukorte. Daher gibt es zahlreiche Sagen von Geisterbrücken, auf denen Menschen nachts nicht weiterkommen, irregeführt, mißhandelt oder gar getötet werden. Die Gespenster erscheinen dort als Kopflose oder in Tiergestalt. Aber auch bekannte Geistergestalten, wie der „Schimmelreiter“ oder die „Weiße Frau“, machen Brücken und deren Umgebung unsicher. Daher war es früher vielfach üblich, beim nächtlichen Überqueren einer einsamen Brücke das Vaterunser zu beten.

MOLFSEE (Kreis Rendsburg-Eckernförde)

Haus aus Klockries im Schleswig-Holsteinischen Freilichtmuseum

Das Museum wurde 1960 vom Verein „Schleswig-Holsteinisches Freilichtmuseum e.V.“, der auch Träger des Museums ist, gegründet und 1965 eröffnet. Auf dem fast 60 ha großen Gelände stehen mehr als 60 ländliche Gebäude aus dem ganzen Land, die an ihrem ursprünglichen Standort ab- und hier wieder aufgebaut wurden. Mobiliar und Arbeitsgeräte aus der jeweiligen Region runden das Bild ab.

Das 1634 erbaute nordfriesische Gebäude aus Klockries steht im Museum als Beispiel für den jütischen langgestreckten Haustyp. Das Dach ist reetgedeckt, und der Eingang mit dem „Friesengiebel“ darüber erschließt es von der Mitte der Langseite. Während links die Wohnräume liegen, befindet sich rechterhand der

Stall. An seinem östlichen Ende, wo jetzt ein Trog für Kleinvieh ist, befand sich bis zum 19. Jh. eine Nost, eine Wassertränke für die Kühe. Damit die Tiere daraus trinken konnten, wurden sie jeweils zu zweit von ihrem Stallplatz losgebunden und herangeführt.
Im 18. Jh. war der damalige Besitzer des Hauses Deichrichter und genoß in der Gemeinde großes Ansehen. Den relativen Wohlstand der Familie, der an Ausstattung und Inventar des Hauses sichtbar wird, versucht eine Sage zu erklären. Sie erzählt, daß früher der Teufel nachts in der Nost sein Geld zu waschen pflegte. Der Bauer, durch auffälliges Verhalten seines Viehs aufmerksam geworden, versteckte sich, mit einem scharfen Messer bewaffnet, in der Nähe der Viehtränke. Als zu später Stunde der Teufel Geld ins Wasser schüttete, um es zu säubern, warf der Bauer sein Messer auf die Münzen, so daß es laut klirrte. Der Teufel erschrak, griff nach dem Geld und verschwand. Er konnte aber die meisten Münzen nicht mitnehmen, denn das metallene Messer – dem Volksglauben nach mit magischen und vor allem dämonenabwehrenden Kräften begabt – hinderte ihn daran. Der böse Geist hat sich danach in diesem Haus nicht wieder blicken lassen – der Bauer aber behielt das Geld und war von jenem Zeitpunkt an ein reicher Mann.
Gegenüber dem Eingang liegt am anderen Ende der Diele auf der Nordseite eine weitere Tür. Sie ist wie in anderen Häusern gleicher Bauweise von geringer Höhe. Hierzu ist eine Sage von Göttrik, einem dänischen König, überliefert: Lange Zeit hatte er mit den Friesen Kämpfe geführt, weil sie seine Herrschaft nicht anerkannten und nicht bereit waren, die von ihm geforderten Abgaben zu leisten. Nachdem er sie schließlich besiegt hatte, ordnete er an, die Haustüren nach Norden so niedrig zu bauen, daß jeder beim Durchgehen eine Verbeugung nach Norden, nach Dänemark, machen mußte. Die Friesen ließen sich jedoch auch dadurch nicht zwingen; sie gingen fortan nur noch rückwärts durch die Türen und freuten sich, dem dänischen König nicht gehorchen zu müssen. Später verlegten sie die Haupteingänge dann an die Südseiten.

MÖLLN (Kreis Herzogtum Lauenburg)

Die Gründung Möllns geht auf die Zeit um 1200 zurück. Bereits im 13. Jh. entwickelte sich der Ort kräftig, da sich dort mehrere wichtige Handelswege kreuzten. Im ausgehenden 14. Jh. wurde Mölln als Stützpunkt der „Salzstraße" und des 1398 eröffneten Stecknitzkanals weiter ausgebaut. Von den alten Stadtmauern sind noch einige Reste erhalten. Popularität erlangte die Stadt besonders durch ihre Verbindung mit Till Eulenspiegel. Mehrere Plätze in der Stadt erinnern an ihn.

Eulenspiegelbrunnen
Auf dem Möllner Marktplatz befindet sich neben dem alten Rathaus ein Brunnen mit einer Skulptur des berühmten Schalks. Der Bronzeguß wurde 1950 vom Möllner Bildhauer Karlheinz Goedke geschaffen. Fast jeder, der hierher kommt, berührt entweder Daumen oder Schuhspitze der lustigen Figur, die daher abgegriffen glänzen. Schließlich, so meinen viele, bringe das Berühren Glück.

Eulenspiegel und der Schuster. Holzschnitt 1537

Till oder Thyl Eulenspiegel, der angeblich 1300 in Kneitlingen bei Braunschweig geboren wurde, soll in Mölln mehrere Jahre gelebt haben und im Jahr 1350 im Spital zum Heiligen Geist an der Pest gestorben sein. Seine Abenteuer und derben Späße, die sich vor allem gegen Ratsherren, Pfaffen, geizige Marktfrauen und habgierige Kaufleute richteten, wurden vom Braunschweiger Zollschreiber Hermann Bote (1467–1529) aufgeschrieben und vermutlich in den 1470er oder 80er Jahren in einem Volksbuch erstmals gedruckt. Ob die Streiche allerdings einen realistischen Hintergrund haben oder nur Fiktion sind, läßt sich heute nicht mehr beantworten. Später wurde der Stoff von mehreren Dichtern aufgegriffen, z. B.

von Charles de Coster (1827–1879), der 1868 „Die Legende von Ulenspiegel und dem Lamme Goedzak" verfaßte, in welcher Till zum Freiheitskämpfer gegen die spanische Herrschaft in den Niederlanden wird.
Es verwundert nicht, daß sich auch der schleswig-holsteinische Sagenstoff des Volksnarren bemächtigt hat. So legt eine Sage Eulenspiegels Geburtsort fälschlicherweise in das schleswig-holsteinische Dorf *Groß Pampau*. Dort soll Tills Familie nach dessen Taufe ausgelassen im Kirchspielkrug gefeiert haben. Auf dem Heimweg ließen die angetrunkenen Eltern den Knaben versehentlich in einen Teich fallen, ohne es zu bemerken. Als sie einige Zeit später wieder ausgenüchtert waren und verzweifelt nach ihrem Kind suchten, schwamm der kleine Junge vergnügt in seinen Windeln auf dem Tümpel umher und lachte seine Eltern aus. Das war Eulenspiegels erster Streich.
Bei den Möllnern war der freche Narr der Sage nach besonders durch einen Streich beliebt: Der Landesherr soll ihnen einst so viel Land zugestanden haben, wie sie an einem Tag umpflügen könnten. Eulenspiegel übernahm die Arbeit und zog in weitem Bogen eine einzige Furche rund um die Stadt. Alles, was innerhalb dieser Spur lag, mußte daraufhin den Einwohnern zugesprochen werden.
Wie uns die Sage berichtet, nahm Eulenspiegel die Möllner jedoch auch kräftig auf den Arm: Als der Schuster, bei dem er arbeitete, eines Tages auf den Markt gehen wollte, fragte ihn der Schelm, womit er sich währenddessen beschäftigen solle. Der Meister antwortete scherzhaft, er könne ja große und kleine Stiefel für Schweine zuschneiden. Eulenspiegel nahm ihn beim Wort, ging in den Stall, vermaß dort die Pfoten der Tiere und schnitt in der Werkstatt zahlreiche Schweineschuhe zu. Als der Meister zurückkam, entdeckte er entsetzt, daß Eulenspiegel das gesamte vorrätige Leder für die merkwürdigen Schuhe verschnitten hatte. Eulenspiegel sagte ihm, daß er sich keine Sorgen machen müsse, da alle Schweineschuhe im Handumdrehen verkauft werden würden. Tatsächlich bot der Schalk während des folgenden Marktes das sonderbare Schuhwerk für teures Geld an. Er erzählte den Leuten, daß ein sehr kalter Winter bevorstünde und sie unbedingt Schuhe für ihre Schweine kaufen müßten, weil den Tieren sonst die Pfoten abfrieren würden. Die Menschen glaubten ihm, und in kürzester Zeit war alles ausverkauft.

Eulenspiegel-Grabstein und Eulenspiegel-Linde
In einer Außenwand der benachbarten Möllner St. Nikolaikirche ist Till Eulenspiegels Grabstein eingelassen. Auf dem Stein ist eine Abbildung des Spaßvogels in Narrentracht mit Eule und Spiegel in den Händen sowie eine Inschrift eingemeißelt: „Anno 1350 is düsse/ Sten up gehaven/ Till Ulenspegel lent/ hir under

Grabstein Till Eulenspiegels in einer Außenwand der Möllner Kirche

begraven/ Market wol un/ dencket dran, wat/ ick gewest si up erden/ all die hir vorüber/ gan moten mi glick werden.“ (Anno 1350 ist dieser/Stein aufgehauen [aufgestellt]/ Till Eulenspiegel liegt/ darunter begraben/ Merket wohl und/ denkt daran was/ ich gewesen bin auf Erden/ Alle die hier vorüber/ gehen müssen mir/ gleich werden.)

Nachweislich wurde der Stein allerdings erst um 1500 aufgestellt. Diese „Schummelei“ mag vielleicht darin begründet sein, daß die Möllner nach Herausgabe von Botes Volksbuch der vielen neugierigen Reisenden, die ständig nach Eulenspiegels Grab fragten, überdrüssig wurden und daher kurzerhand den Stein in Auftrag gaben. Der Volksglaube sieht ihn allerdings unter einer Linde auf dem ehemaligen Friedhof neben der Kirche begraben. Inzwischen ist der Baum – wie seine Vorgänger – längst eine Nachpflanzung. Scheinbar war das Grab früher eine regelrechte Pilgerstätte. Viele, die es besuchten, schlugen Nägel in den Baum als unfehlbares Mittel gegen verschiedene Krankheiten, besonders gegen Zahnschmerzen. Auch Pfennige wurden mit der schmalen Kante als Opfer in den Stamm getrieben.

Eine Sage berichtet, daß es während Eulenspiegels Begräbnis zu einem peinlichen Zwischenfall kam: Demnach riß ein Seil, als man den Sarg hinabließ, so daß dieser senkrecht in die Grube fiel und die Leiche dadurch auf den Füßen zu stehen kam. „Wunderlich war er im Leben“, meinten daraufhin die Möllner, „so mag er es auch im Tode sein.“ Sie ließen daher den Sarg stehen und schütteten die Gruft zu. Danach steckten sie Eulenspiegels Wanderstock auf das Grab, wie er es sich gewünscht hatte. Würde er wachsen, hatte er gesagt, sei das ein Zeichen, daß er trotz all seiner Späße in den Himmel gekommen sei. Der Stock schlug tatsächlich aus und wurde im Laufe der Jahre zu einer kräftigen Linde.

Umfassend kann man sich über den Schalk im Möllner Museum „Eulenspiegelhaus“ am Markt 12 informieren. Dort erinnern mehrere Ausstellungsstücke, Bilder und Literatur an ihn, wobei der Schwerpunkt auf die künstlerische Auseinandersetzung mit Eulenspiegel in Malerei, Plastik und Literatur gelegt wird. Sogar ein Schrein mit Tills angeblichem Schädel, den man 1950 unter der Linde vor der Kirche fand, kann hier besichtigt werden.

MUNKBRARUP (Kreis Schleswig-Flensburg)

Kirche

Munkbrarup liegt südlich von *Glücksburg* an der Bundesstraße 199. Die imposante Granitquaderkirche in der Mitte des Dorfes wurde gegen 1200 erbaut und unterstand den Mönchen des alten Rüdeklosters, an dessen Stelle später das Glücksburger Schloß errichtet wurde. Die Kirche, die 1565 ausbrannte und 1582 aufwendig erneuert wurde, zählt zu den bedeutendsten romanischen Granitquaderbauten Angelns.

Eine Sage berichtet über ihren Bau folgendes: Ein Maurer hatte den Auftrag angenommen, die Kirche innerhalb kürzester Zeit zu errichten. Bald wurde ihm jedoch klar, daß er sich völlig übernommen hatte und die Frist nicht einhalten konnte. In seiner Verzweiflung nahm er die Hilfe eines Kobolds an, der ihm versprach, die Kirche rechtzeitig fertigzustellen. Als Gegenleistung sollte der Maurer bis zu diesem Zeitpunkt lediglich den Namen des Männchens herausbekommen. Wenn ihm das allerdings nicht gelänge, gehöre er dem Kobold mit Leib und Seele. Nach dieser Abmachung machte sich der Kobold in rasender Ge-

Rumpelstilzchen beim Goldspinnen

schwindigkeit an die Arbeit, so daß die Kirche wenige Tage später fast fertig war. Der Maurer hingegen wußte den Namen des Kobolds noch immer nicht. Niedergeschlagen ging er über die angrenzenden Felder des Dorfes, um nachzudenken. Plötzlich hörte er unter einem Erdhügel ein Kind weinen und eine Frau sagen: „Schweig still, du Ding! Heute abend kommt dein Vater Sipp und gibt dir Christenblut zu trinken." Schnell lief er daraufhin zur Kirche, wo der Kobold gerade den letzten Stein setzen wollte und rief fröhlich: „Guten Morgen, Sipp! Guten Morgen, Sipp! Setze ein nur den letzten Stein!" Als der Zwerg seinen Namen hörte, bekam er einen Wutanfall und verschwand in seiner Erdhöhle. Den fehlenden Mauerstein hat man nie ersetzen können, da ihn der Kobold immer wieder herausriß. Später setzte man ein Fenster in die Öffnung, das der Zwerg in Ruhe ließ.

Diese recht verbreitete Erzählung von einem dämonischen Wesen, das für seine übernatürliche Hilfe eine Gegenleistung fordert, geht auf Zwergsagen zurück. Bekanntestes Beispiel ist das Grimmsche Märchen vom „Rumpelstilzchen", das für seine Hilfe beim Goldspinnen das erste Kind der künftigen Königin verlangt, aber überlistet wird, als es seinen zu erratenden Namen unfreiwillig selbst verrät. In der schleswig-holsteinischen Überlieferung findet sich ein ähnliches Geschehen in der Sage von Ekke Nekkepenn.

→ Sylt

N Neumünster

Burgplatz Wittorfer Burg

Am Zusammenfluß von Schwale und Stör im Stadtteil Neumünster-Wittorf ist noch der Platz zu erkennen, wo einst die Wittorfer Burg aus dem 10./11. Jh. stand. Die Anlage, die vermutlich dem Schutz eines Hauptweges diente, bestand aus einem Ringwall mit einer Vorburg und zwei Abschnittswällen aus Grassoden.

Die Sage erzählt, daß vor langer Zeit auf dem Burgplatz eines Nachts ein Schulmeister auf Schatzsuche war. Dabei begegnete ihm eine verwunschene Prinzessin, die sagte, daß er sie erlösen und den Schatz bekommen könne, wenn er den Mut hätte, erst einen Frosch, dann einen Wolf und schließlich eine Schlange zu küssen. Darauf verschwand sie und tauchte anschließend als Frosch wieder auf. Der Lehrer küßte ihn und danach auch den Wolf, in den sich die Frau ebenfalls verwandelt hatte. Als sie aber als Schlange erschien, lief er erschrocken davon. Daher blieb die Prinzessin verwunschen und der Schatz unentdeckt. Sagen vom Schlangenkuß waren früher im gesamten deutschen Sprachraum verbreitet. Meist mißlingen die Erlösung und die Schatzhebung wegen Abscheu und Ekel.

NORDSTRAND (Kreis Nordfriesland)

Café Pharisäer-Hof im Elisabeth-Sophien-Koog

Die vorwiegend landschaftlich genutzte Insel im Wattenmeer – Überrest der alten Insel Strand, die bei der großen Sturmflut 1634 zerrissen wurde – ist durch einen Autodamm mit dem Festland verbunden. Sie setzt sich aus einer Vielzahl von Kögen (eingedeichtem Marschland) zusammen.

Im Elisabeth-Sophien-Koog liegt das Café „Pharisäer-Hof" in einem alten Bauernhof. Da der Weg dorthin ausgeschildert ist, läßt sich das Café gut finden. Der Überlieferung nach wurde hier im ausgehenden 19. Jh. der „Pharisäer" erfunden, ein Getränk, das heute in ganz Schleswig-Holstein bekannt ist. Auf Nordstrand – und nicht nur dort – war es damals üblich, bei Tauffeiern nach dem Kaffee einige Gläschen Alkohol zu trinken. Feierte jedoch der Pastor mit, mußte man wohl oder übel auf schärfere Getränke verzichten. Das war auch auf einem Tauffest, das im Jahre 1870 auf dem Bauernhof veranstaltet wurde, der Fall. Der frischgebackene Vater wollte seinen Gästen zu gerne Alkohol anbieten, aber der Geistliche machte keine Anstalten zu gehen. Da kam dem Gastgeber die Idee, den Kaffee mit Rum zu mischen und durch eine Sahnehaube zu tarnen. Zunächst merkte der Seelsorger nichts, und die Stimmung wurde immer fröhlicher. Dann bot man ihm jedoch versehentlich eine solche Mischung an. Als er bemerkte, daß der Kaffee in Wahrheit Rumkaffee war, rief er empört aus: „Oh, ihr Pharisäer!" – eine Anspielung auf die im Neuen Testament häufig thematisierte Heuchelei dieser jüdischen religiös-politischen Partei zur Zeit Jesu. Seitdem hat das Getränk seinen Namen. Der Punsch wird natürlich nicht nur im Pharisäer-Hof, sondern in allen gastronomischen Betrieben der Insel serviert. Die Zutaten sind: starker Kaffee, 4 cl Rum (pro Tasse), Zucker und Schlagsahne.

Nütschau (Kreis Stormarn)

Kloster Nütschau
Nahe der Bundesstraße 404 bei *Bad Oldesloe* liegt an der Trave das Kloster Nütschau. Das aus drei hohen Gebäuden zusammengesetzte ehemalige Herrenhaus wurde 1577/78 vom Statthalter des dänischen Königs, Heinrich Graf Rantzau, errichtet. Im Jahre 1648 ging Nütschau an die adelige Familie Ahlefeld, danach wechselten die Eigentümer häufig. Seit 1951 befindet sich hier das Benediktinerpriorat St. Ansgar, das nicht der Öffentlichkeit zugänglich ist.

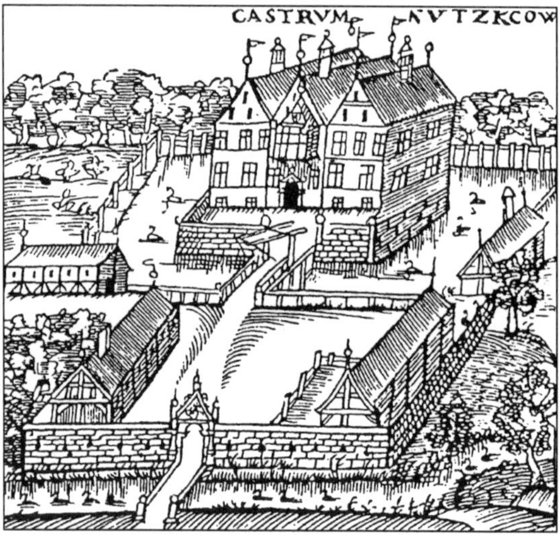

Kloster Nütschau, 16. Jh.

Eine Sage berichtet, daß der Erbauer des Schlosses eine Jungfrau in Ketten legen und bei lebendigem Leib in eine Saalwand einmauern ließ. Dieses Opfer sollte dem Schloß Glück bringen und es vor Feinden schützen. Da die Seele der Frau jedoch keine Ruhe fand, ging sie nachts als weiße Gestalt im Schloß um und erschreckte die Bewohner. Jeden Abend kam das Gespenst durch den Küchenkamin, um bei Tagesanbruch wieder durch ihn zu verschwinden. Schließlich brachte man ein Schloß vor dem Kamin an, und seitdem tauchte die weiße Frau nicht wieder auf. Das merkwürdige Schiebeschloß soll noch im Jahre 1850 an schweren Ketten am Kamin gehangen haben. Schon beim bloßen Berühren desselben sei es zu unheimlichem Rütteln und Poltern an sämtlichen Türschlössern gekommen. Wie uns die Überlieferung außerdem glauben machen will, wurde im besagten Saal 1853 ein neuer Ofen eingebaut. Als die Maurer während der Arbeiten eine Wand durchbrachen, fanden sie in einem Hohlraum ein menschliches Gerippe, das jedoch zu Staub zerfiel, als sie es berührten. Neben dem Skelett standen ein Wasserkrug und ein Paar Stöckelschuhe aus hellblauer Seide. Die Schuhe soll man angeblich noch lange in einer Vitrine aufbewahrt haben. In ihren Ursprüngen ist die weitverbreitete Sage von der Weißen Frau auf den Seelenglauben zurückzuführen, wobei weiß als Farbe der abgeschiedenen Seele zu verstehen ist. Diese Gestalt, die vornehmlich in sogenannten genealogischen Sagen herumspukt, ist eine typische Geisterscheinung in Burgen, Schlössern und Gutshäusern. Als Ahnfrauen, die eng mit dem Wohl und Wehe der Familien verbunden sind, können sie vor Unglück und Verrat warnen sowie den Tod von Familienmitgliedern voraussagen.

ODDERADE (Kreis Dithmarschen)

Fünffingerlinde im Riesewohld

Das größte Waldgebiet Dithmarschens, der Riesewohld, liegt westlich von *Albersdorf.* Zwischen Odderade im Westen, dem Dorf *Riesewohld* im Osten und *Osterwohld* im Norden steht jene Fünffingerlinde, die auch die Dorffahne Odderades ziert. Waldwege von Odderade, von Oster- und *Westerwohld* führen zu der „Hand im Riesewohld", die schon 1938 zum Naturdenkmal erklärt wurde. Der fünfstämmige Baum ist im unteren Teil gewachsen wie eine Hand. Der kurze Stamm erscheint wie die Handfläche, und die daraus wachsenden Hauptäste sind geformt wie Finger, sogar mit einem tiefer ansetzenden Daumen. Der ist außerdem vorgezogen, so daß man an eine hohle Hand denkt.
Die besondere Form der etwa 250 Jahre alten Linde ist der Grund für eine an ihn geknüpfte Sage: Danach hatte es vor 250 Jahren ein besonders hübsches Mädchen gegeben, das gern allen jungen Männern des Ortes schöne Augen machte. Eines Abends kam sie vom Tanz im Dorfkrug nicht nach Hause, darum brachen ihr Vater, die Brüder und Knechte auf, sie zu suchen. Sie fanden sie schließlich tot im Moos liegen, mit Blumen in den Händen. Während sie noch fassungslos um die Tote herum standen, kam auf dem Waldweg ein wandernder Scholar heran. Er erschrak über die Män-

Fünffinger-linde

ner und versuchte fortzulaufen, woraus die anderen den Schluß zogen, daß er der Täter sei und ihn ergriffen. Als er seine Unschuld beteuerte, verlangten sie von ihm, diese zu beschwören, d. h. Gott zum Zeugen anzurufen. In seiner Angst und Verwirrung hob er dabei jedoch statt der vorgeschriebenen rechten die linke Hand. Man hielt ihn nun für den Schuldigen, hängte ihn ohne weiteres an einem Baum auf und verscharrte seine Leiche im Wald. Bevor er starb, streckte der Scholar die Hand aus und rief, zum Zeichen seiner Unschuld werde sie aus dem Grab herauswachsen. Jahre später gestand der wirkliche Täter auf dem Sterbebett den Mord an dem Mädchen, das ihn trotz anfänglicher Versprechungen zurückgewiesen und verspottet hatte. An der Stelle aber, wo der Scholar begraben lag, war inzwischen die Fünffingerlinde gewachsen. Das eher aus Totensagen bekannte Motiv der aus dem Grab wachsenden Hand zur Strafe für ein mit diesem Körperteil begangenes Unrecht (Stiefmutter, die ihre Stiefkinder – Kind, das seine Eltern geschlagen hat – Schwurhand eines Meineidigen) ist hier ins Legendäre, in ein Zeichen der Unschuld umgedeutet.

OLDENBURG (Kreis Ostholstein)

Oldenburger Wall
Nördlich des Marktplatzes liegt als eines der bedeutsamsten archäologischen Denkmäler Schleswig-Holsteins die fast 4 ha große Ringwallanlage der einstigen slawischen „Alten Burg“ (slaw. Starigard). Die An-

fänge des Walls, dessen Reste stellenweise noch heute 16 m hoch sind, gehen auf das ausgehende 7. Jh. zurück. Damals diente die Anlage, die um 750 zur Großburg erweitert wurde, als Fürstensitz der Wagrier. Für damalige Zeiten war Starigard, das über einen zur Ostsee erschlossenen Hafen verfügte, ein stark bevölkertes Handelszentrum. Vom 9.–12. Jh. war es politischer und kultischer Mittelpunkt Wagriens sowie von 968 bis 1160 Bischofssitz. Die alte Burg lag oft im Brennpunkt kriegerischer Auseinandersetzungen. Nach ihrer letzten Verwüstung im Jahre 1149 und dem Ende der slawischen Macht wurde am Fuße der Wallanlage die deutsche Nachfolgestadt Oldenburg errichtet. Umfassend kann man sich über die Geschichte und Bedeutung der Anlage im Oldenburger Wallmuseum am Prof.-Struve-Weg informieren, das 1991 eröffnet wurde.

Der Überlieferung nach sind im Oldenburger Wall zahlreiche Schätze vergraben. So erschien einst Bauern und Knechten, die dort mittags von der Feldarbeit ausruhten, plötzlich ein gedeckter Tisch mit silbernem Geschirr. Niemand traute sich an den unheimlichen Schatz heran, außer einem Jungen, der, unbemerkt von den anderen, einen Becher nahm. Als die Tafel nach der Mittagsstunde nicht wieder verschwand, schöpften die Männer Verdacht, daß wohl einer etwas angerührt habe. Weil der Knabe Angst bekam, gestand er seinen Diebstahl und stellte das Trinkgefäß wieder zurück auf den Tisch – daraufhin wurde dieser unsichtbar und tauchte nie wieder auf.

Eine andere Sage berichtet, daß einst eine Oldenburgerin spätabends zum Wall ging, um sich dort Sand zu holen. Als sie ankam, hörte sie wunderschöne Musik und lautes Pferdegetrappel. Auch andere Oldenburger hatten bereits ähnliches erlebt, da im Wall lange Zeit ein schlafendes Heer hauste.

Das Motiv des schlafenden Heeres im Berg war früher in der Volkssage weitverbreitet. Meist dachte man dabei an besonders populäre Herrscher, die sich mit ihren Soldaten bereit hielten, das Land zu unterstützen, falls es eines Tages in Not geraten sollte. Aus der Sage vom Oldenburger Wall geht allerdings nicht hervor, worauf die schlafenden Krieger warten und wer ihr Anführer ist.

→ Dannewerk, Tweebargen

OLDENSWORT (Kreis Nordfriesland)

Gutshaus Hoyerswort

Nördlich von *Tönning* liegt bei Oldenswort das einzige Gut der Halbinsel *Eiderstedt*. Sein zweigeschossiges Gutshaus – heute ein landwirtschaftlicher Betrieb mit Ferienwohnungen – wurde als Renaissance-Backsteinbau zwischen 1591 und 1595 errichtet. Es steht gemeinsam mit einer Scheune aus dem Jahr 1704 auf einer Warft, die von einem doppelten Wassergraben umgeben und über einen Brückenzugang erreichbar ist. Im Rückflügel des Gebäudes befindet sich ein Festsaal, der über beide Stockwerke reicht. Hier trug sich der Sage nach vor langer Zeit während einer Hochzeitsfeier ein unheimliches Ereignis zu:
Unter den Gästen befand sich eine junge Frau, die als beste Tänzerin der ganzen Gegend bekannt war. Während des Festes tanzte sie wie besessen, so daß ihre ebenfalls anwesende Mutter sie besorgt um Mäßigung bat. Die Tochter lachte jedoch nur und sagte: „Und wenn der Teufel mich selbst zum Tanze auffordert, so schlüg' ich es ihm nicht ab!". Augenblicklich betrat daraufhin der Satan in Gestalt eines gutaussehenden jungen Mannes den Saal, forderte sie zum Tanz auf und schwenkte sie so lange herum, bis sie blutend und tot zusammenbrach. Die Blutspuren waren noch jahrelang auf dem Fußboden zu sehen. Das Mädchen, das keine Ruhe fand, stieg jede Nacht aus dem Grab und tanzte bei höllischer Musik im Saal, wobei das gesam-

Adeliges Gut Hoyerswort

te Gebäude auf und ab hüpfte. Jeder, der in dem Raum übernachtete, wurde von ihr zum Tanz aufgefordert, aber alle gaben ihr aus Angst einen Korb. Dabei wäre sie endlich erlöst worden, wenn ein christlicher Mann mit ihr getanzt hätte. Der Dichter *Friedrich Hebbel* (1813–1863), der in *Wesselburen* bei *Heide* geboren wurde, verewigte den Sagenstoff in einem Liedtext, der ebenso wie vergleichbare Sagen vom „Teufel auf dem Tanzboden“ vor dem – vor allem kirchlicherseits lange verpönten – übermäßigen Tanzen warnt:

Die Kerzen verlieren den hellen Glanz;
Ein Mägdlein schwingt sich in raschem Tanz:
sie ist nur allein noch im Freudensaal,
die Gäste entfernen sich allzumal.

„Hör auf, hör auf, lieb Töchterlein!“
„Ach lasse mich, lasse mich, Mutter mein,
und wäre der Teufel hier selber zur Statt;
er tanzte mich nimmermehr müde und matt.“

Und als sie das Wort nur gesprochen hat,
im schwarzen Gewande ein Jüngling naht:
Er sieht so kalt, so gespenstisch darein,
gleichwie in der Nacht des Mondes Schein.

„Kannst du so tanzen, so tanze mit mir!“
„Wohl“ – spricht die Jungfrau – „ich tanze mit dir!“
Doch wird's ihr im Kopfe so angst und so weh;
als ob sie am Eingang des Grabes steht.

Sie schwingen sich wild im Saale herum;
der fremde Jüngling ist still und stumm –
Von Menschenschmerz und Menschenlust
war wohl nimmer ein Funke in seiner Brust.

Die Mutter tritt wieder zur Tür herein,
„Nun hör du mir auf, o Tochter mein!“
„Ach, Mutter, ich kann nicht, ach Mutter leb wohl!“
Das keucht die Jungfrau dumpf und hohl.

Da springt aus dem Munde ihr das Blut so rot,
und sie sinkt zur Erde, ist bleich und tot.
Der Jüngling verschwindet in Nebel und Nacht
Verhöhnet nimmer der Geister Macht.

Panker (Kreis Plön)

P

Gasthaus „Ole Liese“ auf Gut Panker

Etwa 5 km nördlich von *Lütjenburg* liegt nahe der Bundesstraße 502 nach *Schönberg* das Gut Panker, das bereits im Mittelalter existierte. Die Anlage mit dem imposanten weißen Herrenhaus, den zahlreichen

Gut Panker

Nebengebäuden und dem englischen Park erhielt ihren residenzartigen Stil allerdings erst im ausgehenden 18. Jh.. Bereits 1741 war das Gut in den Besitz des Landgrafen Friedrich I. von Hessen-Kassel übergegangen, der es für seine Frau „zur linken Hand“, Gräfin Hedwig Ulrike von Taube, und die vier gemeinsamen Kinder gekauft hatte. Später erwarb er auch die nahegelegenen Güter *Klamp*, *Schmoel* und *Hohenfelde*. Sein Sohn Friedrich Wilhelm war schließlich Alleinerbe, vereinigte die Güter zur Herrschaft Hessenstein und wurde vom deutschen Kaiser in den Reichsfürstenstand erhoben. Friedrich Wilhelm, den man auch den „Alten Fürsten“ nannte, hielt zahlreiche Pferde, die er über alles liebte. Sein Lieblingstier war angeblich ein Reitpferd namens Liese. Als Liese alt wurde, soll der Fürst im Jahre 1797 einem betagten Reitknecht eine Gutsremise für die Einrichtung eines Gasthauses übergeben haben. Eine Bedingung knüpfte der Fürst allerdings an das Geschenk: Der Knecht müsse seinem Pferd das Gnadenbrot geben. Das Wirtshaus namens „Ole Liese“ existiert noch heute. Über dem Eingang verkündet ein launiger Sinnspruch: „In de ohle Liese, dar geiht dat na de ohle Wiese: de Weert, de supt dat Beste und seggt denn ‚Prost, min leeve Gäste‘ “ (In der alten Liese, da geht es nach der alten Weise: der Wirt, der säuft das Beste und sagt dann ‚Prost, meine lieben Gäste‘).
Auch die Sage beschäftigt sich mit der Pferdeliebhaberei des „Alten Fürsten“. Demnach ritt Friedrich Wilhelm nachts im Mondschein mit seiner Liese in rasendem Tempo über die umliegenden Felder. Manchmal ließ er sich auch in einer hell erleuchteten Kutsche durch seine vier Gutsbezirke fahren und dabei von seinem Sekretär vorlesen.

Pferde begegnen uns im Aberglauben immer wieder. Man war der Ansicht, daß sie in die Zukunft schauen könnten und geistersichtig seien. Durch ihre wahrsagerischen Fähigkeiten könnten sie Unheil und Tod verkünden, aber auch Glück verheißen. Weissagenden Pferden wurde sogar die Fähigkeit des Sprechens zuerkannt. Solche mythischen Vorstellungen haben ihre Wurzeln darin, daß germanische und indogermanische Völker Pferde als göttliche Erscheinungsformen gesehen haben – eine Folge ihrer großen wirtschaftlichen und militärischen Bedeutung.
Noch immer bestimmen Pferde das Bild des Gutes, das heute der Kurhessischen Hausstiftung gehört. In großen Stallungen und auf umliegenden Weiden werden zahlreiche Trakehner gehalten, Nachkommen jener berühmten Tiere, die es 1945 infolge der Kriegswirren aus dem damaligen Ostpreußen hierher verschlagen hatte.
Neben dem Wirtshaus „Ole Liese" ist eine Kunstgalerie im Gutstorhaus der Öffentlichkeit zugänglich. Es lohnt sich zudem, einen Abstecher zum etwa 3 km entfernten „Pilsberg" zu machen. Auf der 128 m über dem Meeresspiegel gelegenen Anhöhe erinnert der im Jahr 1841 errichtete Aussichtsturm „Hessenstein" an die einstigen hessischen Herren dieser Region. Von dem 17 m hohen Turm im neugotischen Stil hat man einen eindrucksvollen Rundblick; bei klarer Sicht sind sogar Kiel, Fehmarn und die dänischen Inseln zu erkennen.

PELLWORM (Kreis Nordfriesland)

Die 38 qkm große, überwiegend landwirtschaftlich genutzte Marschinsel – ein Rest der 1634 von Sturmfluten zerrissenen Insel Alt-Nordstrand – ist seit 1979 anerkanntes Seebad. Ihr Name Pellworm oder auch Pielworm setzt sich zusammen aus „piel" (= Gras) und „worm" (= Warft, künstlich angelegter Hügel), womit grasbewachsene Hügel gemeint sind. Die Sage hingegen leitet diesen Namen von zwei Frauen – Pelle oder Pella und ihrer Tochter Worm – ab. Diese beiden sollen die Steine für den Bau der Alten Kirche in ihren Schürzen zusammengetragen haben.

Turmruine der Alten Kirche
Die an der Westküste der Insel gelegene Salvatorkirche, ein einschiffiger romanischer Bau, wurde im 11. Jh. zur Zeit König Knuds d. Gr. von Dänemark

errichtet. Der wenige Meter entfernte freistehende Ziegelturm, das Wahrzeichen der Insel, ist im 13. Jh. an das Gotteshaus angefügt worden. An seinem exponierten Standpunkt diente er zugleich den Schiffsführern als Seezeichen. Er blieb als einziger der mittelalterlichen Bauten erhalten, besitzt aber auch nicht mehr seine ursprüngliche Höhe von 57 m. Im Jahr 1611 stürzte der obere Teil ein, so daß nur etwa 26 m stehenblieben, und er beschädigte dabei sogar einen Teil der Kirche.
Eine Sage berichtet, daß der Seeräuber Cord Widderich (um 1400) sich in dem Pellwormer Kirchturm niedergelassen hatte und von hier aus zu seinen Beutezügen aufbrach. Aus dem hochliegenden Fenster konnte er über Insel und Meer blicken und sowohl mögliche Feinde wie auch vielversprechende Beuteschiffe ausmachen. Als er sein Lager wieder aufgab, stahl er aus der Kirche außer zwei Schreinen auch das Taufbecken und nahm es mit nach *Büsum*, wo es seinen Platz im dortigen Gotteshaus erhielt.
→ Büsum

PINNEBERG (Kreis Pinneberg)

Die Drostei
Die nordwestlich von *Hamburg* gelegene Kreisstadt wird als Ort erstmals 1351 in Verbindung mit einer Burg an der Pinnau urkundlich erwähnt. Nach dem Aussterben der früheren Besitzer, einer Nebenlinie der Schauenburger, wurde die Herrschaft Pinneberg 1640 königlicher Besitz, den Vögte, sog. Drosten, verwalteten. 1765–67 errichtete Hans von Ahlefeldt, der damalige Landdrost, an der Stelle eines älteren Hauses ein schloßartiges Gebäude, das nach 1867 Wohnsitz der Landräte des Kreises Pinneberg wurde und seit 1933 das Katasteramt beherbergt.
In Verbindung mit dem Vorgängerbau der Drostei, einem Schloß von 1585, das während des Dreißigjährigen Krieges vom Feldherrn Tilly eingenommen und zerstört worden war, haben sich viele Geister- und Spukgeschichten erhalten: Nach dem Überfall Tillys will man in den Ruinen häufig einzelne Ritter zu Pferd, manchmal aber auch ganze Schlachten gesehen haben.
Erzählt wird auch von Zwergen, die in einem nahe des Schlosses bzw. der Drostei gelegenen Berg lebten. Fand in Pinneberg eine Hochzeit statt, so gingen sie im

Zwergschabernack

Schloß ein und aus, ohne gesehen zu werden; von ihren Tarnkappen geschützt, saßen sie unsichtbar mit am Tisch und „halfen“ den Leuten essen, so daß die Speisen in Windeseile und auf unerklärliche Weise verschwanden.

Der spätromantische Dichter *August Kopisch,* der für Sagen- und Märchenstoffe eine Vorliebe hatte, faßte „Die Zwerge in Pinneberg“ in Verse:

In Pinneberg eine Hochzeit ist,
Auf, auf ihr lustigen Geister,
Flink hin, wo's was zu essen gibt,
Wir sind Schnablierens Meister.
Ja! Rief das sämtliche Gezwerg,
Nach Pinneberg, nach Pinneberg!
Mit feinem Stimmchen: Pinneberg!
Mit gröberen: nach Pinneberg!
    Ja! Pinneberg!
    Nach Pinneberg!

Die Gäste sitzen schon am Tisch,
Und denken nun zu schmausen:
Doch zwischen hockt das Geistervolk
Und flink beginnt das Mausen.
Kehrt sich ein Gast zur Nachbarin,
Schlipp, schlapp ist seine Suppe hin.
Es faßt es kein Verstand und Sinn,
er sieht sich um: wo ist sie hin?
  Wo ist sie hin?
  Wo ist sie hin?
...
Es sind die Zwerge nicht zu sehn, sie haben Nebelkappen,
sie drehen, wenden, ducken sich, man kann sie schwer ertappen.
Sie höhlen aus den ganzen Fisch,
sie ziehen aus der Gans den Wisch,
sie langen das Konfekt vom Tisch,
sie trinken aus den Gläsern frisch
  Wein und Gemisch
  verschwenderisch!

Als die – mittlerweile angetrunkenen – Zwerge später auch am Tanz teilnehmen, verliert einer von ihnen – nachdem er unsichtbar die Braut geküßt hat – seine Tarnkappe. Seine Kameraden müssen ihn mit reichen Schätzen auslösen, worauf sie Pinneberg für immer verlassen:

Da lief, so schnell es konnte, fort das ganze Volk der Zwerge
und zankte sich noch lange Zeit, man hört'es tief im Berge.
Sie sagten: „Nie nach Pinneberg –
spricht einer noch von Pinneberg,
den schicken wir nach Pinneberg,
und lassen ihn in Pinneberg,
  in Pinneberg,
  in Pinneberg!"

Plön (Kreis Plön)

Plöner Schloß
Das weithin sichtbare Schloß hoch über dem Plöner See wurde 1633–1636 von Herzog Joachim Ernst von Plön-Holstein erbaut. Es diente als Residenz des kleinen Herzogtums Schleswig-Holstein-Sonderburg-Plön, das im 17. Jh. durch eine der vielen Landes-

Plön

teilungen entstanden war. Nachdem es an den dänischen Lehnsherren zurückfiel, wurde das Schloß seit 1761 von dänischen Königen als Sommerresidenz genutzt. Von 1868 bis 1919 war es preußische Kadettenanstalt, in der auch die Söhne Kaiser Wilhelms II. ausgebildet wurden. Heute beherbergt das Gebäude ein Internat, das nur bei speziellen Veranstaltungen öffentlich zugänglich ist.

Um den Sohn des Erbauers, Herzog Hans Adolf (1671–1704), ranken sich mehrere Sagen: Er soll magische Kräfte besessen haben, die ihm besonders in kriegerischen Auseinandersetzungen zugute kamen. Der Herzog war unverwundbar und konnte sich mitsamt seinen Leuten in Bäume verwandeln, wenn Gefahr drohte. Zudem zauberte er „blinde Völker", die er vor seinen eigentlichen Truppen hergehen ließ. Sobald der Feind seine gesamte Munition auf die visionären Soldaten verschossen hatte, kam Hans Adolf mit seinen Leuten hervor und überwältigte die Gegner. Auch sonst hexte er gern. Beispielsweise fuhr er nachts mit Pferd und Wagen über den Plöner See und durch die Luft, ohne daß der Kutscher etwas merkte. Einmal meinte sein Fahrer nach einer nächtlichen Fahrt, daß seine Peitsche an einem Strauch hängengeblieben sei. Am nächsten Morgen zeigte ihm der Herzog zu seiner größten Verwunderung die Peitsche oben im Plöner Kirchturm – sie waren auf der besagten Ausfahrt also durch die Luft geflogen. Ein anderes Mal schlug sich ein Pferd während einer solchen Ausfahrt am Wetterhahn der Kirchturmspitze ein Hufeisen ab, das dort lange hängenblieb. Die Zauberbücher von Herzog Hans Adolf sollen irgendwo im Plöner Schloß vergraben sein. Diese dem Herzog zugeschriebenen zauberischen Fähigkeiten sind typische

Wandermotive. Ähnliche Geschichten werden auch von anderen historischen Persönlichkeiten vor allem des späten Mittelalters und der frühen Neuzeit erzählt, die aufgrund ihres großen Wissens und ihrer alchemistischen Versuche in den Ruf von Zauberern und Teufelsbündnern gerieten: z. B. Albertus Magnus, Paracelsus und vor allem Dr. Faust.
Auch über die Anhöhe, auf der das Schloß steht, erzählt eine Sage. Demnach wurde der Berg von unzähligen Arbeitern in mühevoller Arbeit mit Schubkarren angehäuft. Allerdings, so die Überlieferung, sei vom Berg nur noch eine Hälfte übrig, die andere sei bei einem Erdbeben mit einem Teil der alten Stadt Plön im Großen Plöner See versunken. Noch lange sollen Fischer bei Windstille auf dem Grund des Sees Glocken gehört und den Kirchturm gesehen haben.

PREETZ (Kreis Plön)

Kloster Preetz
Die Anfänge des Klosters, das Graf Albrecht von Orlamünde Benediktinerinnen stiftete, reichen bis ins Jahr 1211 zurück. Doch erst 1260 wurde es auf seinen jetzigen Platz nahe der Schwentine verlegt. Im Zuge der Reformation ging es 1542 in adeligen Besitz über und wurde zu einem Damenstift für höhere unverheiratete Töchter. Erhalten sind die Stiftskirche, die im 14. Jh. auf den Fundamenten eines Vorgängerbaus errichtet wurde, sowie mehrere Wohn-, Verwaltungs- und Wirtschaftsgebäude in parkähnlichen Anlagen und Gärten.
Um die Gründung des Klosters rankt sich eine Legende: Demnach war Graf Albrecht von Orlamünde eines Tages in den damals riesigen umliegenden Wäldern auf Jagd. Schon seit mehreren Stunden verfolgte er einen edlen Hirschen. Plötzlich blieb das prächtige Tier unter einer großen Eiche stehen und blickte ihn ruhig an. Als Albrecht sein Gewehr anlegte, wurde im Geweih ein glänzendes goldenes Kreuz sichtbar. Der Graf erkannte, daß sie sich an einem heiligen Ort befanden und ließ den Hirsch laufen. Dann baute er an die Stelle ein prächtiges Kloster, das er mit üppigen Finanzen und großen Ländereien versorgte.
Das Motiv des Hirsches mit einem Kreuz im Geweih ist auf eine vermutlich aus dem 15. Jh. stammende Legende zurückzuführen, die sich auf den hl. Hubertus, den ersten Bischof von Tengern († 727), bezieht. Sie läßt Hubertus zunächst als weltlichen Fürsten und lei-

Die Hubertuslegende. Ausschnitt aus dem Kupferstich „Hl. Eustachius" von Albrecht Dürer

denschaftlichen Jäger am Hof König Pippins leben; eines Tages erscheint der wunderbare Hirsch – ein Christussymbol –, der ihn bekehrt und veranlaßt, sich vom weltlichen Leben abzuwenden.

Auch die Sage, daß im Preetzer Kloster einst aus unbekannten Gründen der Gottesdienst in der Weihnachtsnacht abgeschafft werden sollte, kann hier nicht unerwähnt bleiben: Als der erste heilige Abend ohne Andacht gekommen war, erklang jedoch wie von Zauberhand die Kirchenorgel genau zu dem Zeitpunkt, zu dem sonst der Gottesdienst begonnen hätte. Ein Stiftsfräulein hörte die Orgel und schloß daraus, daß der Gottesdienst nun wohl doch gehalten werde. Daher ging sie in die Kirche, in der eine unheimliche Atmosphäre herrschte. Als sich die Frau gesetzt hatte, tauchte eine weißgekleidete Gestalt vor ihr auf und bat sie, den anderen Frauen auszurichten, daß sie die

Weihnachtsandacht unbedingt wieder durchführen müßten. Daraufhin verließ die Klosterfrau erschrokken die Kirche und teilte den anderen Damen ihr Erlebnis mit. Noch während ihres Berichtes wurde sie plötzlich sehr schwach, so daß sie die anderen Stiftsfräulein nicht mehr in die Kirche begleiten konnte. Drei Tage später war sie tot.

QUERN (Kreis Schleswig-Flensburg)

Scheersberg

Wenn man von *Kappeln* aus die Nordstraße (B 199) in Richtung *Flensburg* fährt, erhebt sich auf der Höhe von *Hattlund* nahe beim Dorf Quern der 71 m hohe Scheersberg. Er war bereits in vor- und frühgeschichtlicher Zeit eine Gerichts- bzw. Thingstätte und ein bevorzugter Ort für Bestattungen. Davon zeugten lange Zeit mehrere Hünengräber, die jedoch im 18./19. Jh. fast alle zerstört wurden, um die Steine für Häuser- bzw. Straßenbauten zu verwenden.

Der im nördlichen Raum verbreitete Begriff „Hünengrab" hat seinen Namen daher, weil die Menschen wegen der stattlichen Ausmaße der bronzezeitlichen Erdhügel von den dort Begrabenen lange Zeit vermuteten, es handle sich bei ihnen um Riesen, also um „Hünen". Wahrscheinlich gab es in Schleswig-Holstein früher etwa 20 000 solcher Grabanlagen, von denen viele im Zuge der Bebauung und der Bodenkultivierung zerstört wurden. Heute sind nur noch rund 140 wirklich gut erhalten, das sind etwa 5 % des Bestandes von 1830. Die Toten wurden in Baumsärgen bestattet und mit Erde sowie mit Rasen- oder Heidesoden bedeckt. Bei neuen Bestattungen wurden weitere Särge hinzugefügt und ebenfalls überwölbt, was die Größe und Höhe einiger Grabhügel erklärt. Um die Erdhügel setzte man Steinriegel aus Findlingen.

Im Jahr 1842 schrieb ein dänischer Vermessungsbeamter: „Auf dem höchsten Punkt dieses Berges liegt ein von Menschenhand aufgehügelter konischer Grabhügel, von alters her ‚Raevenshoi' oder ‚Rabensberg' benannt, von welchem die Sage berichtet, daß ein an dieser Stelle gefallener Häuptling mit Roß und Waffen, unter welchen ein goldenes Schwert genannt wird, in diesem Hügel begraben sei." Mittlerweile steht dort ein fast 30 m hoher Bismarck-Turm, der zwischen 1900 und 1903 erbaut wurde. Die Aussicht von seiner Plattform, die über 89 Stufen erstiegen wird, reicht bis Dänemark. Auf dem Scheersberg fin-

den seit den 1920er Jahren große Heimatfeste statt. Zudem werden hier seit Errichtung eines Jugendhauses zu Beginn der 60er Jahre regelmäßig Veranstaltungen für Jugendliche durchgeführt.
Übrigens stoßen ortsansässige Bauern bei Feldarbeiten in der Umgebung der Anhöhe bis heute auf gewaltige Steine, die sich oft nur mit Maschinenkraft von den Koppeln und Feldern entfernen lassen. Die Findlinge – sie sind mitunter sicherlich Bestandteil eines inzwischen zerstörten Hünengrabes gewesen – gelangten mit den Moränen der letzten Eiszeit in die Gegend. Unterhalb des Scheersberges befindet sich nahe bei Hattlund ein Flurstück, das bezeichnenderweise „De grote Steenkoppel“ heißt. Hier lag bis in die erste Hälfte des 19. Jh. einer der bekanntesten Steine Angelns. Der „Große Stein von Hattlund“ hatte einen Umfang von ungefähr 18 m. Im Jahr 1843 wurde der besagte Stein vom Koppeleigentümer verkauft. Vor seinem Abtransport, der von zahlreichen schaulustigen Einheimischen verfolgt wurde, mußte der Stein durch mehrere Arbeiter mühevoll zerkleinert werden. Aus den Einzelteilen stellte man u. a. Mühlsteine her und verkaufte einen sogar bis nach Kopenhagen. Als man noch keinerlei Kenntnisse über die Eiszeiten und deren Auswirkungen hatte, regte der riesige Stein natürlich die Phantasie der Menschen an. Eigentlich, so überlegten unsere Vorfahren, könne er nur durch Teufelsmächte auf die Koppel gelangt sein.
Auf diese Weise versucht auch eine Sage die Herkunft des Steinbrockens zu erklären: Demnach lebte früher auf der anderen Seite der Flensburger Förde, auf der dänischen Halbinsel Sundewitt, eine riesige heidnische Zauberin. Als sie sah, daß man im Dorf Quern eine christliche Kirche erbauen wollte, wurde sie sehr zornig. Sie befestigte an ihrem Strumpfband einen großen Felsblock und schleuderte ihn über die Förde hinweg in Richtung Kirche. Der Stein verfehlte jedoch sein Ziel und landete neben dem Scheersberg. Allerdings geriet durch den Luftdruck der Querner Kirchturm in Schieflage, was noch heute erkennbar sein soll.

Rabenkirchen-Faulück
(Kreis Schleswig-Flensburg)

R

Kirche
Rabenkirchen liegt südwestlich von *Kappeln* an der B 201 in Richtung *Süderbrarup*. In der Dorfkirche, deren Feldsteinschiff wahrscheinlich bereits im 12. Jh.

errichtet wurde, ging der Sage nach einst ein böser Geist um. Schließlich beschloß der damalige Pastor, dem Spuk ein Ende zu bereiten. Er trug seinem Knecht auf, von der Kutsche ein Rad abzuschrauben und dann anzuspannen. Der Knecht fragte verwundert, wozu das gut sei, zumal man mit drei Rädern nicht fahren könne. Der Geistliche antwortete lediglich, er solle ihm gehorchen. Danach fuhren Pastor und Knecht mit dem dreirädrigen Wagen holpernd zur Kirche. Bevor der Seelsorger, dem der Volksglaube aufgrund seiner Weihen auch geister- und teufelsbannende Fähigkeiten zuschreibt, das Gotteshaus betrat, befahl er seinem Gehilfen, sich nicht umzusehen, wenn er wieder den Wagen besteige. Sobald er ihm eine Hand auf die Schulter lege, müsse er aber sofort losfahren. Als der Pastor nach einiger Zeit wiederkam, hörte der Knecht, daß dieser sich mit jemandem unterhielt. Entgegen der Abmachung drehte er sich neugierig um, wurde aber sofort von einer knochigen Hand heftig geohrfeigt. Als der Pastor den Knecht jedoch bat, ihn und den Geist zu einer nahen Anhöhe zu bringen, fuhr er los. Während der gesamten Fahrt stritt sich das Gespenst mit dem Geistlichen fürchterlich über die Bibel. Nachdem sie ihr Ziel erreicht hatten, stieg der Pastor mit seinem Begleiter aus und wies den Knecht an, alleine nach Hause zu fahren. Dann bannte er das Gespenst auf den Hügel und ging anschließend zu Fuß zurück nach Rabenkirchen. Dort beantwortete er seinem Knecht die Frage nach dem vierten Rad: Wäre dieses am Wagen geblieben, hätte der Teufel sie auf der Fahrt begleitet, und es wäre ihm nicht gelungen, den Geist aus der Kirche zum Hügel zu locken.
Nächtlicher Spuk in Kirchen ist ein beliebtes Sagenthema. Nach dem Volksglauben zeigen sich dort nicht nur Gespenster, die zu nächtlichen Gottesdiensten kommen, sondern auch einzelne Geister, die für begangene Freveltaten büßen müssen. Vornehmlich vermutete man sie auf Kirchtürmen, auf Treppen dorthin oder auf Emporen.
→ Kiel → Schleswig

RANTZAU (Kreis Ostholstein)

Herrenhaus
Zwischen *Plön* und *Lütjenburg* an der Bundesstraße 430 liegt auf halber Strecke der Stammsitz des alten holsteinischen Adelsgeschlechts der Rantzau. Das heutige Herrenhaus, eine zweigeschossige Dreiflügel-

Eingang zum Schloß Rantzau, 1850

anlage, ließ Heinrich Rantzau Ende des 16. Jh. als fast Siebzigjähriger bauen, nachdem er die alte Wasserburg abgerissen und den See durch Aufstauen der Kossau vergrößert hatte. Von der Selbstsicherheit dieses Bauherren zeugt eine Inschrift, die er in der Wandellaube hatte anbringen lassen: „Der Du selbst nichts baust, was tadelstu hämisch das Fremde? Baue du Bessres, zuvor schleuss den verdammten Mund!“
Einige Teile des Vorgängerbaus sind noch in dem heutigen Haupthaus, das zahlreiche spätere Umbauten erfahren hat, erhalten geblieben, zum Beispiel die Ecktürme als Kern der Seitenflügel.
Das Gut befand sich seit Anfang des 13. Jh. in der Familie, als deren erster Vertreter Johann durch eine Urkunde von 1226 bekannt wurde. Zu seiner Zeit bestand die Burg aus einem Doppelhaus, jedes mit Pultdach, und war von einem Graben umgeben. Johann wurde auch der Stammvater der verschiedenen Linien der Familie.
An diese Tatsache knüpft eine Sage an, die von seiner jungen Ehefrau erzählt: Kurz nach ihrer Hochzeit hörte sie nachts, während ihr Mann neben ihr schlief, ein Rauschen und sah, daß die Bettvorhänge aufgezogen wurden. Eine schöne junge Zwergenfrau stand mit einem Licht in der Hand vor ihr und bat sie, mitzukommen. Sie versicherte der Hausherrin, daß keine Gefahr drohe, sondern versprach sogar Glück, wenn sie folgen würde. Sie dürfe aber nichts von dem essen, was man ihr anbiete und auch keine Schätze annehmen, außer denen, die sie selbst ihr geben werde. Die Gräfin folgte der kleinen Bergfrau und gelangte unter die Erde in ein Zimmer, das von Gold und Edelsteinen funkelte. Der König des dort unten lebenden Volkes

erschien und bat sie, seiner Frau bei der Entbindung ihres Kindes behilflich zu sein. Darauf brachte er sie an das Bett der Königin, und sie half ihr, das Kind zu gebären. Von den Speisen, die man ihr anschließend reichen wollte, rührte sie nichts an, auch nicht die vielen Edelsteine in Schalen.

Nachdem die Gräfin von ihrer Führerin wieder ins eigene Schlafgemach geleitet worden war, erhielt sie von ihr drei hölzerne Stäbe, die sie unter das Kopfkissen legen sollte, damit sie sich dort zu Gold verwandelten. Für ihre drei Kinder, die sie bekommen würde, sollte sie daraus einen Hering, Rechenpfennige und eine Spindel machen lassen. Der Hering bedeute für den, der ihn erhalte, Kriegsglück, die Pfennige hohe Staatsämter und die Spindel reiche Nachkommenschaft. Am nächsten Morgen erzählte die Gräfin ihrem Gatten von dem nächtlichen Geschehen, er lachte sie aber nur aus. Als sie jedoch unter ihr Kissen schaute, lagen dort tatsächlich drei goldene Stangen, und die beiden verfuhren damit, wie das Bergfräulein gesagt hatte. Diese Gaben wurden später zum Grundstein für den Erfolg der Rantzauischen Familien.

Geburten bei Unterirdischen machen in Sagen oft die Hilfe von Frauen notwendig. Als Dank überreichen die Zwerge dann Geschenke, die meistens in einfachen Gaben bestehen und erst zu Schätzen werden, wenn die Menschen das Reich der kleinen Leute wieder verlassen haben.

→ Breitenburg

RATZEBURG (Kreis Herzogtum Lauenburg)

Die heutige Kreisstadt des Herzogtums Lauenburg liegt auf einer Insel und ist durch drei Dämme mit dem Festland verbunden. Herzog Heinrich der Löwe von Sachsen (1129–1195) gründete hier Mitte des 12. Jh. einen Bischofssitz. Rund um die slawische Burg, die im Westen der Insel lag, entwickelte sich ein Marktort, der 1261 Stadtrecht erhielt.

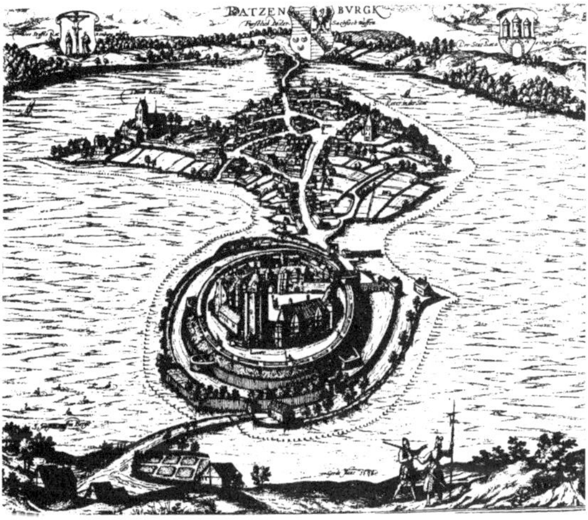

Ratzeburg, 1588

Dom

Wichtigste Sehenswürdigkeit von Ratzeburg ist der Dom, ein Frühwerk monumentalen Backsteinbaus und zugleich die älteste romanische Backsteinkirche in Norddeutschland. Der auf der Nordspitze der Insel abseits der Altstadt auf einer Höhe liegende Bau wurde um 1160 begonnen und 1220 vollendet. Die dreischiffige gewölbte Pfeilerbasilika mit Querhaus und halbrund geschlossenem Chor ist als Wahrzeichen der Stadt weithin sichtbar. Auf einem Postament vor dem Dom steht die Plastik eines Löwen: Sinnbild Heinrichs des Löwen, der den Bau in besonderer Weise gefördert hat.

Im Inneren der Kirche fallen unter anderem die mittelalterlichen Bischofsgrabsteine ins Auge. Neben vielen anderen findet sich auch die Grabplatte des Bischofs Ulrich von Blücher. Sie ist knapp 2,5 m hoch, besteht aus Kalkstein und trägt eine eingeschnittene Zeichnung. Innerhalb eines äußeren Spruchbandrahmens steht der Bischof mit erhobenen Händen und Bischofs-

stab in einem Dreipaßrahmen. Als Sterbedatum ist das Jahr 1284 genannt. Eine sagenhafte Geschichte über den Bischof beschreibt diesen als ausgesprochen freigebig und mildtätig. Während einer großen Hungersnot hatte er deshalb nach und nach alle Vorräte seines Speichers an arme hungernde Menschen, die Hilfe von ihm erbaten, verteilt. Schließlich blieb weder für ihn noch für sein Gesinde etwas übrig. Als wiederum Arme vor der Tür standen und um Mehl oder Korn baten, rief er seinen Schaffer und forderte ihn auf, ihnen zu essen zu geben. Der Verwalter antwortete, daß nicht mehr das geringste im Lager sei, aber der Bischof ließ sich nicht beirren. Er bat, noch einmal nachzusehen, ob nicht doch noch Reste vorhanden wären und sagte, man könnte Hungernde nicht einfach wegschicken. Er schien zu glauben, daß der Schaffer zur Sicherung des bischöflichen Haushalts Vorräte zur Seite gelegt hatte, was aber nicht der Fall war. Als dieser trotzdem der Aufforderung nachkam und den Speicher öffnete, war er auf wundersame Weise wieder mit Korn und Mehl gefüllt, und der Bischof konnte den Bedürftigen reichlich geben. Er weinte vor Glück, als er von dem Wunder erfuhr und dankte Gott.
Im Jahr 1693 wurde das inzwischen zur Festung ausgebaute Ratzeburg vom Dänenkönig Christian IV. belagert und fast vollständig niedergebrannt; zu den wenigen geretteten Bauten gehörte auch der Dom. In diesem Zusammenhang erzählt die Sage, man habe damals einen Vertrag geschlossen: die Dänen sollten versuchen, Kugeln in Form eines Kegelspiels in die Außenmauer des Doms zu schießen. Gelänge ihnen dies, werde die Stadt sich ergeben – andernfalls müsse das feindliche Heer abziehen. Tatsächlich gelang es einem dänischen Kanonier, die Kugeln fast alle entsprechend zu plazieren; bevor er jedoch den „König" abfeuern konnte, hatte ihm einer der Verteidiger den Kopf abgeschossen. Tatsächlich sind an den Außenwänden des Doms noch Spuren dieser Beschießung sichtbar.

Großer Ratzeburger See

Der Große Ratzeburger See ist über 1400 ha groß. Seine 9 km lange und maximal 1,75 km breite Form ist durch eine eiszeitliche Gletscherzunge entstanden. Zwischen Ratzeburg, dem Gasthaus Rothenhusen, einer ehemaligen Zollstelle, und dem Fluß Wakenitz gibt es im Sommer einen Motorbootverkehr für Ausflügler.
Die Sage behauptet, daß auf dem See einmal ein Ratzeburger Fährmann ein sonderbares Erlebnis hatte: Er

wurde eines Nachts von einem fremden Mann gebeten, ihn aufs gegenüberliegende Ufer zu bringen. Nachdem sie etwa die Hälfte der Strecke zurückgelegt hatten, füllte sich der Kahn plötzlich mit Pferdeäpfeln. Voller Angst ergriff der Fährmann eine Schaufel, die im Boot lag, und schippte die merkwürdige Fracht ins Wasser, da er befürchtete, daß sie sonst sinken könnten. Nach diesem unheimlichen Zwischenfall erreichten sie schließlich wohlbehalten ihr Ziel, und sein Passagier ging fort, ohne sich zu verabschieden. Als der Fährmann am nächsten Morgen das Boot vom übriggebliebenen Pferdemist säubern wollte, sah er, daß sich dieser in reines Gold verwandelt hatte. Hätte er die Roßäpfel in der Nacht nicht über Bord geworfen, wäre er ein reicher Mann gewesen.
→ Friedrichsgraben

RENDSBURG (Kreis Rendsburg-Eckernförde)

Rendsburg wird als Stadt in schriftlichen Quellen erstmals im Jahr 1253 erwähnt. Die damalige Siedlung entstand unter dem Schutz der „Reinholdsburg", die bereits um 1150 auf einer Eiderinsel gebaut worden war. Brücken stellten die Verbindung mit dem schleswigschen und dem holsteinischen Ufer her. Die Insel, die inzwischen längst nicht mehr erkennbar ist, spielte schon zur Völkerwanderungszeit als Eiderübergang eine wichtige Rolle.

Altstadt
Angeblich kämpfte irgendwo auf dieser Insel um das Jahr 400 der anglische Königssohn Offa erfolgreich gegen holsteinische Truppen. Der Ort dieser Auseinandersetzung könnte durchaus dort gelegen haben, wo sich heute die Mühlen- und die Schleifmühlenstraße sowie die Hohe Straße befinden, die den ältesten Teil der Stadt bilden. Offas Sieg wurde – phantasievoll ausgeschmückt – auch von einer bekannten schleswig-holsteinischen Sage aufgegriffen: Der anglische König Wermund war bereits alt, als sein Sohn Offa auf die Welt kam. Der Junge war jedoch blind, stumm und gelähmt und wurde deshalb verachtet. Auch der alte König erblindete mit den Jahren, so daß die Angeln kein regierungsfähiges Oberhaupt mehr hatten. Ein holsteinischer Fürst sah seine Chance gekommen und ließ Wermund durch einen Boten ausrichten, daß er sich ihm unterwerfen müsse. Wenn ihm das nicht recht sei, sollte er doch Offa gegen seine beiden Söhne

Der blinde König

kämpfen lassen. Während der alte blinde König hilflos die Drohung anhörte, stand plötzlich sein ebenfalls anwesender Sohn auf und streckte seinen Körper. Offa war durch ein Wunder zu einem kräftigen gesunden Mann geworden und gab dem verblüfften Boten die Nachricht mit, daß er mit Vergnügen sein Land verteidigen werde. Nachdem Termin und Ort des Kampfes festgelegt worden waren, wollte sich Offa entsprechend ausrüsten. Durch seine neue Muskelkraft wurde jedoch jedes Panzerhemd, das er anprobierte, gesprengt. Auch die verschiedenen Schwerter, die er testete, zerbrachen wie dünne Stöcke, sobald er sie durch die Luft schwang. Erst jenes Panzerhemd, das der alte König selbst in jungen siegreichen Tagen getragen hatte, und das kostbare Schwert, mit dem Wermund seinerzeit stets erfolgreich gekämpft hatte, hielten Offas großen Kräften stand. Derart ausgestattet, traf Offa schließlich mit den Söhnen des holsteinischen Grafen auf der Eiderinsel zusammen. Der alte König ließ sich auf eine nahegelegene Eiderbrücke führen, denn er war entschlossen, sich zu ertränken, falls sein Sohn den Kampf verlöre. Offa tötete jedoch seine beiden Kontrahenten. Daß sein Sohn gesiegt hatte, konnte der blinde König allein am Klang seines Schwertes hören.

Ludwig Uhland (1787–1862) hat die Heldensage in seiner schwermütigen Ballade „Der blinde König“ verewigt. Hier wird überdies von Wermunds Tochter Gunilde berichtet, die geraubt und von ihrem Bruder Offa befreit wurde. Der Beginn lautet folgendermaßen:

Was steht der nord’sche Fechter Schar
hoch auf des Meeres Bord?
Was will mit seinem grauen Haar
der blinde König dort?
Er ruft, in bittrem Harme
auf seinen Stab gelehnt,
daß über Meeresarme
das Eiland wiedertönt:
„Gib, Räuber, aus dem Felsverlies
die Tochter mir zurück!
Ihr Harfenspiel, ihr Lied so süß
war meines ganzen Alters Glück.
Vom Tanz auf grünem Strande
hast Du sie weggeraubt;
dir ist es ewig Schande;
mir beugts das graue Haupt...“

Gaststätte Nobiskrug

Die Gaststätte Nobiskrug in der Kieler Straße liegt direkt neben dem Fährübergang Nobiskrug am Nord-Ostsee-Kanal. Anleger und Gaststätte sind nach einem historischen Wirtshaus benannt, das einst in einem nahegelegenen Waldstück stand, von dem heute kaum noch etwas erhalten ist.

Wie uns die Sage glauben machen will, gab es im Nobiskruger Gehölz vor langer Zeit ein großes Schloß. Das Gebäude versank jedoch eines Tages und riß eine Prinzessin mit in die Tiefe. In manchen Nächten stieg die junge Frau jedoch wieder hervor, um durch die umliegende Gegend zu wandeln. Abschließend setzte sie sich grundsätzlich in einen bestimmten Apfelbaum, wo sie weinte und jammerte. Der Baum wurde mehrfach abgeholzt, doch die Wurzeln schlugen immer wieder aus, und im Frühling blühte er jedesmal aufs Neue. Mehrmals entführte die Prinzessin sogar Leute in das Schloß, die danach nie wieder auftauchten. Daher warnte man in Rendsburg gerne Reisende, die am Nobiskrug vorbeikamen, sie sollten aufpassen, daß die Prinzessin sie nicht mitnehme.

Im Volksglauben wurden Nobiskrüge oder Nobishäuser ursprünglich als letzte Station von Toten auf der Reise ins Jenseits angesehen. Die Vorstellung der

Totenheime übertrug sich dann auf Wirtshäuser, in denen die Gäste vom Teufel bedient wurden. Dementsprechend bedeutete das Wort Nobiskrug in der Volkssprache schlechte Herberge oder noch schlimmer, Schenke des Teufels, Totenwirtshaus oder gar Vorhölle bzw. Hölle. Schließlich wurden solche Überlieferungen nur noch an Grenzwirtshäuser geknüpft. So war der Name Nobiskrug überall im deutschen Sprachraum eine beliebte Bezeichnung für Wirtshäuser an Territorial- und Landesgrenzen. Einen gleichnamigen Krug gab es beispielsweise in der heute noch existierenden Straße Nobistor an der Grenze zwischen *Hamburg* und der Stadt *Altona*, die noch bis 1937 zu Schleswig-Holstein gehörte.

St. Annen (Kreis Dithmarschen)

Kirche

In St. Annen, das zum Kirchspiel *Lunden* gehörte, wurde Anfang des 16. Jh. eine Backsteinkapelle errichtet. Es handelt sich um einen einschiffigen Saalbau mit Dachreiter und einigen bemerkenswerten Ausstattungsstücken im Innern. So findet sich hier ein mittelalterlicher Schnitzaltar des 14. Jh. Über dem Südportal berichten eingelassene Sandsteintafeln mit den Wappen Dithmarscher Geschlechter, unter anderem dem der Russebelinger, von deren Beteiligung an der Erbauung. Ob der aus St. Annen überlieferte Vorspuk einem Mitglied dieses oder eines anderen Geschlechts zustieß, ist nicht bekannt. Erzählt wird, daß ein Gemeindemitglied, das am Eiderdeich wohnte, ge-

Kirche in St. Annen bei Lunden

storben war. In der Kirche hatte der Gottesdienst stattgefunden, auf dem benachbarten Friedhof war der Tote bestattet worden, und anschließend hatte sich die Trauergesellschaft zum „Fellversupen“ (Fellversaufen) im gegenüberliegenden Gasthaus zusammengesetzt. Als einer der letzten Gäste am späten Abend nach Hause gehen wollte, sah er vor der Kirche wieder einen Leichenzug. Er rief herüber und fragte, wer es jetzt sei, worauf ihm geantwortet wurde: „Dat büst du!“ (Das bist du.) Er antwortete, daß er in 20 Jahren nicht sterben würde, ging aber doch von Angst geplagt heim. Dort legte er sich sofort zu Bett und wurde noch in der Nacht krank. Von dieser Krankheit konnte er nicht wieder genesen, so daß er bis zu seinem Tod 20 Jahre später ans Bett gefesselt blieb.

ST. MICHAELISDONN (Kreis Dithmarschen)

Quelle am Kleve

Südöstlich von St. Michaelisdonn in Süderdithmarschen, auf halbem Weg zum Dorf *Hopen*, endet die Marsch am „Kleve“, dem sanften Abhang der Geest, die hier beginnt. In diesem Landschaftsschutzgebiet ist eine alte Quelle erhalten, die noch heute im Sommer als Viehtränke dient. Historische Schriften bezeichnen sie als „immer hell fließend“, und unter ihr vermutete man einen großen versenkten Schatz. Noch heute heißt sie deshalb der „Geldsoot“ (Geldbrunnen). Die hiermit verbundene Sage erzählt, daß vor langer Zeit in unmittelbarer Nähe ein größeres, reiches Dorf gewesen sei, dessen Bewohner durch einen Krieg oder die Pest in kurzer Zeit fast alle starben. Ein Hirte blieb als einziger am Leben und kam so in den Besitz aller Güter. Da er keine Erben hatte, schüttete er alles Geld, Gold und Silber vor seinem Tod in den Soot.

Viele Menschen sollen seitdem versucht haben, den Schatz zu heben – sie scheiterten jedoch alle an der Nichteinhaltung bestimmter Bedingungen, besonders der, während der Bergung absolutes Stillschweigen zu bewahren. Zudem werden Schätze oft von dämonischen Schatzhütern bewacht, die die Schatzsucher zum Bruch des Schweigetabus veranlassen. Die Schatzgräber am Kleve sahen am Grund der Quelle ein kleines graues Männchen mit dreieckigem Hut und einem Licht in der Hand, das sofort verschwand, wenn man es berühren wollte.

Vor mehr als 200 Jahren versuchten einige Männer aus Hopen ihr Glück. Sie stießen im Grund auf einen

großen Braukessel, den sie mittels eines an Seilen befestigten dicken Rundholzes heraufziehen wollten. Plötzlich sauste an ihnen ein Fuder Heu mit sechs davor gespannten Mäusen vorbei. Wenig später kam das kleine graue Männchen auf einem dreibeinigen Schimmel angeritten und wünschte freundlich „Guten Abend“, aber auch daraufhin blieben sie noch still. Als der kleine Reiter sie jedoch fragte, ob sie meinten, daß er das Heufuder noch einholen könnte, begann einer der Schatzgräber zu lachen und antwortete, daß er als hinkender Reiter den Teufel überholen könnte. In dem Moment brach das Holz, der Kessel versank, und der Geist verschwand.
Diese Sage ist vor allem deshalb bekannt, weil sie von den Dichtern Theodor Storm (1817–1888) und Gustav Frenssen (1863–1945) aufgegriffen wurde. Frenssen läßt die Geschichte in seinem 1901 erschienen Bauernroman „Jörn Uhl“ von einer Großmagd erzählen, die das „Zweite Gesicht“ hat.

SATRUP (Kreis Schleswig-Flensburg)

Waldung „Rehbergholz“
An der Straße zwischen Satrup und *Ülsby* liegt auf halber Höhe rechterhand der Wald „Rehbergholz“. Der Sage nach überfiel hier im ausgehenden 18. Jh. ein Räuber namens Claus Fischer zahlreiche Menschen, die zwischen beiden Dörfern unterwegs waren. Zweimal war Fischer deshalb bereits zu längeren Zuchthausstrafen verurteilt worden, die er in *Glückstadt* an der Elbe absitzen mußte. Nach Verbüßung der zweiten Strafe häuften sich die Überfälle erneut, obgleich niemand Claus Fischer gesehen hatte. Nachdem sich erneut ein besonders schlimmer Raub ereignet hatte, machten sich Polizisten und Soldaten gemeinsam mit Förstern und Bauern im Rehbergholz auf die Suche nach dem Verbrecher, den sie nach einiger Zeit tatsächlich aufstöberten. Er hatte sich unter einem dichten Gebüsch eine unterirdische Wohnung mit Stube, Bett, Küche, Schornstein sowie mit vielen Geräten und Waffen eingerichtet. Daraufhin sperrte man Fischer lebenslänglich in ein dänisches Gefängnis bei Helsingör am Öresund. Allerdings gelang es ihm nach einiger Zeit, sich eine leere Buttertonne zu besorgen, die sich mit einem Deckel luftdicht verschließen ließ. Als eines Nachts die Wachen unaufmerksam waren, nutzte er die Gelegenheit und sprang mit der Tonne unter dem Arm in den Öresund, um sich zur nahen

Das Innere eines Gefängnisses im 18. Jh., Kupferstich

schwedischen Küste hinübertreiben zu lassen. Er verrechnete sich aber und wurde von einer starken Strömung ins offene Meer hinausgezogen. Seitdem hat man nie wieder etwas von Claus Fischer gehört.

Räuber und deren Delikte sind naturgemäß beliebte Themen abergläubischer Vorstellungen und sagenhafter Geschichten. In der Überlieferung räuberischer Taten vermischen sich Abscheu und Bewunderung, und manche Räuber werden sogar zu Helden und zu lokalen Berühmtheiten. Ob der Claus Fischer aus der vorliegenden Erzählung tatsächlich existierte, geht aus archivalischen Quellen leider nicht hervor.

Vom Waldparkplatz an der Straße führt ein Rundweg 3,5 km durch das Gehege, durch das die Wasserscheide zwischen Nord- und Ostsee verläuft.

SCHAALSEE (Kreis Herzogtum Lauenburg)

Der Schaalsee liegt im Naturpark Lauenburgische Seen, südöstlich von *Ratzeburg*. Er entstand in der letzten Eiszeit und ist mit 72 m der tiefste See der Norddeutschen Tiefebene. Die ruhige Umgebung im ehemals deutsch-deutschen Grenzgebiet und die gute Wasserqualität bieten für Flora und Fauna einen idealen Lebensraum. Etwa die Hälfte des 2298 ha großen Sees gehört zum angrenzenden Bundesland Mecklenburg-Vorpommern. Im Schaalsee schwimmen u. a. Aale, Hechte und Barsche, aber auch Große Maränen. Diese Edelfische, die gerne geräuchert gegessen werden, gehören zu den Lachsfischen und sind gewissermaßen die norddeutsche Ausführung der Felchen bzw. Renken, die in süddeutschen Seen, z. B. im Bodensee, vorkommen. Über die Herkunft der Maränen im Schaalsee erzählt man sich eine sonderbare Sage: Einst befand sich am Schaalsee ein Nonnenkloster, in dem eine Äbtissin aus der Bodensee-Region lebte. Als Fastenzeit war, wollte sie gerne Renken essen, wie sie es von ihrer Heimat her gewohnt war. Nun gab es im Schaalsee zwar viele Fische, aber keine Renken. Da schloß die Frau einen Pakt mit dem Teufel, der ihr im Tausch gegen ihre Seele versprach, die gewünschten Fische zu besorgen. Noch bevor mittags um zwölf Uhr die Betglocke läutete, wollte er wieder zurück sein. Je näher der Zeitpunkt heranrückte, desto ängstlicher wurde die Äbtissin, die ihren Pakt längst bereute. Schließlich bat sie eine Nonne, die Uhr auf zwölf Uhr mittags vorzustellen und die Betglocke anzuschlagen. Der Teufel flog gerade über den südlichen Teil des Schaalsees, als die Glocke verfrüht läutete. Vor Wut warf er die Fische in den See, die seitdem dort leben.

SCHALKHOLZ (Kreis Dithmarschen)

Gedenkstein

Südlich von Schalkholz, am Weg nach *Tellingstedt,* steht ein Granitblock von 1 m Höhe und 80 cm Breite, der durch eine Inschrift auf der Vorderseite als Denkstein ausgewiesen ist. Über einem Kreuz im unteren Teil steht in schwer lesbaren Schriftzeichen: „KARSTEN GROTH / IS GESHATE(N), DEN / GOT WILL GNEDI(G SIN). A(NNO) 80.“ (Karsten Groth ist erschossen, dem Gott möge gnädig sein.)

Eine Sage, die an diesen sogenannten „Klaas Steen“ gebunden ist, nennt zwei Brüder, Klaas und Karsten

Groth, die in Schalkholz lebten und sich beide in dasselbe Mädchen, das in Tellingstedt wohnte, verliebten. Nachdem die junge Frau sich zunächst nicht zwischen den beiden Männern hatte entscheiden können, fiel ihre Wahl schließlich auf den jüngeren Karsten. Klaas wurde daraufhin so von Eifersucht geplagt, daß dieser seinem Bruder eines Abends, als er von seiner Braut aus Tellingstedt zurückkam, am Weg auflauerte und ihn erschlug. An der Stelle des Mordes steht heute das Kreuz.

Eine genaue Datierung ist nicht möglich, da das Jahrhundert nicht angegeben ist. Dem Stil der Buchstaben nach dürfte der Stein aber im 16. Jh. aufgestellt worden sein. Wer der genannte Karsten Groth war, ist nicht bekannt, ebensowenig, warum und von wem er getötet wurde. In der Regel wird der Stein als Sühnemal bezeichnet, obgleich auch das nicht bewiesen ist. Solche Steine waren Rechtsmale, zu deren Aufstellung Mörder verurteilt wurden, um an den von ihnen Umgebrachten zu erinnern. Wurden die Steine dagegen von den Hinterbliebenen errichtet, handelt es sich um Erinnerungsmale. Sühneverträge, die zur Aufstellung von Steinen oder Kreuzen verpflichteten, schloß man allerdings nur bis ins beginnende 16. Jh., so daß es sich in diesem Fall bei richtiger Datierung auf 1580 um ein Erinnerungsmal handelt.
Der Lyriker *Klaus Groth* (1819–99), der als junger Mann oft in Tellingstedt war, greift in seinem Gedicht „De Steen bi Schalkholt“ die Geschichte auf:

> Bi Schalkholt oppe Heiloh
> Dar liggt en Steen so grot,
> Dar slog voer vele Jahren
> En Broder sin Broder dot.

Dar weer en rike Burdiern,
De harrn se beid so leef,
Dat weer int ganze Karspel wul
De smuckste de dat gev.

„Segg Broder an, wat feilt di?
Du sühst so truri ut:
To morgen sök dien beste Staat,
Denn kam ik mit de Brut."

„To morgen heff ik gar keen Tid,
Denn mut ik op de Heid,
Sunst fritt de böse Wulf min Schap,
Dat beste inne Weid."

Bi Schalkholt oppe Heiloh
Dar liggt en Steen so grot,
Dar schot he Sünndagsmorgens
Sin egen Broder dot.

(Bei Schalkholz auf der Heide / Da liegt ein Stein so groß, / Da schlug vor vielen Jahren / Ein Bruder seinen Bruder tot.
Da war ein reiches Bauernmädchen, / Das hatten sie beide so lieb, / Das war im ganzen Kirchspiel wohl, / Die schönste die es gab.
„Sag Bruder, was fehlt dir? / Du siehst so traurig aus: / Morgen such deinen besten Staat, / Dann komm ich mit meiner Braut."
„Morgen hab ich gar keine Zeit, / Dann muß ich auf die Heide, / Sonst frißt der böse Wolf mein Schaf, / Das beste in der Weide."
Bei Schalkholz auf der Heide / Da liegt ein Stein so groß, / Da schoß er Sonntagmorgens / Seinen eigenen Bruder tot.)
Die Namensgleichheit des Dichters mit den Personen der Geschichte hat dazu geführt, daß er fälschlicherweise selbst mit dem mehr als 200 Jahre zuvor verübten Verbrechen in Verbindung gebracht wurde: ein in den 20er Jahren verbreitetes Zigaretten-Sammelbild besagt, an diesem Stein habe der Dichter Klaus Groth seinen Bruder erschlagen.
→ Heide

SCHENEFELD (Kreis Steinburg)

Kirche
In der Mitte des Ortes steht die romanische, Bonifatius geweihte Kirche aus dem 12. Jh. An ihrer Stelle war aber schon im frühen 9. Jh. ein Bau errichtet worden,

von dem an der Nordwand des Schiffes noch der untere Teil erhalten ist. Aus dieser Frühzeit ist überliefert, daß Erzbischof Ebo von Reims, der 823 in das Land nördlich der Elbe kam, den ersten Kirchenbau auf einer Störinsel, dem heutigen *Heiligenstedten*, errichtete. Für den nächsten Schritt nach Nordwesten wurde ein Sammelplatz bei *Pöschendorf*, 1 km südlich von Schenefeld, angelegt. Der Sage nach ist das Dorf nach einem der damaligen Päpste, Paschalis, benannt worden. Hier schlugen die Geistlichen zunächst ihr Lager auf, von dem aus sie die Kirche in Schenefeld gründeten.

Im Chor der Kirche hängt ein hölzernes Epitaph aus dem Jahr 1642, das den Kirchspielvogt Diederich Twachtmann und seine Frau Adelheid als Auftraggeber nennt. Auf der hochrechteckigen gerahmten Mitteltafel zeigt ein Bildfeld zwischen Inschriften oben und unten die Befreiung des Apostels Petrus aus dem Gefängnis, in das er von Herodes Agrippa I. (40–44 n. Chr.) geworfen worden war. Diese Darstellung der Apostelgeschichte (12, 10–23) geht auf ein Gemälde des italienischen Malers Raffael (1483 bis 1520) zurück. In der linken Bildhälfte erkennt man den Engel, der in der Nacht vor der geplanten Hinrichtung im Kerker erschien und den Gefangenen aufforderte, sich zu erheben. Da fielen die Fesseln ab, und, von den Wächtern unbemerkt, folgte Petrus dem Engel ins Freie.

Das Bild zeigt rechts im Vordergrund Kartenspieler sowie ein Blatt des alten deutschen Kartenspiels: ein Ruten-As eine Szene, die Anlaß zur Sagenbildung war:

Beim Kartenspielen

Als während des Dreißigjährigen Krieges Wallensteins Truppen bei der Verfolgung des geschlagenen dänischen Königs raubend und plündernd durch Holstein zogen, kamen sie auch nach Schenefeld, wo drei von ihnen im südlich an die Kirche angebauten „Kinderhaus“ (Aufenthaltsraum für auszusegnende Wöchnerinnen) Quartier nahmen und sich die Zeit mit Kartenspielen vertrieben. Da gesellte sich ein Fremder zu ihnen und bat, mitspielen zu dürfen. Als einem der Spieler eine Karte, das Ruten-As, zu Boden fiel und er sich danach bückte, bemerkte er, daß der Gast einen Pferdefuß hatte – daß sie also mit dem Teufel selbst spielten. Er stand rasch auf und verabschiedete sich, während die anderen weiterspielten. Kurz darauf gerieten sie in Streit, in dessen Verlauf der Teufel die Soldaten packte und ihre Köpfe gegen die Wand schlug. Die entstandenen Blutflecken ließen sich weder entfernen noch übermalen und sollen bis zum Bau eines neuen Kinderhauses 1752 zu sehen gewesen sein. Daß im September des folgenden Jahres ein Blitz die Kirche zerstörte, deutete man als Strafe für die Entweihung des Gotteshauses durch Kartenspielen. Schon im folgenden Jahr wurde die Kirche wiedererrichtet, und im Andenken daran stiftete 13 Jahre später Diederich Twachtmann das Epitaph.
Den kulturhistorischen Hintergrund der Sage vom Teufel beim Kartenspiel bilden zahlreiche Verbote geistlicher und weltlicher Obrigkeiten, die in den seit dem frühen 14. Jh. in Europa verbreiteten Spielkarten eine Gefahr für das menschliche Seelenheil erblickten – nicht ganz zu Unrecht, da um viel Geld gespielt wurde, woraus nicht selten Not und Unglück entstanden. Die Spielwut im allgemeinen und das Kartenspiel im besonderen waren als „Des Teufels Bilderbuch“ häufig Thema von Predigten.

Pastorat
Südlich der Kirche liegt das Pastorat, in dem der amtierende Pastor seine Wohnung hatte. Da Geistliche durch Weihe, besonderes Wissen (Latein) und Kleidung aus der Reihe der übrigen Menschen herausgehoben waren, schrieb der Volksglaube ihnen besondere Fähigkeiten zu, u. a. die, Geister bannen zu können. Der Schenefelder Pastor wurde zu Beginn des 19. Jh. mehrfach geholt, um Menschen vor den angeblichen Nachstellungen eines Hingerichteten zu schützen.
Im Jahr 1819 hatte ein junger Mann namens Franz Delfs wegen familiärer Unstimmigkeiten Vater und Bruder mit Arsen vergiftet, wofür man ihn zum Tod

Darstellung desRäderns. Holzschnitt, 1548

durch das Rad verurteilte. Bei dieser äußerst grausamen Strafe, die nur bei schweren Verbrechen zur Anwendung kam, zerschlug der Scharfrichter dem Delinquenten mit einem Wagenrad die Glieder und das Rückgrat und flocht den Körper anschließend durch die Speichen des Rades, das dann auf einen Pfosten oder auf den Galgen gesteckt wurde. Die Zahl der Stöße war im Urteil vorgeschrieben, ebenso, ob die Räderung von unten nach oben oder von oben nach unten erfolgen sollte. Strafmildernd war, den ersten Stoß auf den Hals oder das Herz zu führen, so daß der Tod rascher eintrat. Im Fall von Franz Delfs bestand der Gnadenerweis in vorheriger Enthauptung; der tote Körper wurde aufs Rad gelegt, der abgeschlagene Kopf auf einen Pfahl gesteckt. Die Richtstätte lag rechter Hand der Hauptstraße hinter dem Hohenzollernpark, wo heute Wohnhäuser stehen.
Menschen, die schwere Schuld auf sich geladen haben oder die gewaltsam ums Leben kamen, konnten nach dem Tod angeblich keine Ruhe finden. Franz Delfs, dem zudem ein ordentliches Begräbnis verwehrt war, soll in Gestalt eines schwarzen Hundes gespukt haben. Ein Händler, der mit seinem Planwagen auf seinem Weg von *Itzehoe* nach *Hademarschen* an der Richtstätte vorbeifuhr, lud den aufgespießten Kopf scherzhaft zum Mitfahren ein – daraufhin war sein Wagen nicht mehr von der Stelle zu bringen, bis der zu Hilfe geholte Pastor den Bann löste. Einen Bauern aus

Haale, der den Kopf zum Mitfahren und gemeinsamer Feier des Weihnachtsabends eingeladen hatte, begleitete der Tote in Gestalt eines immer schwerer werdenden schwarzen Pudels bis nach Hause, wo er plötzlich vom Wagen verschwand. Im Stall gebärdeten sich die Tiere aus unerklärlichen Gründen wie wild; erst dem herbeigerufenen Schenefelder Pastor gelang es, die Ruhe wieder herzustellen.
Der zu Gast geladene Tote – bekannt vor allem durch den Don Juan-Stoff, in dem die zum Essen eingeladene Statue eines Verstorbenen tatsächlich erscheint – rächt sich in den meisten Fällen fürchterlich für die Herausforderung, indem er den Spötter mit ins Jenseits nimmt. In der vorliegenden Fassung geht die Sache glimpflich aus: dank der Hilfe des Geistlichen kommen die Betreffenden mit dem Schrecken davon.

SCHLESWIG (Kreis Schleswig-Flensburg)

Die am Nordufer der Schlei gelegene Kreisstadt wird 804 in fränkischen Annalen erstmals erwähnt. Als Nachfolgerin der weiter südlich am Haddebyer Noor gelegenen, um 1050 zerstörten Kaufmanns- und Handwerkersiedlung *Haithabu* war „Sliastorp“ (auch Sliasvig oder Sleswich) zentraler Handelsplatz in Nordeuropa, bis es seine wirtschaftliche Vormachtstellung an das 1143 neu gegründete *Lübeck* verlor. Mit allen Kennzeichen einer mittelalterlichen Stadt ausgestattet, war es sakrales und profanes Herrschaftszentrum: Bischofssitz und Residenz der Herzöge von Schleswig und Holstein bzw. Holstein-Gottorp.

Möweninsel

Die erste Burg des Herzogtums entstand im 12. Jh. angeblich auf dem Möwenberg, einer etwa 150 m vom Ufer entfernt in der Schlei gelegenen Insel. Als die Herzöge 1268 im Tausch gegen *Schwabstedt* die Burg *Gottorf* erhielten, gaben sie die Möweninsel auf. Das kleine, für Besucher unzugängliche Eiland ist seit jeher Nistplatz unzähliger Möwen, die sich dort regelmäßig von Mitte März bis Mitte August niederlassen. Bis ins 19. Jh. stellte die Stadt der Überlieferung nach alljährlich zur Brutzeit einen Fischer ein, der die Möweninsel bewachte. Der „Möwenkönig“ sorgte dafür, daß die Vögel nicht gestört wurden und somit möglichst viele Junge ausbrüteten. Die Maßnahme diente allerdings nicht der Tierliebe, sondern als Vor-

Das Möwenschießen

bereitung für ein grausames Fest, das die Schleswiger Bevölkerung noch im vergangenen Jahrhundert einmal jährlich feierte. Der Schutz der Vögel endete nämlich, nachdem sie zweimal gebrütet hatten, am Tag des „Möwenschießens“: Zahlreiche bewaffnete Männer ruderten an einem festgelegten Samstag mittags zur Insel und erlegten jede Möwe, die ihnen vor den Gewehrlauf kam. Die Jungen, die noch nicht fliegen konnten, wurden von Jugendlichen mit Knüppeln erschlagen oder zertreten. Das Massaker dauerte bis Sonntagmittag, also 24 Stunden. Unbebrütete Eier nahm man mit nach Hause, denn sie waren eine Delikatesse.

Die Tatsache, daß die überlebenden Möwen trotz des Schießfestes immer wieder zur Möweninsel zurückkehrten, versuchen verschiedene Sagen zu erklären: Eine von ihnen beschäftigt sich mit dem einstigen Schloß auf der Möweninsel. Dort soll ein Herrscher gelebt haben, der mit seinen Dienern und Knechten die Leute der Umgebung quälte und schikanierte. Die bösen Taten wurden jedoch vergolten: Eines Tages verschwand das Schloß, und Herr und Gefolgschaft wurden in Möwen verwandelt, die seitdem auf der Insel leben müssen.

Eine andere Sage erinnert an die Geschichte des Herrscherhauses: Im 13. Jh. war König Waldemar von Dänemark zugleich Herzog von Schleswig und Holstein. In seinem Testament teilte er sein Reich unter seine drei Söhne Christoph, Abel und Erich, wobei Erich die Königswürde erhielt. Da die Brüder mit der Erbregelung nicht zufrieden waren, kam es wiederholt zu kriegerischen Auseinandersetzungen. Schließlich ließ Abel, der die Burg auf der Schleiinsel bewohnte, seinen Bruder Erich heimtückisch ermorden. Fischer fanden die Leiche in der Schlei, und es heißt, eine Hand des Toten habe in die Höhe geragt, als wolle sie den Himmel anrufen, die Mörder zu strafen. Abel bestritt jede Schuld und gab vor, es handele sich um einen Unfall: sein Bruder sei aus dem Fenster gestürzt. Nachdem er vor dem dänischen Reichsrat seine Unschuld beschworen hatte, erhielt er 1250 die Königskrone, an der er sich aber nicht lange freuen konnte. Seine drei Helfer starben alle eines unnatürlichen Todes, er selbst wurde nach einer verlorenen Schlacht gegen die Nordfriesen von diesen erschlagen. – Seine Soldaten, so meinte man, seien in Möwen verwandelt worden und müßten nun auf der Insel leben.

Sie hätten nur dann für sieben Jahre wegbleiben können, wenn sie während des Brütens gestört worden wären. Sie wären aber erst von ihrem Fluch erlöst worden, wenn sie beim Brüten dreimal hintereinander keine Ruhe gehabt hätten, man also innerhalb von 21 Jahren keinen Möwenkönig eingesetzt hätte. 1814, während der Kriegszeit, störten Truppenbewegungen die Vögel. Anschließend sollen sie tatsächlich sieben Jahre ausgeblieben sein.

Auf der Möweninsel sollen sich Kellergemäuer der früheren Burg erhalten haben, in denen Schätze liegen. Die Sage erzählt, das einst ein Mann nachts auf der Insel einen hellen Schein sah, der von einer leuchtend gelben Blume ausging. Er folgte ihm – wobei er wunderbarerweise über das Wasser wie über festes Eis gehen konnte – und fand drüben ein prächtiges Schloß. Mit Hilfe der gelben Blume konnte er alle Türen öffnen und fand drinnen herrlich ausgestattete Gemächer, sowie im letzten Raum eine gedeckte

Tafel, an der er sich satt aß. Als er aufbrechen wollte, hörte er eine Stimme rufen: „Vergiß das Beste nicht!" Er verstand die Aufforderung falsch und nahm statt der Blume einen silbernen Becher mit. Als er an Land kam, war das Schloß verschwunden. Eine Schatzblume, die den Zugang zum Schloß ermöglicht, wird erst in hundert Jahren wieder blühen.

Schloß Gottorf

Schloß Gottorf liegt auf einer Insel im innersten Winkel der Schlei, der erst im 16. Jh. durch einen Damm als Burgsee abgetrennt wurde. Der erste Bau entstand vermutlich zwischen 1161 und 1268. Damals diente das Gebäude als Sitz Schleswiger Bischöfe. Danach wurde das Schloß Residenz der Herzöge von Schleswig. 1459 kam das Gebäude schließlich im Erbgang an Christian I. von Dänemark. Von 1544 bis zu Beginn

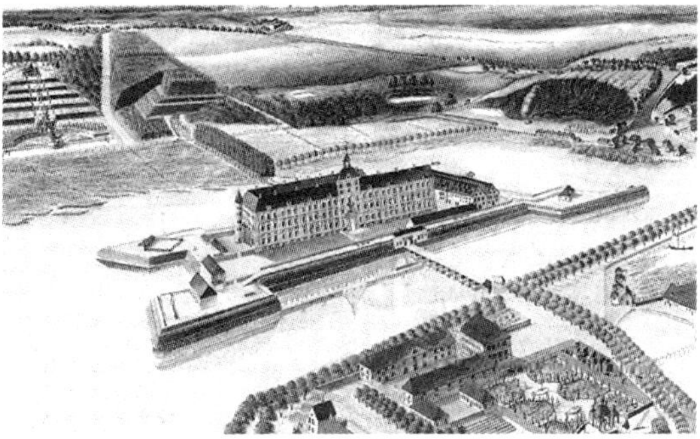

Schloß Gottorf aus der Vogelschau. Plan von Lönborg, 18. Jh.

des 18. Jh. war es Residenz der Herzöge von Schleswig-Holstein-Gottorf und bildete ein Zentrum geistigen und kulturellen Lebens. Das Schloß besaß eine wertvolle Bibliothek und Kunstsammlung sowie eine berühmte Gartenanlage. Die Vierflügelanlage des Schlosses ist ein Ergebnis verschiedener Bautätigkeiten durch die Jahrhunderte. Heute beherbergt das Schloß das Schleswig-Holsteinische Landesmuseum und das Archäologische Landesmuseum. Wichtige historische Innenräume dieses heute bedeutendsten Profangebäudes Schleswig-Holsteins sind u. a. die Königshalle, die Kapelle mit Betstuhl, der Hirschsaal und der Blaue Saal.

Die Sage beschäftigt sich mit verschiedenen Regenten, die auf Schloß Gottorf lebten. So berichtet eine Überlieferung von einem Grafen, der seinen Untertanen hohe Abgaben abverlangte. Unter den drangsalierten Landbewohnern war auch ein Böklunder Bauer, der seine Steuern eines Tages persönlich ins Schloß brachte. Der Graf, der gerade zu Abend aß, ließ ihn hereinbitten und forderte ihn auf, sich mit an die Tafel zu setzen. Er zeigte ihm sein silbernes Geschirr, ließ die Musikanten aufspielen und hielt den Landmann dazu an, tüchtig zu essen und zu trinken. Der Bauer nahm das Angebot an, schwieg aber. Als die Mahlzeit beendet war, fragte ihn der Graf überrascht, weshalb er sich über so viel Reichtum nicht wundere. Der Bauer antwortete, daß das Geschirr, die Speisen und Getränke sowie die Tischmusik gewiß sehr auserlesen seien. Er traue sich aber zu, den Grafen und seinen Hofstaat an einer noch kostbareren Tafel mit noch wertvollerer Tischmusik zu bewirten, falls der Markgraf die Einladung annehmen wolle. Da der Regent neugierig war, nahm er das Angebot dankend an und ritt schon am darauffolgenden Tag mit seinen Leuten nach *Böklund.* In seiner Diele hatte der Bauer einen Tisch aus zwei prall gefüllten Weizensäcken und darauf liegenden Brettern gebaut. An dieser Tafel servierte er dem Grafen das Essen. Nachdem dieser satt war, rechnete ihm der Bauer vor, daß seine zwei Getreidesäcke wertvoller seien als das Silbergeschirr des Grafen. Der Graf stimmte zu, fragte aber nach der angekündigten Musik. Da ließ der Bauer seine Pferde, Ochsen, Kühe, Schweine, Schafe, Gänse, Enten und Hühner auf den Hof und jagte seine Hunde dazwischen, worauf die Tiere einen großen Lärm veranstalteten. Der Markgraf, der sehr nachdenklich geworden war, mußte zugeben, daß diese Musik kostbarer sei als seine eigene.

Am Ende des Gottorfer Schloßgartens liegt linker Hand ein Tiergehege, in welchem der Sage nach König Abel spuken soll. Er war zu Lebzeiten ein begeisterter Jäger und hatte sich sogar gewünscht, ewig jagen zu können. Nach seinem gewaltsamen Tod war er zunächst im Chor des Schleswiger Doms beigesetzt worden, wo er aber zur Nachtzeit umhergeisterte, so daß man schließlich den Leichnam in den Tiergarten überführte und dort beerdigte; zur Sicherheit wurde ihm ein Pfahl durchs Herz geschlagen. Seither jagt König Abel in dem Gehege als Wilder Jäger mit seinen Hunden unter furchterregendem Lärm durch die Luft – die gerechte Strafe sowohl für seinen vermessenen Wunsch wie auch für das Verbrechen des Brudermordes.

St.-Petri-Dom

Die dreischiffige flachgedeckte Pfeilerbasilika in der Süderdomstraße wurde Anfang des 12. Jh. begonnen und mehrfach umgebaut. Sie ist heute eine Hallenkirche mit romanischem Querhaus, gotischem Hauptschiff, Chor und Kreuzgang sowie einem im 19. Jh. angefügten hohen Turm.

Brüggemann-Altar

Herzstück und kostbarster Besitz des Doms ist der große zweiflügelige Schnitzaltar im Chor, Hauptwerk des Bildschnitzers Hans Brüggemann (um 1480–1540). Er wurde ursprünglich für die Kirche des Augustinerklosters *Bordesholm* gefertigt und 1521 vollendet. Nach Aufhebung des Klosters veranlaßte Herzog Christian Albrecht die Überführung nach Schleswig.
Der Aufsatz des fast 16 m hohen Altars trägt in 22 Fächern 394 aus Eichenholz geschnitzte Figuren, deren Bedeutung sich nur Kennern biblischer Geschichte und der Evangelien erschließt. Als Vorlage dienten dem Künstler Holzschnitte aus Dürers „Kleiner Pas-

Hans Brüggemanns Holzskulpturen aus dem Bordesholmer Altar im Schleswiger Dom

sion“ von 1511. Die Deutung der beiden Seitenfiguren – möglicherweise Kaiser Augustus und die tiburtinische Sibylle – ist unsicher.
Die Sage erklärt die Figuren folgendermaßen: Als der Meister und seine Gesellen nach siebenjähriger Arbeit den Altar vollendet hatten, sei König Christian II. mit seiner Gemahlin Elisabeth nach Bordesholm gekommen, um das Werk zu betrachten; Elisabeth erklärte, mit den Fingern auf sie deutend, die einzelnen Figurengruppen. Hans Brüggemann soll diese Gelegenheit genutzt haben, um Bildnisse der hohen Herrschaften nach dem Leben zu schnitzen, und er ließ sie zu beiden Seiten des Altars auf Pfeiler setzen.
An den Bordesholmer Altar knüpft sich außerdem die auch anderorts bekannte Sage vom „Mord aus Kunstneid“: Hans Brüggemann hatte der Stadt *Lübeck* zugesagt, für sie ebenfalls einen solchen Altar anzufertigen, der noch weit schöner werden sollte. Die Bordesholmer Mönche aber, die den Ruhm ihres Klosters nicht teilen wollten, verhinderten dies, indem sie den Meister auf heimtückische Weise blendeten – er konnte nicht mehr arbeiten und starb in Armut.
→ Bordesholm

Holzschnitt Albrecht Dürers aus der „Kleinen Passion“

Gewölbemalerei

Der Chor des Schleswiger Doms ist mit reicher Gewölbemalerei versehen. Im nördlichen Nebenchor ist unter anderem auch ein auf das 14. Jh. datiertes Bildnis zweier Hexen erkennbar. Eine reitet auf einem Besen, die andere auf einer Katze.

Hexen spielten – wie überall in Europa – auch in Schleswig-Holsteins Volksglauben eine bedeutende Rolle. Was wir heute als überspannte Phantasie belächeln mögen, hatte früher einen bedrückenden Hintergrund. Im Jahr 1487 erschien der sog. „Hexenhammer" (Malleus maleficarum) des Dominikaners Heinrich Institoris. Darin wurde die Praxis der Prozeßführung gegen angebliche Hexen bis ins kleinste Detail vorgegeben. Von nun an gab es eine einheitliche Anweisung, wie die Verfolgung und Vernichtung der Hexen planmäßig durchzuführen war, und die Hexenprozesse begannen, erschreckende Ausmaße anzunehmen. Mit der aufgestellten Behauptung, daß das weibliche Geschlecht Ursache sämtlichen Übels in der Welt sei, lag es nahe, daß vornehmlich Frauen zum Opfer dieser Prozesse wurden. Man beschuldigte die angeblichen Hexen, Umgang mit dem Teufel zu pflegen und sich in Tiere zu verwandeln. Zudem warf, man ihnen vor, Unfruchtbarkeit, Unfälle, Krankheiten und sogar Pestepidemien zu verursachen, Unwetter zu erzeugen, Ernten zu verderben und Vieh krank zu machen. Die im Hexenhammer vorgeschriebenen Foltermethoden und die darin beschriebene Prozeßordnung fanden teilweise bis ins 17. Jh. Anwendung.

Der volkstümliche Glaube an Hexen bestand allerdings noch wesentlich länger. Mehrere sagenhafte Geschichten berichten darüber, welche Maßnahmen manche unserer abergläubischen Vorfahren ergriffen, um sich vor ihnen zu schützen: Man trug Dillsamen bei sich oder pflanzte rund ums Haus Bilsenkraut. Zudem wurden Kirchhofserde in der Tasche oder Leinsamen im Bettzeug als Abwehrzauber verwendet. Ebenso schützten drei schwarze Kreuze an der Haustürinnenseite oder eine Schere bzw. ein Hufeisen, die auf Türschwellen genagelt wurden. Zusätzlich konnte häusliches Unglück vermieden werden, wenn man Dillsamen in eine Schweinsblase füllte und diese dann fest verschnürt in ein gebohrtes Loch in einen der Eckständer des Hauses steckte.

Früher gab es fast in fast allen Kirchspielen Schleswig-Holsteins eine Anhöhe, von der geargwöhnt wurde, daß es sich um einen Hexentanzplatz, einen

sog. „Blocksberg“, handelte. Der Sage nach ritten Hexen besonders in der Walpurgisnacht, der Nacht zum 1. Mai, dorthin. Dazu benutzten sie Besen, Ziegenböcke, Katzen, Hähne, Schweine und Esel, die der Teufel ihnen geschickt hatte. Niemand konnte und durfte sie daran hindern. Flog die Hexe auf ihrem Weg dorthin durch eine Tür, über der ein Kreuz befestigt war, mußte der Hausbesitzer mit Rache und Prügel rechnen. Die Hexen ritten auch durch Schornsteine und Eulenlöcher ins Freie hinaus. Auf dem Blocksberg angekommen, bereiteten sie sich zunächst eine üppige Mahlzeit aus Gänse- oder Ochsenfleisch sowie Brot und Bier. Danach tanzten sie mit ihren Teufeln zu ohrenbetäubender Musik von zusammenschlagenden Kesseln und zum Gesang alter Frauen. Derjenige, der während einer solchen Zusammenkunft in die Nähe eines Blocksberges kam, wurde in den Kreis der Tanzenden hineingezogen und solange herumgeschwenkt, bis er tot zusammenbrach. Am nächsten Morgen fanden sich auf den Blocksbergen Reste von geschlachteten Gänsen, Spuren von Pferde- und Ziegenfüßen sowie Aschehäufchen.
→ Hohenfelde

Der Holm
Die sehenswerte alte Fischersiedlung östlich des Doms lag ursprünglich auf einer Insel, im Süden von der Schlei und im Norden vom Holmer Noor umflossen. Die Mitte der Siedlung nehmen eine kleine Kapelle aus dem vergangenen Jahrhundert und ein Kirchhof ein. Um diesen Platz herum liegen Fischerhäuser aus dem 18. und 19. Jh., mit der Front zur Mitte. Fast alle Häuschen haben durch Gassen direkten Zugang zum Wasser, um problemlos mit dem Fischfang zu den Trockenplätzen zu gelangen.
Der Holm ist Schauplatz einer Legende, die sich um den Apostel Petrus rankt. Nach dem Bericht der Evangelien war der Fischer vom See Genezareth einer der engsten Vertrauten Christi und bei vielen Wundern zugegen. Von dem Religionsstifter erhielt er die Vollmacht, nach seinem Tod der Gemeinschaft der Gläubigen vorzustehen und sie zu leiten: „Du bist Petrus; auf diesen Felsen will ich meine Kirche bauen, und die Pforten der Hölle werden sie nicht überwältigen. Ich werde dir die Schlüssel des Himmelreiches geben ...“ (Matth. 16, V. 18–19). Ein oder zwei Schlüssel sind daher die bekanntesten Attribute des Heiligen. Er ist Schutzpatron vieler Berufsstände, vor allem der

Fischer und Fischhändler. In jeder Weihnachtsnacht verläßt er seinen Platz am Himmelstor – wo dann andere Heilige an seiner Stelle den Pförtnerdienst versehen – und besucht eine der zahlreichen Fischersiedlungen der Welt. Einst kam er auch auf den Schleswiger Holm, während die Bewohner gerade beim Gottesdienst waren. In einem der Häuser war ein alter kranker Fischer zurückgeblieben, der darum betete, endlich sterben zu dürfen. Petrus schloß ihm die Augen, hüllte ihn in sein Fischernetz und brachte ihn über eine Treppe, die in jener Nacht bis auf die Erde hinunterreichte, zum Himmel hinauf.

Brunnenplastik „Fischer und sien Fru“
In der Fußgängerzone steht an der Ecke Stadtweg und Bismarckstraße vor der Sparkasse eine Plastik. Sie stellt eine Frau und einen Mann, der einen Fisch in der Hand hält, dar. Es sind die Hauptfiguren des bekannten Grimmschen Märchens „Von dem Fischer un syner Frau“, dessen Vorlage der Maler Philipp Otto Runge (1777–1810) in pommerscher Mundart aufgezeichnet hat: Ein armer Fischer, der mit seiner Frau in einem „Pißputt“ haust, fängt einen Butt, der in Wirklichkeit ein verzauberter Prinz ist und den er wieder freiläßt. Daheim überhäuft ihn seine Frau mit Vorwürfen, weil er die Gelegenheit nicht genutzt hat, einen Wunsch zu äußern und schickt ihn zurück ans Meer, wo er den Butt herbeiruft mit den Worten:

Manntje, Manntje, Timpe Te,
Buttje, Buttje in der See,
myne Frau de Ilsebill
will nich so, as ik woll will.

Der wunderbare Fisch verschafft ihm die gewünschte Hütte und wenig später ein Schloß. Dieses Spiel wiederholt sich mehrfach, steigert sich und wird immer bedrohlicher. Der Fischer richtet die immer maßloseren Wünsche seiner Frau nur ungern aus und sucht sie vergebens zur Einsicht zu bringen. Nachdem sie König, Kaiser und Papst geworden war, will sie schließlich wie Gott werden. Da läuft ihr Mann „as unsinnig“ ein letztes Mal zum Butt und erhält die Antwort: „Ga man hen, se sitt all weder in'n Pißputt.“
Die surreale Groteske ist ein Warnmärchen, das in der Tradition mittelalterlicher Exempelerzählungen die Folgen maßloser Gier nach Reichtum, Macht und Ansehen schildert. Thematisch eng verwandt ist Ludwig Bechsteins Märchen „Mann und Frau im Essigkrug“ (1856), wo ein goldenes Vögelein erscheint, um dem

Ehepaar ein besseres Leben zu ermöglichen. Auch hier verschwindet am Ende alle Herrlichkeit mit den Worten: „Daß ihr versauern müßt im Essigkrug!“

Brutsee

Man erreicht den Brut- oder Brautsee an der nordöstlichen Peripherie Schleswigs am besten, indem man der Straße Gallberg stadtauswärts in Richtung *Kappeln* folgt und am Carstens-Denkmal rechts in den Weg „Am Brautsee“ und dann abermals rechts in den Ulmenweg abbiegt. Von dessen Ende sind es nur noch wenige Gehminuten zum kleinen Gewässer, um das sich die tragische Sage einer unerfüllten Liebe rankt: Vor langer Zeit lebte in dieser Gegend ein reicher Bauer, dessen schöne Tochter einen armen Knecht liebte. Der Vater wollte den mittellosen jungen Mann aber nicht zum Schwiegersohn. Statt dessen sollte das Mädchen gegen ihren Willen einen reichen Landwirt heiraten. Am Tag vor der Hochzeit, die zu Pfingsten stattfinden sollte, trafen sich die Liebenden ein letztes Mal am Seeufer. Als am folgenden Morgen die Hochzeitsgesellschaft auf dem Weg zur Kirche mit einem Boot über den See setzte, ertönte aus der Ferne plötzlich die Totenglocke. Sie galt dem unglücklichen Geliebten der Braut, der vor Kummer gestorben war. Im selben Augenblick brach ein schwerer Sturm los, das Boot kenterte und alle ertranken. Bis auf die Leiche der Braut wurden alle Toten gefunden. Nach diesem furchtbaren Unglück stieg lange Zeit alljährlich in der Nacht zum Pfingstsonntag eine junge Frau in prächtigen Kleidern aus dem Wasser, um sich ans Ufer zu setzen und dort ihr langes blondes Haar zu kämmen. Sobald der Morgen graute, verschwand sie wieder im See, der nach ihr Brutsee oder Brautsee heißt.

Es handelt sich bei dieser Geschichte um eine typische volksetymologische Fehldeutung. In Wirklichkeit trägt der See seinen Namen, weil er früher zum Aussetzen von Fischbrut diente; er lieferte den Menschen Aale, Barsche und Hechte.

SCHÖNBERG (Kreis Plön)

Kirche und Kirchhof

Auf dem Turm der 1780–82 an der Stelle eines mittelalterlichen Vorgängerbaus nach dem Vorbild der Kirche von Sonnin in *Wilster* errichteten Kirche ist statt des sonst vielfach üblichen Hahns ein Barsch angebracht. Die Siedler der Probstei – einer mit 20 Dörfern

besiedelten Landschaft zwischen Kieler Förde, Ostsee und Selenter See – haben ihn wegen des Fischreichtums ihrer Gegend als Symbol gewählt: sie nahmen ihn ins Wappen auf und setzten ihn als Wetterfahne auf die Dächer. Im ländlichen Raum hatten diese metallenen Kunstwerke als Wind- und Wetteranzeiger eine wichtige Funktion – war man doch für die Berechnung der Termine im bäuerlichen Wirtschaftsjahr, insbesondere der Zeitpunkte für Aussaat und Ernte, von der verläßlichen Anzeige der Windrichtung in hohem Maß abhängig.
Vom Barsch auf der Schönberger Kirche wird folgendes erzählt: In einer Sturm- und Gewitternacht seien viele Gehöfte zerstört worden – während alle Häuser, auf welchen der Barsch thronte, das Unwetter wohlbehalten überstanden. Aus diesem Grund setzten die Schönberger auf ihre neue Kirche keinen Hahn, sondern einen Barsch.
Auf dem Gelände neben der Kirche soll es früher einen Brunnen gegeben haben. Die Sage erzählt, der Teufel habe diesen als große Grube angelegt, um darin Hexen, die zur Frühmesse gehen wollten, abzufangen. Er konnte aber sein Werk nicht beenden, nachdem ein Mönch einen Segen über die „Teufelsgrube" gesprochen hatte. Als die Schönberger am nächsten Morgen das tiefe Loch sahen, zogen sie zur Sicherheit ein Gitter darum. Da sie gern wissen wollten, ob Wasser darin sei, stieg ein junger Mann auf einer Leiter hinunter. Er kam bald bleich und zitternd zurück und erzählte von einer schönen, blühenden Landschaft, die er unten gesehen hatte – hinter einem Gebüsch aber hatte er den gehörnten Teufel erkannt, worauf er rasch zurückkehrte. Die durch diese Schilderung noch neugieriger gewordenen Schönberger suchten vergeblich einen anderen Mutigen. Einige Zeit später stieg ein Mädchen, dessen Spindel in das Loch gefallen war, in die Tiefe – sie kam jedoch nicht mehr zurück. Der Brunnen aber war seither voll von klarem Wasser und versiegte auch in trockenen Sommern nicht.

SCHWARZENBEK (Kreis Herzogtum Lauenburg)

Wolfsskulptur
Am Schwarzen Bek (Bach) befand sich im Mittelalter eine Wasserburg des lauenburgischen Adelsgeschlechts Wulf to Swarte Beke, das 1291 erstmals in schriftlichen Quellen nachweisbar ist. Als die Familie schließlich Ende des 15. Jh. ausstarb, fiel ihr Besitz

mit der Burg an den Landesherren, und Schwarzenbek wurde Sitz eines der vier Lauenburgischen Ämter. Der Wolf im Schwarzenbeker Wappen erinnert ebenso an das Rittergeschlecht der Wulfs wie die bronzene Skulptur der beiden Wölfe, die auf dem „Ritter-Wulf-Platz" zu sehen ist. Sie wurde dort im Jahre 1983 aufgestellt und stammt von dem Bildhauer Karlheinz Goedke.

Der Sage nach gehen die Anfänge aller Wulfs, die in Schleswig-Holstein diesen weitverbreiteten Familiennamen tragen, und damit auch die des besagten Rittergeschlechts auf einen tragischen Vorfall zurück, der allerdings glücklich endete: Einst brachte eine arme Bäuerin ohne fremde Hilfe zwölf Söhne auf einmal zur Welt. Da sie die Kinder nicht ernähren konnte, beschloß sie, ihren Nachwuchs zu ertränken. Die Frau wickelte die Neugeborenen in ihre Schürze und ging zu einem nahegelegenen Weiher. Auf dem Weg dorthin begegnete ihr ein Gutsherr, der das Gewimmer in der Schürze hörte und sie neugierig fragte, was sie da eigentlich trage. Sie antwortete: „Zwölf Wölfe, die ich im Teich ertränken will". Der Edelmann wurde stutzig und befahl ihr, den Inhalt der Schürze vorzuzeigen. Als er die Säuglinge sah, trug er der Frau auf, sie umgehend wieder nach Hause zu bringen. Er ließ die Jungen auf seine Kosten erziehen und gab ihnen den Namen „Wulf". So wurden die zwölf Knaben zu den Stammvätern aller, die diesen Namen führen. Diese Wandersage war nicht nur in Schleswig-Holstein, sondern auch in Bayern, Baden-Württemberg und Thüringen bekannt, um nur einige Beispiele zu nennen. Ebenso erzählte man sich früher im Ausland, etwa in den Niederlanden, diese Geschichte, die als sogenannte „Vielgeburtssage" bezeichnet wird. In der vorliegenden Variante soll sie außerdem eine Erklärung für die Herkunft des Namens „Wulf" liefern.

SELK (Kreis Schleswig-Flensburg)

Niederselker Hünengrab

Südlich von *Schleswig* liegen das Haddebyer und dahinter das Selker Noor. Fährt man durch den Ort Selk um das Noor herum in Richtung Osten und nimmt die auf die Abzweigung nach *Espehm* folgende Straße, sieht man am Ortsende links neben dem Weg ein vorgeschichtliches Hügelgrab.

Glaubt man der Sage, so ist darin ein König bei lebendigem Leib eingemauert worden: Er war gegen seine

leibeigenen Bauern außergewöhnlich hart verfahren, hatte ihnen sogar das Brot, das sie gerade zum Mund führen wollten, abgenommen. Darüber waren die Menschen schließlich so verzweifelt, daß sie einen Aufstand beschlossen. Sie fingen ihren König und gruben ihn mit gebundenen Armen bis zum Bauch zwischen Feldsteinen ein. Über seinem Kopf hängten sie ein Brot auf, das er nur mit der Zungenspitze erreichen konnte. Er leckte so ein Loch in das Brot hinein, bevor er elend starb. Nach seinem Tod schüttete man um ihn herum den Hügel auf.
Grabbauten wie dieser wurden aus großen erratischen Blöcken errichtet und mit Erde überdeckt. Als Sippengräber dienten sie meist für viele Bestattungen. Abweichend von der stark sozialkritisch gefärbten Sage ist über die Insassen des Niederselker Grabes tatsächlich nichts bekannt.

SIESEBY (Thumby, Kreis Rendsburg-Eckernförde)

Schleiufer

In der Landschaft *Schwansen*, einer Halbinsel zwischen Schlei und Eckernförder Bucht, liegt das Gutsdorf Sieseby, in dem schöne, alte, unter Denkmalschutz stehende Fachwerkkaten zu sehen sind. Auch über diesen Landesteil erstreckte sich ehemals der sagenhafte „Isarnhoe", der dichte, dunkle Wald. Daß die Besiedlung von Dänemark aus erfolgte, zeigt sich heute noch in der Namensendung „-by", die in vielen Ortsbezeichnungen erhalten ist.
Bei der Schlei, an deren südlichem Ufer Sieseby liegt, handelt es sich eigentlich um eine Förde, einen 40 km ins Land hineinragenden Einschnitt der Ostsee. Sie wirkt aber in vielen schmalen Bereichen eher wie ein Fluß. Für die Wikinger war sie die wichtigste West-Ost-Verbindung, auch später wurde sie viel befahren. Die Schleswiger Fischer kamen mit den vorherrschenden Westwinden oft bis hierher und legten am Ufer von Sieseby an. Für die Rückfahrt mußten sie dann auf einen Windwechsel warten oder mühsam gegenan kreuzen. Es soll aber, so erzählt die Sage, im Dorf eine Frau gewohnt haben, die sich auf Zauberei verstand und auch den Wind drehen konnte. Deshalb baten die Schleswiger Fischer sie bei anhaltenden Winden aus Westen, ihnen zu helfen, und gegen den Lohn einer guten Fischmahlzeit war sie dazu bereit. Daraufhin gab sie den Männern ein Tuch, in das sie drei Knoten geknüpft hatte. Sie sagte ihnen, daß sie die beiden

Fischfang mit Netzen. Holzschnitt, 1484

ersten während der Fahrt öffnen dürften, den dritten aber erst, wenn sie wieder an Land wären. Die Männer setzten ihre Segel, und der älteste von ihnen öffnete den ersten Knoten. Da drehte der Wind auf Ost, und eine konstante, gute Brise trieb sie zurück zu ihrem Heimathafen. Unterwegs lösten sie auch den zweiten Knoten, so daß ein Sturm aufkam, der sie in großer Geschwindigkeit vorantrieb. Als sie einmal noch nicht am heimischen Strand angelangt waren, öffnete einer den letzten Knoten aus Neugier und beschwor damit einen heftigen Orkan aus Westen herauf. Nur mit knapper Not gelang es ihnen, von Bord zu springen und ihre Schiffe an Land zu ziehen.
Der Glaube an Wetterzauberei, d. h. der Versuch, das Wetter magisch zu beeinflussen, ist sehr alt; die hierzu verwendeten Riten sind bei allen Völkern ähnlich, ihre häufigsten Formen Beschwörung, Opfer und bestimmte Analogiehandlungen. Als heidnisches Erbe ist der Wetterzauber auch im christlichen Bereich volkstümlich geblieben. War zunächst die Möglichkeit zauberischer Einflußnahme auf das Wetter überhaupt abgelehnt worden, so dachte man sich später den Teufel als Urheber vor allem von Unwettern. Seit

dem hohen Mittelalter glaubte man dann auch, Menschen seien durch einen Teufelspakt imstande, das Wetter zu lenken: in den Zauber- und Hexenprozessen des 15.–18. Jh. ist Wetterzauber ein häufiger Anklagepunkt, wobei je nach geographischen und klimatischen Besonderheiten Unterschiede bestehen. Die oben geschilderte Windhexe ist typisch für Küstenregionen, und ihre Magie hat zunächst positiven Charakter: als Beherrscherin der Winde kann sie diese auch verkaufen, indem sie sie in ein mehrfach verknotetes Tuch einschließt. Das Lösen des ersten und zweiten Knotens bewirkt günstigen Wind, das ausdrücklich verbotene Lösen des dritten aber gefährlichen Sturm. Derartige Zauberpraktiken waren vor allem im nördlichen Europa bekannt; sie finden sich meist bei Fischern und Schiffern, denen der Wind (vor Erfindung des Dampfschiffs) ja unentbehrlich war. Als geübte Wettermacher, die den Seeleuten günstigen Fahrtwind verkaufen, galten besonders die lappischen und finnischen Zauberer und Zauberinnen.

SIEVERSTEDT (Kreis Schleswig-Flensburg)

Poppostein und Helligbek

Zwischen Schleswig und Flensburg befindet sich rechterhand der Bundesstraße B 76, etwa 3,5 km hinter dem Abzweiger *Böklund – Idstedt*, der Poppostein. Auf seiner Höhe liegt auf der linken Seite der Straße vor einigen Häusern ein leicht zu übersehender Parkplatz. Von hier aus erreicht man den Poppostein in etwa drei Minuten zu Fuß, indem man, einem Hinweisschild folgend, zunächst durch eine kleine Unterführung der B 76 und dann über einen schmalen verwachsenen Plattenweg geht. Der Pfad verläuft ein kleines Stück neben einem Wasserlauf namens „Helligbek“, was übersetzt „Heiliger Bach“ bedeutet.

Der Poppostein ist ein Steinkammergrab, das in der Zeit zwischen 3000 und 2700 v. Chr. errichtet wurde. Das Grab, das ursprünglich von einem aufgeschütteten Hügel verdeckt war, setzt sich aus je zwei Tragsteinen an den Längsseiten, einem Abschlußstein im Norden sowie einem Deckstein zusammen. Solche Großsteingräber waren typisch für Norddeutschland und Skandinavien. Auf dem Deckstein sind siebzehn gemeißelte schalenförmige Vertiefungen zu erkennen.

Die Legende möchte uns glauben machen, daß Bischof Poppo in der zweiten Hälfte des 10. Jh. den Stein als Taufstein benutzte, als er die Heiden im Helligbek

taufte. Nachdem er eines Tages wieder einmal eine Predigt vor zahlreichen Ungläubigen gehalten hatte, zog er abschließend ein mit Wachs getränktes Hemd an und forderte die Heiden auf, es anzuzünden. Werde er verletzt, bräuchten sie seinen Worten nicht zu glauben – bliebe er jedoch unversehrt, sollten sie sich taufen lassen. Sowie das Gewand angezündet wurde, hob Poppo die Hände zu Himmel und wartete gelassen, bis das Hemd vollständig verbrannt war. Daraufhin ließen sich Tausende taufen, denn auf seinem Körper war tatsächlich kein einziger Brandfleck sichtbar.
Poppo soll hier im Jahr 966 sogar den dänischen König Harald Blauzahn getauft haben, wie eine andere Sage berichtet. Vor der Taufe mußte der Bischof jedoch ein glühendes Eisen anfassen, denn auch der König ließ sich nur durch ein Gottesurteil von der Stärke des Christentums überzeugen. Die Geschichtsschreibung belegt allerdings, daß Harald Blauzahn in seiner dänischen Residenz im mitteljütischen Jelling bei Vejle getauft wurde. Dessen ungeachtet war die Sage von Blauzahns Taufe am Helligbek gerade bei den Dänen sehr beliebt. Als 1859 der damalige Koppeleigentümer den Taufstein für Bauzwecke verkaufen wollte, erwarb der dänische König Frederik VII. das Denkmal mit dem dazugehörigen Stückchen Land. Daran erinnern bis heute vier Begrenzungssteine mit königlichem Monogramm am Rande der Grünfläche.
Über den Helligbek erzählt eine andere sagenhafte Überlieferung: Einst kam ein fremder Reiter an das Gewässer, um sein Pferd zu tränken. Die dort anwesenden Leute fragte er, ob sie in diesem Bach getauft worden seien. Nachdem sie seine Frage bejaht hatten, rief der Reiter spöttisch, er wünschte sich, daß sein Pferd ins vermeintlich heilige Wasser äppeln würde. Nachdem das Pferd tatsächlich etwas fallenließ, standen Roß und Reiter plötzlich wie festgenagelt da. Erst als der Mann versprach, den Christen eine Kirche zu errichten, wurde er von seinem Bann erlöst. Er hielt Wort und ließ die Kirche im nahegelegenen *Sieverstedt* erbauen. Danach war der Bach als Pferdetränke noch lange tabu.

SÖRUP-DINGHOLZ (Kreis Schleswig-Flensburg)

Stein von Dingholz
In Sörup-Dingholz liegt an der Kappelner Straße, die von *Sterup* in Richtung *Schwensby* verläuft, etwa 400 m hinter dem Abzweiger nach Sörup ein Stein. Er befindet sich auf der linken Wegseite neben einem

Baum und ist etwa 60 cm hoch und knapp einen Meter breit. In seiner unteren Hälfte ist eine Vertiefung erkennbar, die wie ein Schuhabdruck aussieht.
Eine Sage erklärt den Abdruck folgendermaßen: Ein Gutsbesitzer der Gegend wollte einst einen seiner Leibeigenen für ein Vergehen hart bestrafen. Die Ehefrau des Knechts flehte den Herren an, ihren Mann zu verschonen oder zumindest milder vorzugehen. Der Gutsherr ließ sich zunächst nicht umstimmen, teilte ihr dann aber mit, daß er ihren Mann freilassen würde, wenn sie noch vor Sonnenuntergang die Hälfte des Weges zwischen *Flensburg* und *Kappeln* zurücklegen und abstecken könnte. Dabei wußten beide, daß es wegen der großen Entfernung eigentlich unmöglich war, diese Forderung zu erfüllen. Die verzweifelte Frau machte sich aber trotzdem auf und ging von Kappeln aus schnell in Richtung Flensburg. Nach einigen Stunden setzte sie sich völlig erschöpft auf einem großen Stein am Wegesrand, um kurz auszuruhen. Als sie wieder aufstehen wollte, steckte ihr Schuh in dem Felsen fest. Ihr wurde klar, daß er genau die Hälfte des Weges kennzeichnete und sie somit ihren Mann gerettet hatte. Seitdem ist im Stein von Dingholz der Schuhabdruck zu sehen.
Steine, die durch ihre Form, ihre Größe oder ihre Lage hervorstechen, gaben in der Vergangenheit vielfach Anlaß zur Sagenbildung. Das Auffällige, das besonders großen Steinen anhaftet, hat zu allen Zeiten und allerorten im Volksglauben häufig dazu geführt, sie als beseelt anzusehen oder anzunehmen, daß ein lebendiges Wesen in ihnen stecke. Wenn Steine Spuren aufwiesen, nahm man vielfach an, daß diese von heiligen Personen stammen würden. Aber nicht nur ihnen wurde die Fähigkeit zugesprochen, Steine zu erweichen. Oftmals wurde das Steinerweichen auch als Wunder interpretiert, das eine Tatsache bestätigte (hier: die Hälfte des Weges ist zurückgelegt) oder die Unschuld eines Angeklagten bewies.
Übrigens soll es einst am Söruper Stein üblich gewesen sein, daß sich dort Braut und Bräutigam nachts vor ihrer Heirat heimlich trafen, um jeweils einen Fuß in die Spur zu setzen und sich dann ewige Treue zu schwören. Dieser Brauch bestätigt die Tatsache, daß Steine früher eine große Rolle als Fruchtbarkeitssymbol spielten. Tatsächlich war Dingholz eine alte Thingstätte (Ort der Volks- und Gerichtsversammlung), worauf der Name hinweist. Der Stein sollte eigentlich bearbeitet werden – da er sich aber als zu hart erwies, stellte man ihn als Denkmal auf.

Stakendorf (Kreis Plön)

Gedenkstein für Peter Plett

Am Dorfplatz des kleinen Probsteier Ortes steht ein Findling mit Inschrift „Peter Plett 1769–1825“, der an den ehemaligen Schullehrer des Dorfes erinnert. Er soll als erster eine Schutzimpfung durch aktive Immunisierung durchgeführt haben. Während einer Anstellung bei einem Holländer, der Milchvieh hielt, hatte er erfahren, daß alle, die sich mit Kuhblattern infizierten, selbst nicht an Menschenblattern erkrankten. Er hatte einer Impfung mit Menschenblattern zugesehen und traute sich zu, eine Schutzimpfung mit Pockeneiter infizierter Kühe vorzunehmen. Die Eltern seiner Schüler waren gegen die Impfung – es fanden sich aber drei Kinder bereit, ohne elterliche Zustimmung an dem Versuch teilzunehmen. Im Jahr 1791 ritzte er ihnen mit einem Messer die Haut der Hand an und strich Blattern von einem Kuheuter darauf. Nach einigen Tagen zeigten sich Entzündungen. Sie blieben natürlich auch den Eltern nicht verborgen, die Plett nun heftige Vorwürfe machten. Er beendete daraufhin seine Versuche und verließ wenig später Stakendorf. Einige Jahre danach stellte sich heraus, daß die von ihm geimpften Kinder eine Blatternepidemie ohne Ansteckung überstanden hatten.
Als „offizieller Erfinder“ der Pockenimpfung gilt der englische Arzt Erward Jenner (1749–1821). Der Sohn eines Geistlichen ging zunächst bei einem Wundarzt in die Lehre, besuchte dann die Londoner Universität und ließ sich nach dem Studium in seinem Heimatort Berkeley nieder. Als praktizierender Landarzt kam er oft auf die umliegenden Güter und machte dort die gleichen Beobachtungen wie der holsteinische Lehrer: Stallmägde, die sich beim Melken mit Kuhpocken infiziert hatten, bekamen einige Pusteln an den Händen und fieberten wenige Tage, waren aber bald wieder gesund und danach immun gegen Pocken. 1789 veröffentlichte Jenner seine Erkenntnisse, die aber auch erst Jahre später allgemeine Anerkennung fanden.
Tatsächlich waren Verfahren, sich durch aktive Immunisierung vor der mörderischen Krankheit zu schützen, der vor allem Kinder zum Opfer fielen, im Orient und Fernen Osten schon seit Jahrhunderten bekannt. Lady Mary Wortley Montagu, die Gattin des britischen Botschafters in Konstantinopel, lernte um 1717 ein ähnliches volkstümliches Impfverfahren kennen und wollte dieses auch in ihrer Heimat einfüh-

ren. Sicherheitshalber ließ König Georg I. zunächst sechs zum Tod verurteilte Sträflinge, die sich dazu bereiterklärten, mit „Pockenmaterie" impfen – sie erholten sich rasch und hatten Leben und Freiheit gewonnen.

STRANDE (Kreis Rensburg-Eckernförde)

Bülker Leuchturm

Etwa 2 km nördlich von Strande liegt der Leuchturm an der Einfahrt in die Kieler Förde. Er ist benannt nach dem landeinwärts gelegenen Gut, zu dem bis zum Anfang des 17. Jh. ein mittelalterliches vierflügeliges Wasserschloß mit Innenhof und Turm gehörte. Das Bauwerk, von dem nichts erhalten ist, lag in der Niederung westlich des Turms „am Strande", d. h. das Seewasser floß bis an das Schloß heran. Die höher gelegte Uferbefestigung, auf der die Straße verläuft, gab es damals noch nicht. Das Schloß stellte, wie der Leuchtturm heute und wie alle an solch exponierter Stelle gelegenen Bauwerke, zu seiner Zeit ein Seezeichen für die Schiffahrt dar.
In dem Bülker Schloß soll der Sage nach der 1401 in Hamburg hingerichtete Seeräuber Klaus Störtebeker eine Zeit lang seinen Wohnsitz gehabt haben: Von hier aus konnte er die vorbeifahrenden Schiffe beobachten und zu seinen Beutezügen aufbrechen. Die Lage an der Kieler Förde bot auch die Möglichkeit, die geraubten Schätze auf dem Kieler Markt zu verkaufen. Erst, als die Hansestädte zur Verteidigung ihrer Handelswaren eigene Schiffe einsetzten, wurde es den Seeräubern in der Ostsee zu gefährlich, so daß sie ihre Aktivitäten in die Nordsee verlegten. Die Zusammenarbeit schleswig-holsteinischer Adliger mit den Piraten hatte für *Kiel* den Ausschluß aus der Hanse zur Folge.
→ Hamburg → Helgoland → Kiel, Alter Markt

Gut Eckhof

Im Dänischen Wohld, der in historischen Erzählungen immer als Teil des „Isarnhoe" oder „danica silva" bezeichnet wird, weil er ehemals von dichtem Wald bedeckt war, liegt an der Straße zwischen *Dänischenhagen* und Strande, kurz vor der Abzweigung nach *Dänisch-Nienhof*, das Gut Eckhof. Es befindet sich noch immer im Besitz der Familie Rantzau, ist aber verpachtet.
Das Herrenhaus, erbaut im letzten Viertel des 18. Jh., ist ein eingeschossiger Backsteinbau mit einem Ro-

Milchdiebstahl durch eine Hexe, die aus einem in einen Pfosten geschlagenen Beil ein im Hintergrund sichtbares Tier melkt. Holzschnitt, 1516

kokoportal. Auf dem Hofplatz hat sich alter Baumbestand um eine ovale Rasenfläche erhalten.
Vom Gut Eckhof sind Hexensagen überliefert. Einer früher allgemein verbreiteten Vorstellung zufolge erhalten Hexen durch einen mit dem Teufel geschlossenen Pakt – durch den sie ihm ihre Seele verschreiben – magische Kräfte, die sie vorzugsweise zum Schaden ihrer Umgebung einsetzen. Den Lebensverhältnissen einer Agrargesellschaft entsprechend, treten sie in erster Linie als Schädiger der bäuerlichen Produktion auf: als Wetterhexen verderben sie die Feldfrüchte und gefährden so die Ernte, als Viehhexe sind sie die Urheberinnen von Krankheiten und Seuchen, als Milch- und Butterhexen schädigen sie ihre Mitmenschen und versorgen zugleich den eigenen Hausstand. Vermittels von Zaubersprüchen, bestimmten Analogiehandlungen oder gar mit Hilfe des Teufels selbst ist es ihnen möglich, fremde Kühe zu melken, ohne diese zu berühren, sowie Milch und Butter aus benachbarten Ställen zu stehlen. Der Neid der bäuerlichen Umgebung auf wirtschaftlich besonders Erfolgreiche schaffte sich in solchen Verdächtigungen ein Ventil.
Auf Hexerei führte man auch das Auftreten von roter, blutiger Milch (typisch für Euterkrankheiten) und andere Milchfehler zurück. Vom Gut Eckhof wird erzählt, die Kühe hätten einst kaum noch Milch ge-

geben; man lastete dies einer unbekannten Hexe an und holte einen Schiffszimmermann aus Kiel, der als Hexenbanner einen guten Ruf hatte. Dieser empfahl zunächst, eine Koppel Klee umzupflügen, weil die Hexerei „eingewurzelt" sei. Zusammen mit dem Gutsverwalter ritt er dann nach Dänischenhagen, wo sie an der Wassermühle, deren Gebäude heute noch steht, den Mühlbach überqueren wollten. Da kam plötzlich ein heftiger Sturm auf, der ihnen die Hüte vom Kopf riß und sie hinderte, die Brücke zu betreten. Der Zimmermann, der dieses Unwetter ebenfalls für Hexenwerk erklärte, wußte jedoch Rat: beide gingen zu Fuß rückwärts über die Brücke, wobei sie die Pferde am Zügel führten. Drüben angekommen, setzten sie ihren Ritt fort und kamen auch durch den Ort *Sprenge*. Hier sahen sie vor einem Bauernhaus eine Frau stehen, die tanzartige Bewegungen ausführte und dann plötzlich umfiel. Es war möglicherweise ein Anfall von Epilepsie, den man früher – in Unkenntnis der natürlichen Ursachen – auf teuflische Einwirkung zurückführte. Diese Frau soll nach Ansicht des Zimmermanns die schuldige Hexe gewesen sein; beide ritten weiter, ohne sich um sie zu kümmern.

SÜDERBRARUP (Kreis Schleswig-Flensburg)

Marktplatz und Quelle

Über die Anfänge des traditionellen Brarupmarktes, der alljährlich um Jacobi (25. Juli) auf dem 2,5 ha großen Marktplatz stattfindet, gibt es verschiedene Theorien. Eine Deutung sieht seine Anfänge im Zusammenhang mit dem *Thorsberger Moor*, das nördlich des Bahnhofs liegt. Zahlreiche Bodenfunde belegen, daß es an seinem südlichen Rand ein Stammesheiligtum gab, an dem zwischen 100 vor und 400 n. Chr. die Göttin Nerthus verehrt wurde. Zudem existiert östlich des Moors eine Quelle, die offenbar zur Zeitenwende rituellen Zwecken diente. Sie wurde von vielen Menschen besucht, die sich dort Heilung von allen möglichen Krankheiten erhofften.

Die Quelle existiert noch heute: sie liegt in der östlichen Feldmark des Dorfes an der Quellenstraße. 1927 hat sie eine Steinumrandung erhalten; Bänke unter Eichen laden zum Verweilen ein. Die Sage vermutet die Wurzeln des Brarupmarktes speziell in den Wallfahrten zu dieser Quelle: da zahlreiche Leute in die Gegend kamen, entstand hier auch ein Umschlagplatz für Händler.

Eine andere Vermutung sieht die Anfänge des Marktes dagegen in der Einweihung der Süderbraruper Kirche, die 1150 Jacobus dem Älteren, dem großen Volksheiligen des Mittelalters, geweiht wurde. Die große Schar der Wallfahrer, die zu seinem Namenstag Jahr für Jahr zur Kirche kam, bot vielen Kaufleuten die Möglichkeit, ihre Waren zu veräußern. So soll irgendwann der Markt entstanden sein.
Welche Version letztendlich am meisten Wahrheit birgt, läßt sich heute nicht mehr beantworten. Es ist allerdings bekannt, daß die ersten Kirchen Schleswig-Holsteins häufig an Orten erbaut wurden, die in heidnischen Zeiten bedeutende Kultstätten waren. Der Markt, der in schriftlichen Quellen erstmals im Jahr 1595 erwähnt wird, stand übrigens lange in dem Ruf, ein idealer Ort zum Kennenlernen eines zukünftigen Ehepartners zu sein. So soll ein ortsansässiger Pastor einmal gesagt haben: „Die Ehen werden im Himmel und auf Brarupmarkt geschlossen." Wegen seiner großen Bedeutung für die gesamte Gegend diente diese Veranstaltung sogar als Zeitbestimmung: vor und nach Brarupmarkt. Mittlerweile hat er sich zum größten ländlichen Jahrmarkt Schleswig-Holsteins entwickelt.

SÜDFALL (Pellworm, Kreis Nordfriesland)

Wattenmeer

Im Wattenmeer zwischen den Inseln *Pellworm* und *Nordstrand* sowie der Nordküste der Halbinsel *Eiderstedt* lag mehreren Theorien zufolge irgendwo nahe der Hallig Südfall der sagenumwobene Ort *Rungholt*. Die Siedlung, die damals der größte und reichste Ort des alten Friesland gewesen sein soll, wurde im Januar 1362 Opfer der gewaltigsten Sturmflut des Mittelalters. Eine alte Chronik berichtet, daß bei der „Großen Maandränke" „dat meiste volk uth den Uthlanden" ertrank. Damals kamen vermutlich 20 000 Menschen um, und neben zahlreichen Häusern versanken 34 Kirchen und Kapellen in den Fluten. Zwar sind im Wattenmeer nahe Südfall tatsächlich zahlreiche Spuren untergegangener Siedlungsanlagen erkennbar, aber ob Rungholt – falls der Ort tatsächlich existierte – hier wirklich lag, kann nach wie vor nicht bewiesen werden.
Die Sage berichtet, daß in Rungholt reiche und hochmütige Menschen lebten. Wenn sie auf den großen Deichen standen, die sie vor dem Meer schützten, rie-

fen sie spöttisch: „Trutz, blanke Hans!“ Mit diesem Spruch verhöhnten sie die Sturmflut, die ihrer Meinung nach durch ein am Meeresgrund wohnendes Ungeheuer entstand. Wenn es, wie meistens, schlief, verursachte sein Ein- und Ausatmen lediglich Ebbe und Flut. Falls das Ungeheuer jedoch aufwachte, brachte es das Meer durcheinander und warf große Wellen auf. Die Rungholter fühlten sich durch ihren Wohlstand unbesiegbar und heckten zahlreiche gottlose Streiche aus. Einmal machten sie an einem Weihnachtsabend eine Sau betrunken, setzten ihr eine Schlafmütze auf und legten sie ins Bett. Dann holten sie den Pastor und baten ihn, dem vermeintlich Kranken das Abendmahl zu reichen. Der Prediger weigerte sich und ergriff schnell die Flucht. Auf seinem Weg traf er zwei gottlose junge Männer, die ihn überreden wollten, mit ins Wirtshaus zu kommen. Weil sich der Pastor widersetzte, zerrten sie ihn gewaltsam in den

Krug. Dort nahmen sie seine Büchse mit der eucharistischen Hostie und gossen sie mit Bier voll. Dabei lästerten sie höhnisch, wenn Gott darin sei, müsse er auch mit ihnen saufen. Nachdem der Pastor den durchnäßten Behälter zurückerhalten hatte, ging er traurig in die Kirche und bat Gott, die gottlosen Menschen zu bestrafen. In der darauffolgenden Nacht warnte ihn eine Stimme, daß er Rungholt sofort verlassen müsse. Sobald er fort war, setzte eine entsetzliche Sturmflut ein, und Rungholt ging mit Mann und Maus unter. Außer dem Pastor überlebten nur seine Magd und zwei Jungfrauen, die am Vorabend eine Messe besucht hatten. An windstillen Tagen soll man auf dem Meeresboden noch lange Rungholts Türme und Mühlen gesehen und Glockengeläut gehört haben. Zudem sagt eine Prophezeiung vorher, daß Rungholt einst vor dem jüngsten Tag wieder auferstehen werde.
Der Dichter *Detlev von Liliencron* (1844–1909) verfaßte eine schaurig-schöne Ballade über Rungholt. Die letzte Strophe lautet:

> Ein einziger Schrei – die Stadt ist versunken,
> Und Hunderttausende sind ertrunken.
> Wo gestern noch Lärm und lustiger Tisch,
> Schwamm andern Tags der stumme Fisch.
> Heut bin ich über Rungholt gefahren,
> Die Stadt ging unter vor sechshundert Jahren.
> Trutz, Blanke Hans?

Ein Pendant zur nordfriesischen Rungholt-Sage sind im Ostseebereich die Sagen um die versunkene Stadt *Vineta*, die in der Nähe der Insel *Wollin* vermutet wird.

SYLT (Kreis Nordfriesland)

Sylt ist mit knapp 100 qkm die größte Nordseeinsel Deutschlands. Seit 1927 ist sie durch den 12 km langen Hindenburgdamm (Eisenbahn mit Autotransport) mit dem Festland verbunden; außerdem bestehen Flug- und Fährverbindungen. Im 17. und 18. Jh. durch Seefahrt und Walfang wohlhabend geworden, wurde Sylt in der zweiten Hälfte des 19. Jh. für den Tourismus erschlossen und ist heute das ausgeprägteste Fremdenverkehrsgebiet Schleswig-Holsteins mit international bekannten Seebädern. Hauptorte sind außer der kleinen Hauptstadt *Westerland* (Flughafen) *Hörnum, Kampen, Keitum, List, Rantum* und *Wenningstedt.* Die Insel steht weitgehend unter Natur- oder Landschaftsschutz; die Hälfte ist mit Dünen bedeckt. Jeder Inselort ist bemüht, seine Eigenheiten zu bewahren, die Einheimischen pflegen bewußt ihre Traditionen.

Hörnum

Der Fischer- und Ausflugshafen liegt, eingebettet zwischen Dünen, Watt und Meer, an der Südspitze der Insel. In früheren Jahren galt er als Schlupfwinkel von Seeräubern; auch der sagenumwobene Pirat Klaus Störtebeker soll sich häufiger in dieser Gegend aufgehalten haben.

Budersand

Nordöstlich von Hörnum liegt eine Dünenlandschaft namens Budersand. Der merkwürdige Name rührt angeblich von den früher am Fuß der Düne stehenden Buden her; sie wurden zu bestimmten Zeiten von Fischern bewohnt, dienten mitunter aber auch als Unterschlupf für Seeräuber.

Die Sage erzählt folgendes: Eines Tages waren alle Bewohner der kleinen Siedlung zum Fischen auf die Nordsee hinausgefahren. Daher hielten sich lediglich zwei junge Mädchen vor den Häusern auf, als plötzlich Piraten am Strand landeten. Johlend näherten sie sich den beiden Frauen, die voller Angst in Richtung Hörnum flüchteten. Während die eine rechtzeitig das rettende Dorf erreichte, war die andere nicht schnell genug. Die lüsternen Männer kamen näher und näher, und das erschöpfte Mädchen mußte erkennen, daß ihr nur eine Möglichkeit blieb, um ihre jungfräuliche Ehre zu schützen: Vor den Augen der Seeräuber rannte sie auf die Wellen zu und verschwand in der Tiefe.

Hexen tanzen mit dem Teufel. Holzschnitt, 1626

Die höchste Düne des Budersands war der Sage nach Schauplatz von Hexentänzen. Eine wohl recht junge Sage, die den ursprünglich dämonisch gedachten Hexensabbat mit Teufelsanbetung und sexuellen Exzessen auf ein harmloses Tanzvergnügen reduziert hat, berichtet, daß besonders hübsche Sylter Hexen in mondhellen Nächten auf Besen zum Budersand ritten, um am Fuß der Düne mit den Seeräubern zu tanzen. Die auf den Inseln *Amrum* und *Föhr* wohnenden Hexen waren deswegen eifersüchtig und zwangen die Piraten durch Magie, nur noch mit ihnen zu tanzen. Das wiederum erboste die Hexen der Insel Sylt: sie nahmen furchtbare Rache und bewirkten durch Zauber, daß 74 dieser Seeräuber in *Hamburg* hingerichtet wurden.
→ Hamburg → Helgoland → Strande

Kampen

Hünengrab Reisehoog
Sylt, reich an vorgeschichtlichen Denkmälern, hat auch Megalithgräber. Die aus großen erratischen Blöcken oder Platten errichteten, mit einem Erdhügel überdeckten Bauten dienten vermutlich als Sippengräber für viele Bestattungen. Im Volksmund heißen sie „Hünengräber" oder „Hünenbetten", denn man glaubte, daß nur Riesen (Hünen) mit entsprechenden Kräften imstande seien, die großen Steine zu bewegen; zudem wurde aus der Größe der Grabanlagen der falsche Schluß gezogen, daß hier Menschen von riesenhaftem Wuchs begraben lägen. Gelegentlich dachte man sich die Magalithgräber aber auch von Zwergen bewohnt. Diese stellte man sich vor als kleinwüchsige, unter der Erde lebende dämonische Wesen, deren Welt wie die der Menschen organisiert ist. Sie lebten in Familien zusammen und hatten einen König. Den Menschen gegenüber waren sie meist gutmütig und hilfreich, doch durfte man sie nicht beleidigen. Nicht immer schienen die Zwerge mit ihrer Winzigkeit zufrieden zu sein: gern stahlen sie neugeborene Kinder und legten stattdessen eines der ihrigen, einen sog. „Wechselbalg", in die Wiege; auch für Menschenfrauen hatten sie oft eine Vorliebe.
Südlich von Kampen am Südostende des neuen Golfplatzes liegt der Reisehoog, eines der Hünengräber in diesem Gebiet. In ihm lebte der Sage nach der König der Unterirdischen, Finn. Er hörte eines Tages ein Mädchen namens Isa aus *Braderup* darüber klagen, daß sie zu viel zu arbeiten hätte. Sie meinte, den Unter-

irdischen gehe es wesentlich besser, sie könnten ihr Leben genießen. Finn trat auf sie zu und fragte, ob sie mit ihm kommen und seine Frau werden wollte. Isa nahm das Angebot gern an und ließ sich bei einer prächtigen Hochzeit mit ihm trauen. Die beiden verstanden sich gut, lebten glücklich miteinander und bekamen mehrere Kinder, bis die Zwerge im Kampf mit den Riesen bei → *Wenningstedt* ums Leben kamen.

Keitum

Das 5 km östlich von *Westerland* gelegene Kirchdorf gilt als schönstes Dorf der ganzen Insel. 1440 wird Keitum erstmals erwähnt – es ist jedoch älter.

Kirche
Die nordwestlich des Ortes auf einer Anhöhe gelegene Kirche St. Severin stammt aus dem frühen 13. Jh. Dem einschiffigen Bau ist im Westen ein spätgotischer Backsteinturm angefügt, der bis 1803 als Inselgefängnis gedient hat. Von ihm erzählt die Sage, er sei von zwei in der Nähe wohnenden alten Frauen, Ing und Dung, in Auftrag gegeben und bezahlt worden; die in die Westmauer eingelassenen Findlinge werden als ihre Grabsteine gedeutet. Auch die Glocke, deren Klang bei gutem Wetter bis aufs Festland zu hören war, soll von Ing und Dung gestiftet worden sein. Ihre Namen hörte man angeblich aus dem Läuten der Glocke heraus. Als einst die Einwohner des heute zu Dänemark gehörenden Ortes *Hoyer* die Glocke stehlen wollten, verhinderten die Keitumer dies, indem sie ein Pferdehaar an den Klöppel banden; die Hoyringer nahmen daraufhin von ihrem Vorhaben Abstand, da

Keitum, um 1900

sie die Glocke gesprungen glaubten. Eine Prophezeiung, wonach die Keitumer Glocke herunterstürzen und den schönsten Jüngling von Sylt erschlagen werde, ging im Jahr 1739 in Erfüllung. Es heißt auch, der Turm werde einst zusammenfallen und eine Jungfrau unter sich begraben – deshalb wagt sich angeblich kein Mädchen in seine Nähe.

Rantum

Das 7 km südlich von *Westerland* gelegene, im Kern alte Friesendorf hat sich zu einem modernen Kurort entwickelt. Das Rantumer Becken ist eines der größten Vogelschutzgebiete Deutschlands.

Giebelfigur
Am östlichsten Haus in den Wattwiesen ist eine von einem Schiffsheck stammende, aus Holz geschnitzte weibliche Galionsfigur angebracht. An sie knüpft sich eine der bekanntesten Sylter Sagen: die von dem Meermann Ekke Nekkepenn und seiner unfreiwilligen Braut Inge von Rantum – eine regional abgewandelte Variante des Motivs, das aus der Zwergsage, vor allem durch das Grimmsche Märchen „Rumpelstilzchen", bekannt ist.
Der Wassergeist Ekke Nekkepenn und seine Frau Ran, Herrin über den Meeresgrund, hatten bei der Geburt ihres ersten Kindes, Inges Mutter, eine Kapitänsfrau, als Hebamme herangezogen und für die geleistete Hilfe reich beschenkt. Seither dachte Ekke Nekkepenn oft an die schöne Frau. Als seine Gattin Ran alt und unansehnlich geworden war, beschloß er, sie zu

Ekke Nekkepenn

verlassen und die Kapitänsfrau zu heiraten, nachdem er ihren Mann im Sturm hatte umkommen lassen. Er bedachte aber nicht, daß auch Menschen im Lauf der Zeit altern. Als er bei Rantum an den Strand stieg, um die Witwe aufzusuchen, begegnete er ihrer schönen Tochter Inge und glaubte, die Mutter vor sich zu haben. Er hielt sie fest, steckte ihr einen Ring an den Finger und betrachtete sie als seine Verlobte. Da Inge damit aber ganz und gar nicht einverstanden war, versprach er, sie freizugeben, falls sie seinen Namen herausfinden könne. Das gelang ihr auch, weil sie den Dämon belauschen konnte, als er sich allein glaubte und den Namen selbst preisgab:

Delling skell ik bruw,
Mearen skell ic baak,
Aurmearn skell ik Bröllep haa:
Ik jit Ekke Neekkepen,
Min Brid es Inge fan Raantem;
En dit weet nemmen üs ik alliining.

(Heute soll ich brauen, / Morgen soll ich backen, / Übermorgen soll ich Hochzeit haben: / Ich heiße Ekke Nekkepenn, / Meine Braut ist Inge von Rantum; / Und das weiß niemand als ich allein).
Ekke Nekkepenn aber, der nicht zu seiner Wasserfrau zurückwollte, ging zu den in der Kampener Heide wohnenden Unterirdischen, suchte auch unter ihnen vergebens eine Braut und beanspruchte schließlich sogar den Thron des Zwergenkönigs Finn. Die Zwerge holten jedoch Frau Ran aus dem Meer, und diese nahm Ekke Nekkepenn wieder mit sich auf den Grund der See.
→ Munkbrarup

Wenningstedt

Steingrab „Denghoog"
Das zwischen 2900 und 2600 v. Chr. entstandene Großsteingrab ist das besterhaltene steinzeitliche Ganggrab des Landes. Es befindet sich im Norden des Ortes, unmittelbar hinter der Kapelle. Hinter einem 6 m langen Gang liegt eine aus zwölf Trag- und drei Decksteinen gebildete ovale Grabkammer. Der Durchmesser des Grabhügels beträgt 25 m. Bei einer Öffnung im Jahr 1868 kamen Knochenreste, Schmuckgegenstände, Werkzeuge und Waffen zum Vorschein; diese Grabbeigaben befinden sich heute im Landesmuseum Schleswig. Die Bezeichnung „Denghoog" leitet sich ab von dem Wort „Thinghügel", dem Ort, wo in frühmittelalterlicher Zeit Volks- und Gerichtsversammlungen stattfanden.

Das Innere des Denghoogs

Der Sage nach ist der Denghoog in Zusammenhang mit einem Krieg zwischen Riesen und Zwergen entstanden. Nachdem der Meermann Ekke Nekkepenn das Mädchen Inge von Rantum nicht für sich hatte gewinnen können, kam er in die Gegend von *Kampen* und warb in Gestalt eines Unterirdischen um eine im „Ennenhoog" (Entenhügel) wohnende Zwergin, die ihn jedoch höhnisch abwies. Als er dann einem Mädchen aus dem nahen *Braderup* nachstellte, gerieten die Bewohner des Ortes in Zorn und griffen das Zwergenvolk an: Sie prügelten einzelne Zwerge und warfen tote Tiere in ihre Höhlen. Daraufhin versammelten die Zwerge sich im Kampener Reisehoog zu einer Beratung und beschlossen, gegen die Menschen – von der Sage wegen ihrer auffallenden Größe als „Riesen" bezeichnet – in den Krieg zu ziehen. Auf den Thinghügeln bei *Tinnum* kam es zu einer Schlacht, in deren Verlauf auf beiden Seiten viele den Tod fanden, darunter auch der Zwergenkönig Finn. Unterstützt wurden die „Riesen" von ihren Frauen, die den Zwergen Grütze in die Augen warfen, so daß sie erblindeten oder auch erstickten. Der Grütztopf soll zur Erinnerung in das friesische Wappen aufgenommen worden sein. Nach der Schlacht bestatteten die Riesen ihre Toten in großen Steingräbern und legten die einfachen Krieger alle zusammen in ein Riesenbett, eben den Denghoog, während die Vornehmeren an der Stelle begraben wurden, wo sie den Tod gefunden hatten.

→ Kampen

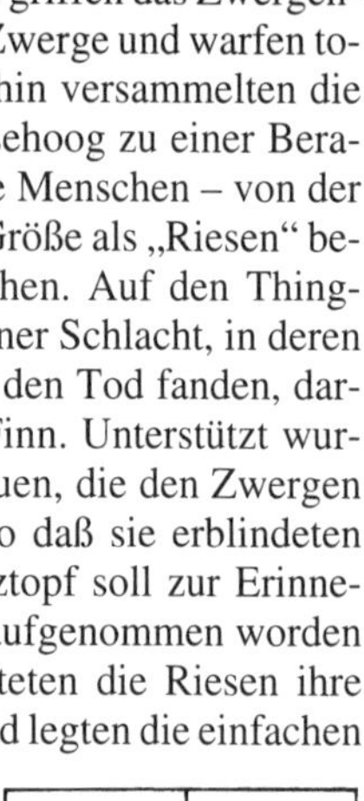

Friesen-Wappen mit Grütztopf

Osetal

Nordwestlich von Wenningstedt liegt in einer schönen Dünenlandschaft die Senke „Osetal". Ihr Name – in friesischer Mundart „Uasdeel" – meint ein muldenförmiges Entwässerungstal. Schöner jedoch ist eine Sage, nach der das Osetal seinen Namen durch folgende Begebenheit erhalten hat: Auf einem Erntefest kam es zu einem heftigen Streit, der schließlich eskalierte, so daß der sonst sehr friedfertige Gastgeber zuletzt zornig einen Mann erschlug. Als der Bauer wieder klar denken konnte, erkannte er entsetzt, was er angerichtet hatte und flüchtete. Trotz einer großangelegten Suche war der Bauer auf der gesamten Insel nicht aufzufinden. Schließlich brachen die Sylter die Verfolgung ab, da sie vermuteten, daß der Mörder die Insel inzwischen verlassen hatte. Nun mußte die Ehefrau des flüchtigen Bauern, die fromme Ose, mit einer hohen Geldstrafe für die Schuld ihres Mannes einstehen. Jahre später, als schon längst Gras über die Sache gewachsen war, wurde bekannt, daß Ose ein Kind erwartete. Die Inselbewohner fragten sich neugierig, mit wem die unbescholtene Frau wohl ein Verhältnis habe. Schließlich stellte sich heraus, daß ihr vermeintlich verschwundener Ehemann der Vater war. Er hatte Sylt nie verlassen, sondern versteckte sich in einer Höhle der Wenningstedter Dünen, wo ihn seine Frau die ganze Zeit mit Lebensmitteln versorgt hatte. Als die Insulaner ihn dort aufstöberten, waren sie sich einig, daß der arme Mann in seinem dunklen Versteck lange genug gebüßt hatte. Daher verziehen sie ihm und nahmen ihn wieder in ihre Mitte auf. Zum Andenken an die aufopfernde Liebe und unerschütterliche Treue der Ehefrau wurde die Dünensenke Osetal genannt.

TÖNNING (Kreis Nordfriesland)

T

Schloßgarten

In Tönning wurde zwischen 1581 und 1583 vom Gottorfer Herzog Johann Friedrich Adolf ein stattliches Schloß erbaut. Im 16. Jh. lebte hier der Statthalter Caspar Hoyer (1540–1594), durch dessen Vermittlung Tönning im Jahr 1590 Stadtrecht erhielt. Heute erinnert nur noch der Schloßgarten an das 1735 abgebrochene Gebäude. Außerdem ist dort ein Modell des ehemaligen Schlosses zu besichtigen.

Der Schloßkeller ist der Sage nach immer noch erhalten. Darin sollen lange Zeit, bewacht von einem großen Höllenhund mit feurigen Augen, drei verwun-

Tönning, 16. Jh.

schene Prinzessinnen gelebt haben. Sie waren die Töchter eines Generals, der Tönning einst während einer kriegerischen Auseinandersetzung verteidigte. Damals hatten die Mädchen solche Angst, daß sie sich in den schützenden Keller zauberten. Seitdem warteten sie darauf, erlöst zu werden. Einmal gelang es einem mutigen Matrosen, durch einen Zauberspruch eine Kellertür zu öffnen und bis zu den drei Schwestern zu gelangen. Als der Seemann die Schönheit der Frauen sah, fragte er sie trotz des Wachhundes mutig, wie er ihnen helfen könnte. Die Jüngste antwortete, daß er dem Hund mit dem an der Kellerwand hängenden Schwert den Kopf abschlagen müßte. Als er es erhob, sah er plötzlich seinen Vater vor sich knien, den er unfehlbar getroffen hätte. Entsetzt warf er die Waffe fort und stürzte zur Tür hinaus, die mit einem lauten Krachen zufiel. Drei Tage später starb der Matrose auf rätselhafte Weise, und die Prinzessinnen mußten weiterhin auf ihre Erlösung warten.
Eine andere Sage berichtet, daß sich die verwunschenen Prinzessinnen früher alle sieben Jahre am Platz des ehemaligen Schlosses zeigten. Hätte man sie erlöst, wäre das Schloß augenblicklich in seiner alten Herrlichkeit wieder hergestellt worden.

U

Ukleisee (Kreis Ostholstein)

Am nordöstlichen Ufer des Kellersees liegt der kleine Ort *Sielbeck*. Von dort führt eine ausgeschilderte Straße zu einem Parkplatz, der vom Ukleisee noch etwa 200 m entfernt ist. Das Gewässer, das wie alle Seen Ostholsteins in der letzten Eiszeit entstanden ist, hat eine Fläche von 35 ha und ist bis zu 16 m tief. Man kann den Uklei, der wohl einer der bekanntesten Seen Schleswig-Holsteins und daher beliebtes Ausflugsziel ist, auf einem schönen Waldweg in einer Stunde bequem umrunden. Oberhalb des Sees steht auf einem Hügel ein eingeschossiger kleiner Jagdpavillon, der 1776 vom Eutiner Baumeister Georg Greggenhofer erbaut wurde.

Emanuel Geibel

Da der einsam gelegene Uklei dicht von Bäumen umstanden ist, umgibt ihn eine mysteriöse Atmosphäre, die bereits von *Emanuel Geibel* (1815–1884) in einem Gedicht verewigt wurde, das so beginnt:

Von Hügeln dicht umschlossen, geheimnisvoll
Verhüllt in Waldandacht, dämmert der Ugleisee,
Ein dunkles Auge, das zur Sonne
Nur um die Stunde des Mittags aufblickt.
Weltfremdes Schweigen waltet umher,
Es regt kein Hauch des Abgrunds lauteren Spiegel [auf.
Nur in des Forstes Wipfel droben
Wandert wie ferner Gesang ein Brausen.

Der bereits im 19. Jh. berühmt gewordene Uklei wurde schon damals von zahlreichen Sommerfrischlern und Reisenden besucht. Die geheimnisvolle Sage erzählt über die Entstehung des Sees: Dort, wo sich der Jagdpavillon befindet, stand einst eine Burg, die von einem heißblütigen Ritter bewohnt wurde. Als er einmal auf der Jagd war, begegnete ihm im Wald eine schöne Bauerntochter. Der Casanova verliebte sich in das Mädchen, und immer, wenn er sie in der darauffolgenden Zeit im Wald wiedersah, beschwor er sie, seine Gefühle zu erwidern. Die junge Frau aber – obwohl sie inzwischen längst ihr Herz an ihn verloren hatte – wies ihn beharrlich zurück: schließlich würden eine arme Bauerntochter und ein wohlhabender Adeliger einfach nicht zusammenpassen. Eines Tages führte er sie in eine kleine Kapelle, die in einer Waldsenke stand. Dort versprach er ihr die Ehe und unterstrich sein Gelöbnis mit den Worten, daß ihn eben an dieser Stelle der Himmel vernichten sollte, wenn er sein Wort brechen würde. Das Mädchen glaubte ihm nur zu gern und wurde seine Geliebte. Künftig trafen sie sich täglich im Wald. Sobald das Mädchen ihn jedoch an sein Versprechen erinnerte, wich er aus. Schließlich verlor er das Interesse an ihr, und das Mädchen wartete bald vergeblich auf ihn. Sie erkannte, daß er sie nicht mehr liebte und starb an gebrochenem Herzen. Der treulose Ritter aber hatte sie längst vergessen und sich inzwischen mit einer wohlhabenden Gräfin verlobt. Die Hochzeit sollte ausgerechnet in der kleinen Waldkapelle stattfinden, in der er dem Bauernmädchen ewige Treue geschworen hatte. Als der Pastor den Ritter eben mit der Gräfin verheiraten wollte, erschien der Geist des betrogenen Mädchens und zeigte drohend auf den Bräutigam, der vor Schreck ohnmächtig wurde. Augenblicklich brach ein fürchterliches Unwetter aus, und die Kapelle versank mitsamt der Hochzeitsgesellschaft in den Fluten eines sintflutartigen Regens. Seitdem befindet sich an diesem Ort der Ukleisee. Nur der Prediger, die Braut und ein kleines unschuldiges Mädchen überlebten. Noch lange soll am Ukleisee an ruhigen Abenden hin und wieder die Glocke der kleinen Kirche zu hören gewesen sein. In dieser sozialkritischen Sage bleiben die Schmach und Schande, die dem armen Bauernmädchen zugefügt wurden, nicht ungesühnt: der sozial höhergestellte Ritter bezahlt für sein schlechtes Verhalten mit dem Leben. Außerdem handelt es sich um eine Warnsage, die verdeutlichen soll, wohin es führen kann, wenn sich eine junge Frau auf den „falschen“ Mann einläßt. Solche Bindungen waren in einer ständisch geprägten Gesellschaft nicht erwünscht.

W

WAABS (Kreis Rendsburg-Eckernförde)

Gut Ludwigsburg

Das Herrenhaus des Gutes, einer der schönsten Barockbauten des Landes Schleswig-Holstein, wurde 1724–1744 auf den Grundmauern eines Vorgängerbaus, der Wasserburg *Kohöved*, errichtet. Es ragt als viergeschossiger Backsteinbau mit Mansarddach direkt aus dem Wassergraben auf. Das Gut ist in Privatbesitz, zeitweise aber für Besucher zugänglich. Aus der alten Wasserburg blieb eine umfangreiche

Wandvertäfelung aus der zweiten Hälfte des 17. Jh. erhalten, die in die „Bunte Kammer" des Neubaus eingefügt wurde. Eins der 145 Bilder, die in 5 Reihen übereinander auf die Tafeln gemalt wurden, zeigt auch eine Ansicht des damaligen Gebäudes.
Einer der beiden Bauherren des Schlosses war Paul Rantzau, Bruder des bekannten Heinrich Rantzau (1526–99), der die Kultur Schleswig-Holsteins so wesentlich bestimmte, daß das ganze Jahrhundert nach ihm benannt wurde. Verheiratet war Paul mit einer Tochter aus dem Haus *Sehestedt*, die ebenfalls als Kunstförderin hervortrat. Die 15 Kinder dieser Ehe, sechs Töchter und neun Söhne, wurden als die „wilden Geschwister" bekannt; so tötete Sohn Otto 1589 ein Mitglied der Familie von der Wisch. Die Tochter Magdalene sperrte man wegen bedenklichen Lebenswandels auf Gut *Bothkamp* ein, was sie aber nicht hinderte, sich später unter das Kriegsvolk zu mischen und ihr Leben als Prostituierte fortzusetzen. Auch die anderen Kinder scheinen aus dem vorgegebenen Rahmen abgewichen zu sein.
Auf dem Gut ist eine Sage angesiedelt, die auf die problematischen Erfahrungen mit den Kindern zurückgehen dürfte. Danach vermißte die Herrin eines Tages zwei der silbernen Löffel, die auf einer Festtafel gelegen hatten. Auf Empfehlung einer Magd sprach sie einen Zauberspruch, durch den dem Dieb die Augen ausgeschlagen werden sollten. Die Frau war über den Diebstahl so erzürnt, daß sie sogar statt eines Auges beide forderte. Wenig später fing dann die dreijährige Tochter der Gutsherren plötzlich an zu schreien, weil sie erblindet war. Die Löffel fand man zwischen ihren Spielsachen.
Zauberformeln und magische Praktiken, mit deren Hilfe Diebe abgewehrt, entdeckt und das gestohlene Gut durch sympathetische Bestrafung des Diebes zurückgezwungen werden kann, waren früher weit verbreitet. Für das Ausschlagen des Diebsauges gibt es zahlreiche Belege. Die entsprechenden Anweisungen raten u. a., mit einem Gemisch aus Eiweiß und Blei ein Auge an eine Wand zu malen, vor die man den Verdächtigen stellt. Leugnet er, so wird ein Nagel ins gemalte Auge gestoßen, um durch den magisch zugefügten Schmerz ein Geständnis zu erzwingen. Andere Möglichkeiten sind, unter Abbeten einer bestimmten Anzahl von Vaterunsern, ein Auge in den Sand zu malen, in das man einen dreieckigen eisernen Nagel stößt oder ein auf Papier gemaltes Auge mit einer Nadel zu zerstechen.

WARWERORT (Kreis Dithmarschen)

Hafen und Deich

Der Ort liegt am nördlichen Ende des Speicherkoogs, südlich der Straße *Wöhrden – Büsum*. Von dem kleinen Hafen fuhren früher täglich Fischerboote hinaus. Wenn man vom Deich aus auf die Nordsee beziehungsweise das Watt herunterschaut, sieht man zur linken Seite den Speicherkoog, in dem sich von Frühjahr bis Herbst zahllose Wasservögel aufhalten.

Warwerort hat zwar immer einen Zufluß zur Nordsee gehabt, lag aber nicht so nahe daran wie heute. Das heißt, jenseits des Deiches war früher noch Land. Eines Tages entdeckten Fischer, die von hier aus bei Ebbe ins Watt gegangen waren, um Krabben in Keschern zu fangen, der Sage nach dort draußen eine Meerjungfrau. Sie war jung, mit langen blonden Haaren und schneeweißen Brüsten, nur statt der Beine besaß sie einen Fischschwanz. Die Fischer waren von ihrer Schönheit so angetan, daß sie sie ergriffen und mit sich zurück nach Warwerort trugen. Die Nixe weinte und bat, freigelassen zu werden, konnte aber gegen die stärkeren Männer nichts ausrichten. Schließlich rief sie, kurz bevor sie den Ort erreicht hatten: „Ich gelobe Euch, so weit Ihr mich schleppt, soll euer Land wegreißen!“ Die Fischer erschraken darüber so sehr, daß sie die Meerfrau losließen, so daß sie ins Meer zurückkehren konnte. Ihre Voraussage erfüllte sich, als in einer schrecklichen Sturmflut im 15. Jh. auch der Süden der Insel Busen unterging.

Ein häßliches Meerfräulein. Aus dem Tierbuch des Konrad von Gesner, 16. Jh.

Meerjungfrauen werden in Schleswig-Holsteinischen Sagen immer als besonders schön beschrieben: sie haben lange blonde Haare, weiße Brüste und erscheinen geheimnisvoll. Sie erwecken damit oft das Verlangen von Männern. Wenn sie sich allerdings den Schiffern auf See zeigten, indem sie vor den Schiffen in Wellenkämmen auftauchten, wurden sie als Anzeichen eines bevorstehenden Sturmes gedeutet. Kapitäne gaben darauf Befehl, die großen Segel einzuholen.

WEDDINGSTEDT (Kreis Dithmarschen)

Stellerburg

Knapp 2 km westlich von Weddingstedt in Norderdithmarschen finden sich die Reste einer sächsischen Burganlage aus dem 9. Jh. Sie ist auf direktem Weg oder über *Borgholz* zu erreichen. Ein Modell, das aufgrund von Grabungsergebnissen erarbeitet wurde, ist im *Heider* Museum zu besichtigen. Es zeigt einen großen Ringwall mit zwei Eingängen sowie einer kleinen Siedlung darin aus etwa 17 Gebäuden. Solche Wallanlagen bauten die Sachsen an strategisch wichtigen Punkten zur Sicherung ihres Territoriums und an bedeutenden Handelswegen.

Der Sage nach soll die Burg von Heinrich dem Löwen für seinen Vasallen Graf Reinhold in Auftrag gegeben worden sein, der eine strenge Herrschaft ausübte. Als Reinhold bei einem Kriegszug gegen den Slawenfürsten Pribislaw in Pommern ums Leben kam, folgte der sog. „Ertelenburger“ Graf als Burgherr. Er soll zusammen mit zwei rothaarigen Schwestern, die er als seine „Füchse“ bezeichnete, gelebt und gern große Feste veranstaltet haben. Den Dithmarschern gegenüber war er jedoch wegen der Zerstörung der Bökelnburg (1144) sehr mißtrauisch. Deshalb wollte er auch niemanden aus der einheimischen Bevölkerung einstellen. Als die alte Köchin Babette ihre Arbeit nicht mehr allein bewältigen konnte, ließ er eine junge Magd auswählen, die sich als Friesin ausgab. Die uralte Feindschaft zwischen den Friesen und den Dithmarschern schien ihm die beste Gewähr für seine Sicherheit. Als sie allerdings zu Pfingsten ein Taubengericht mit Hirse zubereiten wollte, erlaubte er ihr, Kontakt mit einem Dithmarscher Händler aus Weddingstedt aufzunehmen. Gemeinsam ersannen sie einen Plan, Dithmarschen von der Herrschaft des Grafen zu befreien. Bei ihrer Rückkehr erzählte die Magd den beiden Schwestern eine Geschichte von jungen Bäumen, die

beim Läuten der Pfingstglocken auf einen neuen Platz tanzten, wenn ihnen der Boden am ursprünglichen Standort nicht nahrhaft genug sei. Am Pfingsttag nun besteckten die bewaffneten Dithmarscher sich zur Tarnung mit grünen Zweigen, nahmen auch welche in die Hände und zogen so der Burg zu, auf der gerade ein mehrtägiges Fest mit vielen geladenen Gästen stattfand. Bei der Nachricht vom Anblick des „tanzenden Waldes" liefen alle nach unten und schwangen sich auf Pferde, weil sie das Schauspiel aus der Nähe betrachten wollten. Kaum aber waren sie zum Tor hinaus, erstürmten Bewaffnete die Burg, und die „Bäume" wandelten sich ebenfalls in Kämpfer. Der Graf, die Schwestern und ihre Gäste entkamen über die Eider nach *Schwabstedt.* Die Burg wurde am Tag nach Pfingsten zerstört, nur den Ring ließ man stehen.
Die Sage hat das aus Shakespeares „Macbeth" (1606) bekannte Motiv vom wandernden Wald an sich gezogen. Der ehemalige Feldherr, der aus Ehrgeiz zum Königsmörder wurde, hat sich in Schloß Dunsinan vor der anrückenden Armee Malcolms, des rechtmäßigen Thronfolgers, verschanzt. Als die durch Zweige getarnten Soldaten sich vom Wald von Birnam her nähern, erinnert sich Macbeth an die Prophezeiung der Hexen: „Fear not, till Birnam wood do come to Dunsinan" (Fürchte nichts, bis Birnams Wald anrückt auf Dunsinan) (Macbeth V, 5).
Eine andere Version der Geschichte erzählt, daß, ähnlich wie beim Untergang der Bökelnburg, der Graf im Keller gefunden wurde, weil seine Elster ihn verriet, als sie ihm etwas zu essen bringen wollte. Seine Frau Dortchen ertrank in einem Brunnen, der deshalb später Doortjensood hieß.
→ Burg in Dithmarschen

Das Weiße Moor

Nordwestlich von Weddingstedt, über die Stellerburg zu erreichen, liegt das Weiße Moor. Es ist das letzte Hochmoor in der Marsch und stellt damit ein einzigartiges Naturdenkmal dar. Seinen Namen hat es von dem hier wachsenden Wollgras, dessen Blüten an weiße Baumwolle erinnern.
Die Sage kennt einen „Moorkerl", der in diesem Gebiet zu Hause war. Viele haben ihn nachts gehört, wenn er rief oder stöhnte. Ein Mann aus Weddingstedt, der eines Abends in das westlich gelegene *Neuenkirchen* gehen mußte, wollte wenig Zeit verlieren und wählte deshalb den kürzesten Weg, der direkt durch das Moor führte. Er kam aber nicht zu seinem Ziel, sondern irrte

die ganze Nacht umher; der Moorkerl stieß ihn immer wieder in sumpfige Kuhlen hinein. Kaum war er aus einer wieder herausgeklettert, erhielt er einen Stoß und landete in der nächsten. Am anderen Morgen kam er dann nach Weddingstedt zurück, naß und von oben bis unten voller Moorschlamm.
Moore waren immer Orte, die man mit unheimlichen Wesen belebt glaubte. Oft hörte man fremdartige Geräusche und meinte, sie müßten von zu Tode gekommenen Menschen stammen. Warnsagen wie diese sollten auch Kinder und Unkundige davon abhalten, in das Moor zu gehen, weil nicht zu erkennen ist, wo sich Untiefen befinden.

WEDEL (Kreis Pinneberg)

Roland-Figur
Die Stadt Wedel wurde an einem Elbfährplatz gegründet, wo die beiden großen aus Norden kommenden Ochsendriften, der Marschen- und der Geest-Ochsenweg, zusammentrafen. Ihre Blütezeit erlebte die Stadt, die erstmals 1212 urkundliche Erwähnung fand, als mit dem steigendem Viehauftrieb im 16. Jh. 8000 und im 17. Jh. sogar 30 000 Rinder auf dem Ochsenmarkt verkauft wurden. Als Symbol der Marktgerechtigkeit und der eigenen Gerichtsbarkeit ließen die Schauenburger Grafen bereits im Mittelalter auf dem Marktplatz eine hölzerne Roland-Figur aufstellen, die im

Der Markt in Wedel mit der Rolandsäule

Jahre 1585 durch eine farbig gefaßte Figur aus Sandstein ausgetauscht wurde. Die Säule soll Karl den Großen in voller Rüstung mit Reichsapfel, Schwert und Krone darstellen. Im 17. Jh. wurde die Figur stark beschädigt. Nachdem man sie repariert und dann wieder aufgestellt hatte, setzte man auf die Rückseite folgenden Vers, der dort noch heute nachzulesen ist:

Als sechzehnhundert und noch einundfünfzig Jahr
Im Wintermonat die bekannte Jahreszahl war,
Ward dieses Kaisersbild aufs Neu hierher gesetzet;
Gott woll' es und uns All erhalten unverletzet.

Über die Ursachen der vorausgegangenen Beschädigung gibt es verschiedene Vermutungen. Einer Geschichte zufolge wurde der Roland während des Dreißigjährigen Krieges (1618–1648) von beutegierigen Landsknechten von seinem Postament gestoßen und zerbrochen, weil sie Schätze in ihm vermuteten. Nach einer anderen Version wurde er von Wind und Wetter so sehr angegriffen, daß er schließlich im Jahr 1650 umfiel. Daß damals ein Wedeler Schmied ein Stück des Mittelkörpers entwendete und es zu einem Schleifstein verarbeitete, gehört zweifelsfrei in den Bereich der Sage.
→ Bad Bramstedt

WEISSENHAUS (Wangels, Kreis Ostholstein)

Weißenhäuser Strand
In einer Dünenlandschaft an der *Hohwachter Bucht* liegt das moderne Ferienzentrum Weißenhäuser Strand. Es ist über 20 ha groß, aber dennoch hochhausfrei und verfügt über einen langen flachen Strand mit feinem weißen Sand. Ihren Namen erhielt die Siedlung durch das nahegelegene, 1895 erbaute Gut „Weißenhaus". Das Vorgängergebäude des weißen Herrenhauses war im beginnenden 17. Jh. nach einer Erbteilung des landeinwärts gelegenen Farves für das neuentstandene Gut errichtet worden.
Der Sage nach lag einst in unmittelbarer Nachbarschaft des Herrenhauses ein Dorf. Als eines Tages bei der Gutsherrin eine Andacht stattfand, wurde diese von Burschen des Ortes durch alle möglichen Streiche und durch Zwischenrufe gestört. Die ebenfalls anwesende Priorin zu *Oldenburg* war empört, stand dem Treiben aber machtlos gegenüber, da die Gräfin ihre arbeitsamen Bauern verteidigte. Die Priorin war jedoch entschlossen, die gotteslästerlichen Dorfbewohner zu bestrafen. Deshalb forderte sie wenige Tage später ihre Nonnen auf, feste Schürzen umzubinden und mit ihr nach Weißenhaus zu gehen. Dort begannen die Klosterfrauen damit, in ihren Schürzen Sand vom Strand hinauf zum Dorf zu tragen und da auszu-

schütten. Die Bauern amüsierten sich sehr über das merkwürdige Tun der Nonnen – das Lachen sollte ihnen allerdings bald vergehen, denn nach und nach wurde das gesamte Dorf von einer Sandschicht überzogen. Zudem kam starker Sturm auf, der zusätzlich große Sandmengen vom Strand hinauf zum Ort wirbelte. Die Frauen und Kinder des Dorfes waren längst zum Gutshaus geflohen, für die Männer war es jedoch zu spät, da sie wegen des vielen Sandes nichts mehr sehen konnten. Als die Sonne unterging, hatten die Nonnen ihre Arbeit vollbracht, und das frevelhafte Dorf war für immer unter einem großen weißen Grab aus Sand verschwunden. Die Warnung vor unchristlichem Verhalten verbindet sich in nicht nur moralisierender, sondern auch in repressiv-angsterzeugender Weise mit dem Versuch, ein Naturphänomen auf übernatürliche Weise zu deuten.

WESTENSEE (Kreis Rendsburg-Eckernförde)

Tüteberg

Etwa in der Mitte des 250 qkm großen „Landschafts- und Naturparks Westensee“ im Städtedreieck *Kiel – Rendsburg – Nortorf* erstreckt sich der über 7 qkm große Westensee. An ihm liegt das gleichnamige Dorf mit einem Gut und einer frühgotischen Feldsteinkirche. Etwa 200 m östlich der Kirche zweigt von der Dorfstraße rechts ein Weg ab, der bergan durch landwirtschaftlich genutzte Flächen auf den „Tüteberg“ führt. Von der 88,3 m hohen Anhöhe hat man eine einmalige Aussicht auf die umliegende Gegend und den See. Wie andere Erhebungen Schleswig-Holsteins ist auch der Tüteberg eine Moräne der jüngsten Eiszeit. Forschungsergebnissen zufolge leitet sich sein Name aus dem germanischen Ruf „Thiodute“ ab, was übersetzt „Volk zu Hauf“ bedeutet. Demnach war der Tüteberg vermutlich eine germanische Gerichtsstätte und Versammlungsort.

Zwei Sagen deuten ebenfalls darauf hin, daß sich hier eine Thingstätte befand. Nach der einen Überlieferung wurde an diesem Ort einst ein Holzdieb von einem Wilden Jäger bestraft. Die andere sagenhafte Geschichte berichtet von einem Tagelöhner, der eines Tages mit gestohlenem Holz eben die Anhöhe überqueren wollte, als auf einmal die Wilde Jagd kam, so daß er sich vor Schreck nicht mehr bewegen konnte. Verzweifelt rief er in seiner Panik: „Ick woll, ick wär en Boom, denn kunn he mi nix daun.“ (Ich wollte, ich

wäre ein Baum, dann könnte er mir nichts tun). Daraufhin verwandelte sich der Holzdieb tatsächlich in einen Baum.
Der „Wilde Jäger“ oder die „Wilde Jagd“ sind Figuren, die in Sagen häufiger thematisiert werden. Die Vorstellung von durch die Lüfte ziehenden Geisterkämpfern oder von Totenheeren ist religionsgeschichtlich sehr alt. Schon in der griechischen und römischen Antike war der Glaube an diese mythischen Gestalten weitverbreitet. Neben der singulären Form des Jägers, der eine bestimmte historische Persönlichkeit darstellt, die aufgrund ihres schlechten Lebenswandels auf ewig durch die Lüfte ziehen muß, gibt es auch den Aberglauben an anonyme wilde Jäger. Diese ziehen in bestimmten Nächten, meist zwischen Weihnachten und Dreikönig, mit ihrem Gefolge und schrecklichem Lärm umher und treiben ihr Unwesen. Für Menschen, so die volkstümliche Meinung, ist es unheilbringend, solchen wilden Jägern zu begegnen.

WESTERHEVER (Kreis Nordfriesland)

Wogemannsburg

Im äußeren Nordwestwinkel *Eiderstedts* liegt der kleine Ort Westerhever. An der Stelle der „Wogemannsburg“, einem alten Bauernhaus, das bis 1930 als Pastorat diente, stand der Sage nach im Mittelalter eine Burganlage. Die Burg war Wohnsitz der „Wogemannen“, die als Piraten in der Nordsee und anderswo zahlreiche Schiffe überfielen. Auch das Festland machten sie unsicher, so daß sich in der Burg immer mehr erbeutete Reichtümer anhäuften. Obendrein entführten sie schöne Bauerntöchter und gaben sie ihren Knechten. Als die Wogemannen bereits 14 junge Mädchen in ihre Gewalt gebracht hatten, beschlossen die Bauern, dem wilden Treiben ein Ende zu bereiten und zogen bewaffnet vor die Burg. Eine der geraubten Jungfrauen ließ die Zugbrücke herunter, als sie ihre Landsleute vor den Festungsmauern erblickte und verteidigte sie, bis die Bauern die Burg erstürmt hatten. Daraufhin wurden die 60 Wogemannen überwältigt und an Ort und Stelle hingerichtet. Ihre Ehefrauen ertränkte man in der Nordsee. Nachdem die Bauern die erbeuteten Reichtümer an sich genommen hatten, zerstörten sie die Burg und erbauten aus den Trümmern das Pastorat und die Kirche von Westerhever.
Ob der Sage eine wahre Begebenheit zugrunde liegt, kann nicht beantwortet werden. Jedenfalls wurde noch

1956 nahe der Kirchwarft ein Skelett gefunden, von dem sich ein Heimatforscher fragte, ob es wohl die Gebeine eines Wogemannen sein könnten.

WINDBERGEN (Kreis Dithmarschen)

Kruzifix in der Heilig-Kreuz-Kirche

Der heutige Bau wurde 1742 als einfache Saalkirche aus Backstein errichtet. An derselben Stelle war jedoch schon Mitte des 15. Jh. durch die Meldorfer Dominikanermönche eine Kapelle gestiftet worden, weil ein Bauer hier beim Pflügen ein Kruzifix gefunden hatte. Diese bemerkenswerte Plastik eines gekreuzigten Christus entstand wahrscheinlich zu Anfang des 12. Jh. und ist damit das älteste erhaltene Kruzifix in ganz Dithmarschen. Der kleine, nur 14 cm hohe, Bronzekorpus gehört zum sog. Viernageltyp, das heißt, die Füße sind noch nicht – wie bei späteren gotischen Beispielen – übereinander gelegt und mit einem Nagel angeschlagen. Auch die starre und kaum gegliederte Figurengestaltung ist typisch für die frühe Entstehung der Plastik. Ihr Fund hatte im 15. Jh. regelrechte Wallfahrten ausgelöst, weil man an ihre Wundertätigkeit glaubte.

Verständlicherweise hat sich auch die Legende der Figur bemächtigt: Danach hatte der Bauer damals zwei Ochsen vor seinem Pflug, als er plötzlich nicht weiter kam. Er holte daraufhin zwei weitere Tiere und spannte sie mit ein, der Pflug ließ sich trotzdem nicht bewegen. Er versuchte es mit sechs Ochsen, mit acht und schließlich mit zwölf, jedoch alles ohne Erfolg. Schließlich begann er mit den Händen nachzugraben und fand das Kruzifix. Er brachte es nach Hause und verwahrte es in seiner Lade, aber am nächsten Morgen lag es wieder auf dem Acker an der Fundstelle. Der Mann nahm es abermals mit sich, und es wanderte wiederum zurück, was sich mehrere Male wiederholte. Der Bauer, der seinen Fund eigentlich geheim halten wollte, wurde darüber irrsinnig. Erst als er das Kruzifix anderen zeigte, fand er seinen Verstand wieder. Auf dem Platz, an dem es gelegen hatte, errichtete man eine Kapelle und hängte es darin auf. In den folgenden Jahrhunderten vollbrachte es an zahlreichen Wallfahrern Wunder.

Kirchengründungslegenden belegen oft nachträglich durch wundersame Geschehnisse, warum eine Kirche an einem bestimmten Ort gegründet wurde. In diesem Fall liegt nun ausnahmsweise der konkrete Fund eines christlichen Kunstwerks vor, der den Standort bestimmte. Das Kruzifix übernimmt die Rolle eines handelnden Wesens, das konsequent sein Ziel verfolgt.

WITZWORT (Kreis Nordfriesland)

Roter Haubarg

Die Halbinsel *Eiderstedt* ist berühmt für ihre Haubarge, stattliche Bauernhäuser, deren mächtige reetgedeckte Dächer sich auf allen Seiten tief vom schmalen First hinabziehen. Um 1900 gab es noch etwa 400 dieser Gebäude, deren Anzahl sich jedoch bis heute sehr verringert hat. Einer von ihnen ist der „Rote Haubarg", der verdeckt hinter großen Bäumen an der Straße zwischen Witzwort und *Simonsberg* steht. Er wurde im 17. Jh. erbaut und diente der Herzoginwitwe Augusta, der Schwester des Dänenkönigs Christian IV., als Wohnsitz. Das weißgestrichene Gebäude heißt deshalb Roter Haubarg, weil es ursprünglich aus roten Ziegeln errichtet wurde.

Der Rote Haubarg bei Witzwort

Eine alte Sage berichtet, daß beim Bau des Haubargs der Teufel seine Finger im Spiel hatte: Wo heute der Haubarg steht, lebte einst ein junger Mann in einer kleinen schäbigen Hütte. Der Jüngling hatte sich unsterblich in die Tochter des benachbarten Schmiedes verliebt. Das Mädchen erwiderte seine Gefühle, und auch die Mutter war mit der Wahl ihrer Tochter einverstanden. Der Schmied aber akzeptierte ihn nicht, weil er zu arm war. Daraufhin schloß der junge Mann in seiner Not einen Pakt mit dem Teufel. Er verschrieb ihm seine Seele unter der Bedingung, daß der Teufel

ihm bis zum nächsten Hahnenschrei am darauffolgenden Morgen ein stattliches Haus errichten müßte. In der folgenden Nacht machte sich der Teufel ans Werk. Er riß die alte Hütte nieder und begann in rasender Geschwindigkeit, das neue Haus aufzubauen. Als der junge Mann im Morgengrauen das fast fertige Gebäude sah, bekam er Angst und lief zum Nachbarhaus. Dort weckte er seine Angebetete und deren Mutter und erzählte beiden von dem Teufelspakt. Nachdem sich die Mutter die Geschichte angehört hatte, eilte sie schnell in den Stall, ergriff einen Hahn und schüttelte diesen solange, bis er krähte. In dem Moment hatte der Teufel den Pakt verloren, da er in das hundertste Fenster noch keine Scheibe eingesetzt hatte. Durch den stattlichen Haubarg beeindruckt, erklärte sich der Schmied endlich mit der Hochzeit einverstanden, und das Paar lebte fortan glücklich und zufrieden in dem wunderschönen Haus. Die besagte Scheibe soll jedoch bis heute fehlen. Jedesmal, nachdem man sie eingesetzt hatte, wurde sie in der darauffolgenden Nacht wieder zerbrochen. Heute sind im Roten Haubarg ein kleines Heimat-Museum und eine nostalgische Gaststätte untergebracht.
Sagen, in denen der Teufel als Baumeister auftritt, sind auf die mythologisch älteren Riesengeschichten zurückzuführen. Eine charakteristische Sagengestalt ist der geprellte Teufel, der beim Kräftevergleich mit den Menschen verliert, weil er so einfältig ist, sich von ihnen täuschen zu lassen. Daher ist er letztendlich trotz seiner übernatürlichen Fähigkeiten den Menschen unterlegen. Eine zeichenhafte Bedeutung kommt dem Hahn zu, der durch sein vorzeitiges Krähen die teuflischen Bauarbeiten jäh beendet. In der christlichen Symbolik ist er ein Motiv des Lichts und der Wachsamkeit. Daher ist der Hahnenschrei nicht nur ein morgendlicher Weckruf, sondern vertreibt auch alle Dämonen und Nachtgespenster.

ZARPEN (Kreis Stormarn)

Kirche

Das Dorf westlich von *Lübeck* wurde durch Zisterzienser aus dem nahegelegenen *Reinfeld* gefördert und kam dadurch um 1250 zu einer stattlichen Backsteinkirche. Die bronzenen Glocken im Kirchturm stammen aus den Jahren 1464 und 1744; die jüngere wurde vom bekannten Lübecker Glockengießer Lorenz Strahlborn hergestellt. Im Zweiten Weltkrieg mußte

die 30 Zentner schwere und im Durchmesser 1,33 m große Glocke zum Einschmelzen für Rüstungszwecke abgegeben werden. 1947 kam sie jedoch unversehrt an ihren alten Platz zurück. Der Sage nach knüpft sich an ihre Herstellung ein tragischer Todesfall: Demnach gaben die Einwohner von Zarpen, die früher sehr wohlhabend waren, einem Lübecker Meister den Auftrag, für ihre Kirche eine besonders große und schöne Glocke zu gießen. Kurz bevor er mit dem Guß beginnen wollte, ließ er seinen Lehrling einen Moment mit dem Kessel allein. Da der Junge seine Ungeduld nicht zähmen konnte, öffnete er den Zapfen der Schmelzpfanne, so daß die glühende Glockenspeise in die Form rann. Als der Meister zurückkam und sah, was sein Gehilfe angerichtet hatte, erschlug er ihn voller Zorn. Die Glocke war jedoch tadellos gelungen und hatte einen wundervollen Klang. Deshalb wollten die Lübecker sie später kaufen. Doch es war unmöglich, die Glocke über die Grenze zwischen Zarpen und Lübeck hinwegzubringen, egal wieviele Pferde vor den Wagen gespannt wurden. Daher blieb sie in Zarpen. Noch lange meinten viele Dorfbewohner, im Geläut eine wehmütige Klage zu hören: „Ick bün de groote Glock to Zarpen; De Gesell müß üm mi starben" (Ich bin die große Glocke zu Zarpen; der Gesell mußte meinetwegen sterben).
Glocken spielten im Volkglauben von jeher eine wichtige Rolle, was sich durch die enge Beziehung der Bevölkerung zu ihren Kirchen begründen läßt. Deren Glocken verkündeten Feiertage, riefen zum Gottesdienst, zur Taufe, zur Hochzeit und zum Begräbnis. So begleiteten sie die Menschen gewissermaßen von der Wiege bis zum Tod. Vielfach bekamen die Glocken sogar Namen und wurden regelrecht getauft. Außerdem glaubte man, daß ihr Läuten Gewitter und Hagelschlag vertreiben könnte. Daher war das Handwerk des Glockengießens ebenfalls von abergläubischen Vorstellungen begleitet. Die Geschichte vom Lehrling, der in Abwesenheit seines Meisters eigenmächtig oder gegen dessen Verbot eine Glocke alleine gießt, danach vom Lehrherren jähzornig erschlagen und von der Glocke betrauert wird, ist eine weit verbreitete Wandersage. Auch die Anhänglichkeit einer Glocke, die sich gegen ein Fortschaffen von ihrem Heimatort wehrt, war ein gängiges Sagenmotiv.

Literatur

Asmus, Heinrich: Lübecks Volkssagen und Legenden. Lübeck 1841

Barz, Paul: Der wahre Schimmelreiter. Die Geschichte einer Landschaft und ihres Dichters Theodor Storm. Frankfurt/M. u. Berlin 1985

Bechstein, Ludwig: Aus dem Sagenschatz der Schleswig-Holsteiner und Mecklenburger, hg. von W. Möhring. Husum 1985

Berndt, Helmut: Unterwegs zu deutschen Sagen. Ein phantastisches Reise- u. Lesebuch. Düsseldorf 1985

Clausen, August: Sage und Geschichte. 100 schleswig-holsteinische Sagen und ihr geschichtlicher Hintergrund. Rendsburg 1950

Degn, Christian: Schleswig-Holstein – eine Landesgeschichte. Neumünster 1994

Diederichs, Ulf/Christa Hinze: Norddeutsche Sagen. Schleswig-Holstein, Friesland und seine Inseln, die Hansestädte Bremen, Hamburg und Lübeck. Köln 1976

Düffer, August: Plattdütsche Sagen un Döntjes ut Lübeck un Umgegend. Lübeck 1924

Frahm, L.: Norddeutsche Sagen von Schleswig-Holstein bis zum Harz. Altona und Leipzig 1890.

Grimm, Jakob und Wilhelm: Kinder- und Hausmärchen. Darmstadt 1971

Groth, Klaus: Quickborn. Eine Auswahl von Otto Lemke. Stuttgart 1965

Handbuch der historischen Stätten Deutschlands, Bd. 1: Schleswig-Holstein und Hamburg, hg. von Olaf Klose. Stuttgart 1964 (2. Auflage)

Hansen, Jörgen: Nordschleswigsches Sagenbuch für Schule und Haus. Flensburg 1934

Haupt, Richard: Die Bau- und Kunstdenkmäler der Provinz Schleswig-Holstein. 2 Bde. Kiel 1888

Die Heimat. Monatsschrift des Vereins zur Pflege der Natur- und Landeskunde in Schleswig-Holstein und Hamburg. Jahrgang 1 ff., 1890 ff.

Hubrich-Messow, Gundula: Sagen aus Hamburg. Husum 1986

Dies.: Sagen und Märchen aus Dithmarschen. Husum 1989

Dies.: Sagen und Legenden von der Insel Helgoland. Husum 1990

Dies.: Sagen und Märchen aus Angeln. 3. Aufl. Husum 1992

Dies.: Sagen und Märchen aus Steinburg. Husum 1993

Dies.: Sagen aus Schleswig-Holstein. München 1993
Ingwersen, P.: Fundortnachweis der Landschafts- und Ortssagen im Landesteil Schleswig in der Literatur. Schleswig 1960
Jasper, Johannes: Die Sagen Eiderstedts. Oldenswort-Osterende 1910
Jessel, Hubertus: Sylt im Spiegel der Sage. In: Das große Sylt-Buch, hrsg. von Hans Jessel. Hamburg 1994
Jessen, Wilhelm: Sylter Sagen. Nach den Schriften des Heimatforschers C. P. Hansen. Westerland o. J.
Klein, Diethard H.: Hausbuch der Hansestädte. Hamburg, Bremen, Lübeck in guter alter Zeit: Geschichten, Bilder und Gedichte. Freiburg i. Br. 1983
Ders.: Schleswig-Holsteinisches Hausbuch. Gute alte Zeit zwischen Nord- und Ostsee in Bildern und Geschichten, Gedichten und Berichten. Freiburg i. Br. 1983
Koch, Johannes Hugo: Schleswig-Holstein. Zwischen Nordsee und Ostsee: Kultur – Geschichte – Landschaft. Köln 1977
Koch, Johannes Hugo/Hans-Joachim Löwer: Schleswig-Holstein. Nürnberg 1993
Koch, Otto: Sagen aus Schleswig, Holstein, Lauenburg, Hamburg und Lübeck. Hamburg 1852
Krum, Werner: Schleswig-Holstein. Ein Reisebegleiter. München 1989
Kunst-Topograhie Schleswig-Holstein. Die Kunstdenkmäler des Landes Schleswig-Holstein. Neumünster 1989 (Neudruck der Ausgabe von 1969)
Lobsien, M.: Schleswig-Holsteinische Sagen und Märchen, Hamburg 1919
Lobsien, Wilhelm: Ekke Nekkepenn. Nordseemärchen. Hamburg 1918
May, Jutta: Ein Hauch von früher. Aus Schleswig-Holsteins Vor- und Frühgeschichte. Von Hünengräbern bis zu frühen Kirchen. Husum 1995
Meyer, Gustav Friedrich: Schleswig-Holsteiner Sagen. Jena 1929
Ders.: Amt Rendsborger Sagen. Rendsburg 1925
Müllenhoff, Karl: Sagen, Märchen und Lieder der Herzogtümer Schleswig-Holstein und Lauenburg. Kiel 1845 (Neuausgabe Schleswig 1921 besorgt von Otto Mensing)
Muuß, Rudolf: Nordfriesische Sagen. Husum 1992 (Neudruck der Ausgabe von 1933)
Opitz, Eckardt: Schleswig-Holstein. Das Land und seine Geschichte. Hamburg 1988.

Petzoldt, Leander: Deutsche Volkssagen. München 1970

Ders.: Historische Sagen. Erster Band. Fahrten, Abenteuer und merkwürdige Begebenheiten, München 1976

Ders.: Historische Sagen. Zweiter Band. Ritter, Räuber und geistliche Herren. München 1977

Ders.: Dämonenfurcht und Gottvertrauen. Zur Geschichte und Erforschung unserer Volkssagen, Darmstadt 1989

Reinke, Hans-Dieter: Föhr. Hamburg 1997

Röhrich, Lutz: Sage und Märchen. Erzählforschung heute. Freiburg i. Br. 1976

Sagen aus dem Landesteil Lübeck. Eutin 1924 (Veröffentlichungen der Beratungsstelle für Heimatkunde in Eutin; 1. Heft)

Schacht, August: Hansische Sagen. Erzählungen aus Alt-Hamburg, sowie aus der Vergangenheit der Hansestädte Lübeck und Bremen. Hamburg 1894

Schmidt, Hermann: Sagen von Sylt nach der Aufzeichnung des Chronisten Christian Peter Hansen. Wenningstedt o. J.

Schulze, Clara: Wildschütz Eidi. Sagen aus dem Hamburger Wandergebiet. Hamburg 1930

Selk, Paul: Sagen aus Schleswig-Holstein. 10. Auflage. Husum 1994

Sievers, Kai Detlev: Feste in Schleswig-Holstein. Ein lexikalischer Führer durch den Jahreslauf. Neumünster 1984

Storm, Theodor: Aquis submersus. Novelle. Leipzig o. J.

Ders.: Der Schimmelreiter und andere Novellen. München o. J.

1000 Ausflugsziele in Schleswig-Holstein. Reiseführer für Urlaub und Freizeit, hg. von Peter Dreves. Kiel 1987

Tschechne, Wolfgang: Schleswig-Holstein. Hamburg 1994

Ursinius, Alfred: Stormarnsagen. Bad Oldesloe 1950

Weber, Walter: Sagen und Geschichten aus dem alten Lübeck. Lübeck 1985

Wiepert, Peter: Volkserzählungen von der Insel Fehmarn. Neumünster 1964

Zehnhoff, Albert am: Sylt, Helgoland, Amrum, Föhr mit den Halligen, Pellworm und Nordstrand. Entdeckungsreisen durch eine Landschaft zwischen Meer und Festlandküste. Köln 1979

Zimmerling, Dieter: Störtebeker & Co. Die Blütezeit der Seeräuber in Nord- und Ostsee. Hamburg 1980.

Ortsverzeichnis

Die Hauptstichworte sind im Register **halbfett,** die Abbildungen *kursiv* verzeichnet.

Dänemark
Wenningstedt
Keitum
Sylt
Rantum
Klanxbüll
Hörnum
Föhr
Utersum
Süderende
Wyk a. F.
Borgsum
Nebel
Amrum
Hauke-
Haien-
Koog
Schlüttsiel
Nordmarsch-
Langeneß
Pellworm
Alte Kirche
Nordstrand
Südfall
Glücksburg
Munkbrarup
FLENSBURG
Enge-Sande
Sörup-Dingholz
Satrup
Sieverstedt
Bredstedt
Drelsdorf
3
8
Schleswig
Busdorf
Selk
Dannewerk
Husum
Witzwort
Westerhever
Oldenswort
Kropp
Brekendorf
Drage
Meggerdorf
Katharinenheerd
St. Annen
Tönning
Lunden
Fockbek
Hemme
Friedrichsgraben
Weddingstedt
1
Schalkholz
Helgoland
Heide
7
Büsum
Hemmingstedt
Albersdorf
Warwerort
Odderade
Meldorf
Hohenwested
Bargenstedt
Windbergen
Schenefeld
Friedrichskoog
Burg i. D.
St. Michaelisdonn
10
Marne
Itzehoe
Breitenburg
Brunsbüttel
Borsfleth
Glückstadt
5
Hamburg
Schleswig-Holstein
0
10
20
30
40 km
Kartographie: Martin Lay

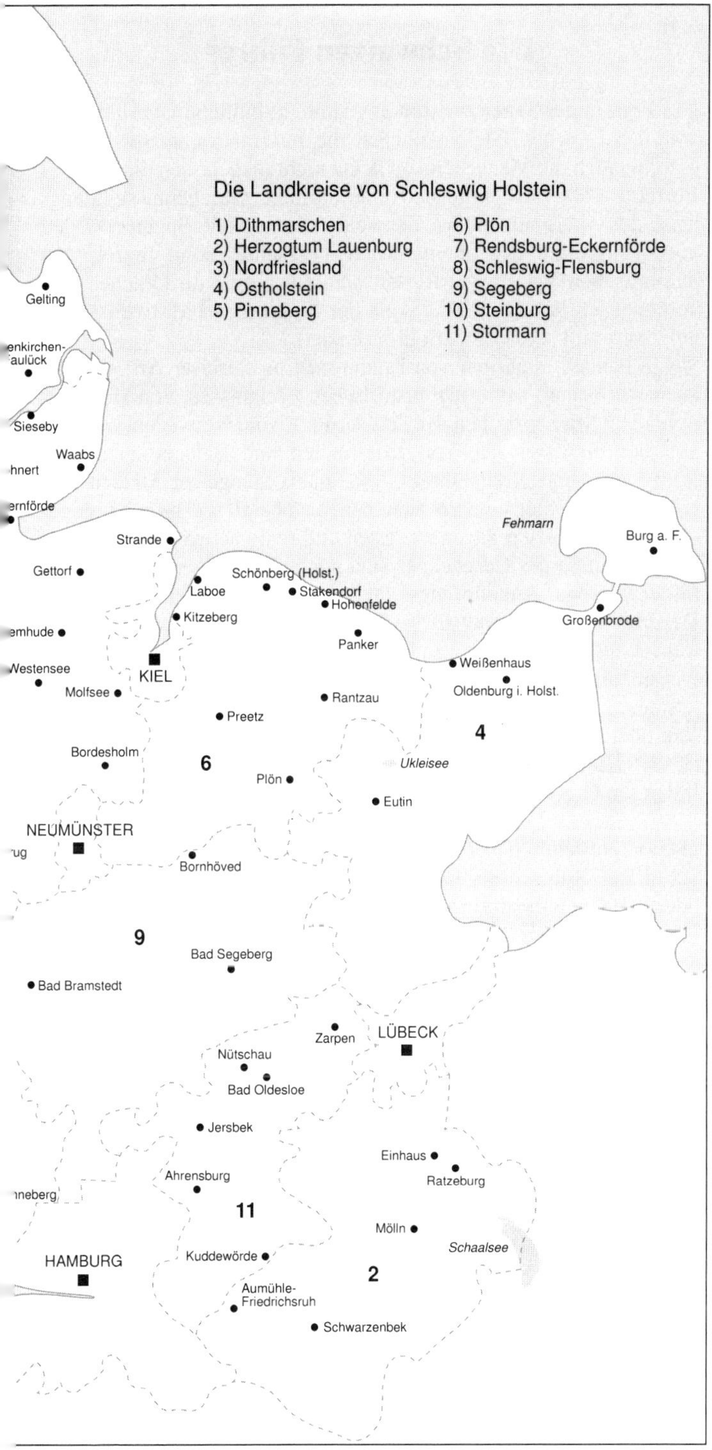
Die Landkreise von Schleswig Holstein
1) Dithmarschen
2) Herzogtum Lauenburg
3) Nordfriesland
4) Ostholstein
5) Pinneberg
6) Plön
7) Rendsburg-Eckernförde
8) Schleswig-Flensburg
9) Segeberg
10) Steinburg
11) Stormarn
Gelting
Sieseby
Waabs
Fehmarn
Burg a. F.
Strande
Gettorf
Schönberg (Holst.)
Laboe
Stakendorf
Hohenfelde
Kitzeberg
Großenbrode
Panker
Weißenhaus
KIEL
Molfsee
Oldenburg i. Holst.
Rantzau
Preetz
4
Bordesholm
6
Ukleisee
Plön
Eutin
NEUMÜNSTER
Bornhöved
9
Bad Segeberg
Bad Bramstedt
Zarpen
LÜBECK
Nütschau
Bad Oldesloe
Jersbek
Einhaus
Ratzeburg
Ahrensburg
11
Mölln
Schaalsee
HAMBURG
Kuddewörde
2
Aumühle-
Friedrichsruh
Schwarzenbek

Die Schwarzen Führer

Die Zeit, in der Sagen weithin geglaubte mündliche Überlieferung waren, ist vorbei. Gleichwohl hat die Faszination dieser Erzählgattung auch die Menschen von heute nicht losgelassen. Sagen sind Berichte über rätselhafte und unerklärliche Geschehnisse, Zeugnisse des Aberglaubens wie der Volksfrömmigkeit. Sagen erzählen vom Eingreifen der übernatürlichen Mächte, vom Teufel, von dämonischen Wesen wie Riesen und Zwergen, von Drachen und verborgenen Schätzen. Die Skala der Figuren und Motive ist weit gefächert und regional stark differenziert.
Sagen handeln nicht nur von Erlebnissen mysteriöser Art, sondern auch von bemerkenswerten historischen Ereignissen, von Hungersnöten und Massensterben der Zeit der Pest, vom Schwedenkrieg und von der Franzosenzeit, von Kriegsnöten und Belagerungen, von Raubrittern und Kreuzfahrern, von untergegangenen Städten und Klöstern. Im Unterschied zu Märchen, die überall und nirgends angesiedelt sind, spielen Sagen an festen und real nachweisbaren Orten. Die Zeugnisse des Geschehens sind noch allenthalben sichtbar. Oft bilden sie sogar Anknüpfungspunkte heutigen Fremdenverkehrs.
Der Mensch der Gegenwart, ob Fußwanderer, Radfahrer oder Autotourist, möchte von der Landschaft, durch die er reist, etwas mehr wissen, als dies Ansichtskarten oder Touristenprospekte vermitteln können. Er möchte im wörtlichen Sinne ‚erfahren', was es mit diesem oder jenem Denkmal, Wegkreuz, Bildstock oder Brunnen, mit den noch sichtbaren Resten von Burgruinen oder Klöstern, mit auffallenden Orts- oder Gebäudenamen auf sich hat.

„Schon äußerlich heben sich „Die Schwarzen Führer" von den anderen Reiseführern ab. Ihr Inhalt gibt keine Tips für Mittagessen oder Hotel und bietet keine Hochglanzansichten, sondern vermittelt tiefere Einsichten in Landschaften und Gebäude, in Natur- und andere Denkmäler. Sageninhalte werden auf heute noch sichtbare Plätze und Gegenstände bezogen und können so erfahren und erwandert werden. Geschichten von umherspukenden Toten oder armen Seelen sind hier ebenso zu finden wie Gründungslegenden von Kirchen und Klöstern. Auch in der Überlieferung stets populäre Räuber fehlen nicht." *Heilbronner Stimme*

„Kompendium aller Ungeheuer, Spukgestalten und Geister in deutschen Landen." GEO-SAISON

Die Bearbeiter der Bände sind Volkskundler und Historiker, die aus der jeweiligen Region stammen und sich sowohl wissenschaftlich mit der entsprechenden Literatur beschäftigen wie auch die einzelnen Ort persönlich aufgesucht haben.

Die Schwarzen Führer

Bergisches Land von Stephan Nuding
22,0 × 11,0 cm, 180 Seiten mit 130 geheimnisvollen Stätten in 87 Orten und Ortsteilen, 66 Abb., einer Übersichtskarte, kartoniert
ISBN 3-89102-421-5

Franken von Peter Bräunlein
22,0 × 11,0 cm, 240 Seiten mit 250 geheimnisvollen Stätten in 191 Orten, 104 Abb. und einer Übersichtskarte, kartoniert
ISBN 3-89102-123-2

Der Harz von Werner Bartens
22,0 × 11,0 cm, 204 Seiten mit 189 geheimnisvollen Stätten in 55 Orten, 88 Abb., einer Übersichtskarte, kartoniert
ISBN-3-89102-420-7

München – Oberbayern von Ingrid Berle, Marie Luise Hoffmann, Renate Könke, Marie-Louise Schmeer-Sturm
22,0 × 11,0 cm, 312 Seiten mit 283 geheimnisvollen Stätten in 187 Orten mit mehr als 100 Abb. und einer Übersichtskarte
ISBN 3-89102-424-X

Nordwestdeutschland von Claudia Liebers
22,0 × 11,0 cm, 176 Seiten mit 150 geheimnisvollen Stätten in 100 Orten, 76 Abb. und einer Übersichtskarte, kartoniert
ISBN 3-89102-122-4

Sachsen von Frank Winkelmann
22,0 × 11,0 cm, 264 Seiten mit 261 geheimnisvollen Stätten in 185 Orten, 86 Abb. und einer Übersichtskarte, kartoniert
ISBN 3-89102-423-1

Schwaben-Bodensee von Erich Viehöfer
22,0 × 11,0 cm, 248 Seiten mit über 300 geheimnisvollen Stätten in mehr als 200 Orten, 100 Abb. und zwei Übersichtskarten, kartoniert
ISBN 3-89102-121-6

Schwarzwald von Ines Heim
22,0 × 11,0 cm, 180 Seiten mit etwa 120 geheimnisvollen Stätten in 90 Orten, 76 Abb. und eine Übersichtskarte, kartoniert
ISBN 3-89102-120-8

Thüringen von Rainer Hohberg
22,0 × 11,0 cm, 276 Seiten mit 283 geheimnisvollen Stätten in 167 Orten, 70 Abb. und einer Übersichtskarte, kartoniert
ISBN 3-89102-425-8

Westfalen von Renate Schmidt-V. und Gustav-Adolf Schmidt
22,0 × 11,0 cm, 240 Seiten mit 216 geheimnisvollen Stätten in 122 Orten, 101 Abb. und eine Übersichtskarte, kartoniert
ISBN 3-89102-422-3

Weitere Bände in Vorbereitung

In gleicher Ausstattung liegt vor:

Die Geister Großbritanniens
Ein Führer zu über tausend Spukorten
22,0 × 11,0 cm, 312 Seiten mit über 100 SW-Abbildungen und 20 Landkarten, Auswahlbibliographie und Glossar, kartoniert
ISBN 3-89102-316-2

Gruselatmosphäre in Wort und Bild – schaurig schöne Bildbände von Simon Marsden

Im Reich der Geister

Eine Reise zu mysteriösen Orten auf den Britischen Inseln

Sonderausgabe, 28,6 × 22,8 cm, 128 Seiten mit 106 Fotografien in Duoton, Pappband, ISBN 3-89102-258-1

Geistersuche

Auf den Spuren des Unheimlichen von Irland bis Transsilvanien

Sonderausgabe, 28,6 × 22,8 cm, 128 Seiten mit 100 Fotografien in Duoton, Pappband, ISBN 3-89102-265-4

Spuk und Gespenster

Verwunschene Orte auf den Britischen Inseln

28,6 × 22,8 cm, 128 Seiten mit 83 Schwarz-Weiß-Fotos in Duoton, geb. mit Schutzumschlag, ISBN 3-89102-269-7

Das Reich des Grauens

Die Welt des Edgar Allan Poe in Bildern und Texten

Sonderausgabe, 28,6 × 22,8 cm, 136 Seiten mit 22 Erzählungen und Gedichten von Edgar Allan Poe in der Übersetzung von Arno Schmidt und Hans Wollschläger. Mit einer Einführung und 45 Fotografien in Duoton von Simon Marsden, Pappband, ISBN 3-89102-267-0

Geheimnisvolles Irland

Ruinen, Abteien, Schlösser, Herrenhäuser

22,6 × 29,4 cm, 128 Seiten mit 75 Fotografien in Duoton, geb. mit Schutzumschlag, ISBN 3-89102-262-X

Eulen Verlag